乡村振兴与新型城镇化
耦合的机理、水平和路径研究

宋丽婷 著

西北大学出版社
·西安·

图书在版编目（CIP）数据

乡村振兴与新型城镇化耦合的机理、水平和路径研究/宋丽婷著.—西安：西北大学出版社，2024.10.

ISBN 978-7-5604-5491-7

Ⅰ.F320.3；F299.21

中国国家版本馆CIP数据核字第20240PY414号

乡村振兴与新型城镇化耦合的机理、水平和路径研究

宋丽婷　著

出版发行	西北大学出版社
地　　址	西安市太白北路229号
邮　　编	710069
电　　话	029-88303940
经　　销	全国新华书店
印　　装	西安日报社印务中心
开　　本	787毫米×1092毫米 1/16
印　　张	13.5
字　　数	220千字
版　　次	2024年10月第1版　2024年10月第1次印刷
书　　号	ISBN 978-7-5604-5491-7
定　　价	49.80元

如有印装质量问题，请与本社联系调换，电话029-88302966。

前言

在人类社会发展的历史中,城市与乡村之间关系的演变扮演着重要角色,随着生产力的发展和生产关系的进步,城乡关系从分离逐步走向融合。乡村振兴与新型城镇化耦合发展是实现城乡融合发展的关键,也是解决"三农"问题以及新时代主要矛盾的重要抓手。城乡融合是乡村振兴与新型城镇化耦合发展的理论逻辑,而农业农村发展落后、传统城镇化存在弊端是乡村振兴与新型城镇化耦合发展的现实依据。耦合,就是指两者相互关联、相互影响、相互作用。厘清乡村振兴和新型城镇化耦合关联的机理,通过理论和实证研究二者的相互关联关系,提出乡村振兴与新型城镇化耦合推进具体路径是当下十分重要的研究课题。

构建乡村振兴与新型城镇化耦合机理的理论框架是研究二者耦合关系的第一步,在界定乡村振兴与新型城镇化内涵与外延基础上,认为乡村振兴与新型城镇化之所以能够耦合发展的依据是二者本质一致、发展趋势相同、影响因素相同,确定乡村振兴与新型城镇化的耦合表现在政策供给主体耦合、政策供给目标耦合、战略理念与原则耦合以及政策供给内容耦合。乡村振兴与新型城镇化在经济维度、生态维度、社会维度、空间维度和人口维度都互相作用、互为因果,最终实现共荣共生。

中国乡村发展与城镇化耦合关系的历史发展过程可以划分为四个阶段:城乡二元经济社会体制逐步固化(1949—1978年)、乡村建设与城镇化建设分别推进(1978—2012年)、乡村建设与城镇化建设初步协调(2012—2018年)、乡村振兴与新型城镇化耦合发展(2018年至今)。在这个过程中,我们发现政策变化是影响乡村振兴和新型城镇化耦合发展的重要因素,农村发展是缩小城乡差距的重要途径,户籍制度是影响城乡要素流动的关键因素。同时,乡村振兴与新型城镇化耦合协调发展还存在一些问题,比如产业融合发展有待继续深化、空间载体建设不系统不完善、城乡之间的要素体制性分割仍然明显、相关制度供给建设有待加强等。

本书分别研判了乡村振兴与新型城镇化水平以及二者的耦合协调度,综合运用多种方法,构建了包含10个准则层、41个具体指标层的指标体系,运用熵值法和均权法相结合的评价方法,分别评价了全国及31省(区、市)的乡村振兴水平和新型城镇化水平,并运用耦合协调度模型,分析了乡村振兴与新型城镇化耦合协调发展水平的时空变化。在此基础上运用地理探测器模型,定量分析了乡村振兴与新型城镇化耦合协调度的贡献度。进而运用固定效应模型,实证分析了乡村振兴与新型城镇化耦合发展的影响因素。研究发现,中国2008—2020年乡村振兴指数逐年上升,且增速逐步放缓,新型城镇化指数几乎呈匀速增长状态,31省(区、市)中绝大部分的乡村振兴指数和新型城镇化指数呈现波动上升趋势,整体上,东部地区指数大于中部地区,中部地区指数大于西部地区,但是地区间差异呈现逐步缩小趋势。全国层面,2008—2012年耦合协调度属于勉强协调发展型,后来年份耦合协调度均属于良好协调发展型,乡村振兴与新型城镇化发展比较协调,协同效应良好。省级层面,2008—2020年除贵州和西藏两省(区)个别年份外,其他各省(区、市)的乡村振兴与新型城镇化耦合协调度数值均高于0.4,属于失调衰退型的极少,从时间维度看,各省的耦合协调度均呈增长趋势,但增长速度较缓慢,增长幅度较低。乡村振兴与新型城镇化耦合协调度的区域差异没有新型城镇化和乡村振兴指数的区域差异大,而且随着时间变化,区域差异越来越小。运用地理探测器模型发现人口城镇化、生活富裕、社会城镇化、乡风文明对乡村振兴与新型城镇化耦合协调度贡献度较大,空间城镇化对乡村振兴与新型城镇化耦合协调度贡献最小。固定效应模型显示,产业结构、交通路网密度、要素发育情况、土地市场化、非国有经济、科技创新、数字经济等因素的发展不同程度地促进了乡村振兴与新型城镇化耦合发展。

本书还总结了乡村振兴与新型城镇化耦合发展的路径,包括产业融合发展路径、空间载体打造路径、要素自由流动路径和制度供给建设路径。

本书创新之处体现在以下三个方面:第一,多层次分析了乡村振兴与新型城镇化的耦合机理,构建了乡村振兴与新型城镇化耦合的理论框架,解决了以往研究整体性和方向性不足的问题,实现了对当前乡村振兴与新型城镇化耦合发展相关理论研究的补充;第二,多维度重构了乡村振兴与新型城镇化水平测度指标体系,完善了现有研究指标测度方面的不足;第三,多方法探讨了乡村振兴与新型城镇化耦合关系的区域差异,本书运用不平衡指数、空间相关性分析和Geoda模型等方法分析了乡村振兴与新型城镇化耦合度的区域差异,揭示了乡村振兴与新型城镇化耦合度的区域分布特征。

当然,乡村振兴与新型城镇化是系统而又复杂的问题,书中难免有不到之处,在此恳请同行专家和广大读者批评指正。

宋丽婷

2024年8月

◎ 导　论 / 1

　　第一节　选题背景与研究意义 / 1
　　第二节　研究对象与研究方法 / 5
　　第三节　基本思路与框架结构 / 9
　　第四节　创新之处 / 13

◎ 第一章　文献综述 / 14

　　第一节　现有文献基本情况分析 / 14
　　第二节　关于乡村振兴与新型城镇化关系的文献综述 / 18
　　第三节　关于乡村发展与城镇化耦合关系历史考察的文献综述 / 21
　　第四节　关于乡村振兴与新型城镇化耦合水平评价的文献综述 / 27
　　第五节　关于乡村振兴与新型城镇化耦合路径的文献综述 / 36
　　第六节　文献述评 / 39

◎ 第二章　乡村振兴与新型城镇化耦合机理的理论框架 / 41

　　第一节　乡村振兴与新型城镇化的内涵与外延 / 41
　　第二节　乡村振兴与新型城镇化耦合的理论渊源 / 46
　　第三节　乡村振兴与新型城镇化耦合的依据 / 50
　　第四节　乡村振兴与新型城镇化耦合的表现 / 51
　　第五节　乡村振兴与新型城镇化耦合的机理 / 53
　　第六节　乡村振兴与新型城镇化耦合的影响因素 / 61

◎ **第三章 中国乡村发展与城镇化耦合关系的历史考察** / 64

第一节 中国乡村发展与城镇化耦合关系历史考察的阶段划分 / 64
第二节 城乡二元经济社会体制逐步固化(1949—1978年) / 65
第三节 乡村建设与城镇化建设分别推进(1978—2012年) / 72
第四节 乡村建设与城镇化建设初步协调(2012—2018年) / 82
第五节 乡村振兴与新型城镇化耦合发展(2018年至今) / 89
第六节 乡村发展与城镇化耦合发展的基本特征与存在的问题 / 94

◎ **第四章 乡村振兴与新型城镇化耦合水平评价** / 98

第一节 乡村振兴水平与新型城镇化水平评价 / 98
第二节 乡村振兴与新型城镇化耦合协调度评价 / 119
第三节 乡村振兴与新型城镇化耦合协调度贡献度分析 / 139
第四节 乡村振兴与新型城镇化耦合协调度影响因素分析 / 142

◎ **第五章 乡村振兴与新型城镇化耦合发展的路径** / 149

第一节 产业融合发展路径 / 150
第二节 空间载体打造路径 / 153
第三节 要素自由流动路径 / 156
第四节 制度供给建设路径 / 166

◎ **第六章 结论与展望** / 173

第一节 乡村振兴与新型城镇化耦合发展的机理 / 173
第二节 乡村发展与城镇化耦合发展的历史考察 / 174
第三节 乡村振兴与新型城镇化耦合水平 / 175
第四节 乡村振兴与新型城镇化耦合发展的路径 / 177

附　录 / 179

参考文献 / 194

导　论

第一节
选题背景与研究意义

一、选题背景

城乡关系无论是在经济学、管理学、地理科学还是在规划学科中，都是国内外理论界高度关注的重要议题之一。在人类社会发展的历史中，城乡关系的演变扮演着重要角色，随着生产力的发展以及生产关系的进步，城乡关系从分离逐步走向融合。作为农耕大国以及人口大国，中国的城乡关系在经济社会发展中一直处于重要地位。特别是"三农"问题一直都是中国经济发展面临的难题。改革开放以来，中国经济腾飞的过程中，虽然农业综合实力有较大幅度的提升，农村面貌和农民生活水平得到很大改善，但"三农"问题仍然没有得到彻底解决：在农业方面，农业产业链不够完整，农业收入相对较低，农业生产方式仍以粗放经营为主；在农村方面，虽然2020年脱贫攻坚战取得全面胜利，但巩固脱贫攻坚成果同乡村振兴的有效衔接以及解决相对贫困的长效机制仍然任重道远，农村生态环境也遭到严重破坏；在农民方面，农民收入增长缓慢，农民工总量惊人，留守儿童和空巢老人问题仍然突出。中国特色社会主义进入新时代以后，我国社会主要矛盾已经转变为"人民日益增长的美好生活需要和不平衡不充分的发展之间的矛盾"，其中发展的不平衡主要是城乡发展以及区域发展的不平衡，发展的不充分主要是农村农业农民发展的不充分。

新时代城乡关系需要转向城乡融合发展。新型城镇化和乡村振兴作为改善城乡关系的两大国家战略被相继提出。2013年，李克强在广西主持召开的部分省区经济形势座谈会上强调要推进以人为核心的城镇化。2014年，国家公布新型城镇化试点名单，这标志着城镇化建设进入注重质量提升的新型城镇化建设阶段。新型城镇化注重统筹城乡、产业互动、生态宜居、和谐发展，是我国治理现代化的必由之路。2020年10月、2021年3月，中央多次强调要"坚持走中国特色新型城镇化道路，深入推进以人为核心的新型城镇化战略"。新型城镇化已然上升为国家战略。而乡村振兴首次由党的十九大提出，十九大报告指出："实施乡村振兴战略。农业农村农民问题是关系国计民生的根本性问题，必须始终把解决好'三农'问题作为全党工作的重中之重。"2018年1月，中共中央、国务院发布了《关于实施乡村振兴战略的意见》，对乡村振兴战略的意义、总体要求以及具体内容做了明确规定。2022年10月在党的第二十次全国代表大会上，习近平总书记鲜明指出：一方面，全面建设社会主义现代化国家，最艰巨最繁重的任务仍然在农村，坚持农村农业优先发展，坚持城乡融合发展，畅通城乡要素流动，全面推进乡村振兴；另一方面，扎实推进新型城镇化战略，优化重大生产力布局，加快农业转移人口市民化，以城市群、都市圈为依托构建大中小城市协调发展格局，推进以县城为重要载体的城镇化建设。可见，乡村振兴与新型城镇化都十分重要。

乡村振兴与新型城镇化如"鸟之双翼、车之双轮"，具有共生效应。乡村振兴与新型城镇化耦合发展是实现城乡融合发展的关键，也是解决"三农"问题以及新时代主要矛盾的重要抓手。城乡融合是乡村振兴与新型城镇化耦合发展的理论逻辑，而农业农村发展落后、传统城镇化存在弊端则是乡村振兴与新型城镇化耦合发展的现实依据。耦合，就是指两者相互关联、相互影响、相互作用。乡村振兴战略与新型城镇化战略在目标、主体、任务和内容上有一定交叉重合的地方，在经济、生态、社会、空间、人口等方面具有一定程度相通之处，二者具有耦合发展的基础。乡村振兴战略既有助于解决"三农"问题，又可以为新型城镇化提供基本动力，新型城镇化战略又为乡村振兴创造条件，二者相互促进相互补充，共促城乡融合发展。

但目前我国城乡二元社会结构依然存在，会诱导两大战略间的冲突，制约其耦合发展。城乡融合既面临传统城镇化向新型城镇化转换的挑战，也面临着农村农业农民发展落后的难题。新型城镇化建设是各国社会经济发展的必然趋势，农村农业农民发展也关乎国计民生。2022 年末，我国城镇常住人口为 9.2 亿人，乡村常住人口为 4.9 亿人，常住人口城镇化率达到 65.22%，比上年末提高 0.5%[①]，城镇新增就业 1206 万人，全国农民工总量 29562 万人，比上年增加 311 万人，增长 1.1%。其中，外出农民工 17190 万人，增长 0.1%，本地农民工 12372 万人，增长 2.4%。农民工数量增长的同时，农村居民收入也实现了快速提高，农村居民人均可支配收入为 20133 元，比上年名义增长 6.3%，而城镇居民人均可支配收入为 49283 元，比上年名义增长 3.9%，农村居民收入增长快于城镇[②]。2021 年末全国拥有 489573 个村民委员会[③]。如此之多的乡村面临着不同的发展阶段和地域类型，加之中国正处在加速变革的转型期，新型城镇化和乡村振兴战略的实施都面临着巨大挑战。其中，城镇化所面临的土地资源利用不尽合理、资源环境约束较大、城市承载力的不足等问题；农业现代化进程中出现农产品质量安全风险增加、农民增收难度加大、城乡一体化水平低以及"三农"工作基础薄弱等困境。而且农村发展中还存在着村域资源要素的匮乏和利用不充分的问题、城乡间存在着严重体制机制壁垒，妨碍乡村振兴战略落实。持续稳步推进新型城镇化建设是实现社会主义工业现代化和农业现代化的必经之路，同时也是应对经济持续下行、稳步扩大内需、推进产业结构转型的重要载体。习近平总书记分别在 2015 年中央城市工作会议和 2018 年全国两会上特意强调，我国必须同步推进新型城镇化和农业现代化，尤其要重视农村在新型城镇化进程中的地位，农村不能在这个进程中被忽视，也就是乡村振兴与新型城镇化必须耦合发展。乡村振兴与新型城镇化战略的耦合发展是中华人民共和国成立以来城乡发展的宝贵经验和重要启示，具有坚实的现实依据。在此背景下，研究乡村振兴与新

---

① 数据来源：国家统计局官网（http://www.stats.gov.cn/xxgk/jd/sjjd2020/202301/t20230118_1892285.html）。

② 数据来源：国家统计局官网（http://www.stats.gov.cn/xxgk/sjfb/zxfb2020/202301/t20230117_1892123.html）。

③ 数据来源：国家统计局官网（https://data.stats.gov.cn/easyquery.htm?cn=C01&zb=A0P0101&sj=2021）。

型城镇化耦合的机理、水平、路径等就成为十分重要的课题。

厘清乡村振兴和新型城镇化耦合关联的机理,通过理论和实证研究二者的相互关联关系,是促进二者耦合发展的重要基础,也是提出乡村振兴与新型城镇化耦合推进具体路径的重要依据。

二、研究意义

本书的研究意义体现在以下两方面。

第一,理论意义。本书在理论层面丰富了城乡关系研究,梳理了乡村振兴与新型城镇化耦合发展的内在逻辑和机理。已有研究大多数聚焦于宏观层面以及自上而下的层面,均将乡村置于辅助地位来发展城镇,或者是在城镇化背景下研究乡村发展,虽然有理论强调城乡关联或融合,但大多停留在概念和抽象理论阶段,缺乏深入的定性和定量研究,真正将乡村振兴战略与新型城镇化战略放在同等地位上,研究二者之间的关系的文献不是很多。本书融合区域经济学、产业经济学、地理科学等相关领域的理论,对乡村振兴与新型城镇化关系界定、历史演进的相关文献进行了梳理,对乡村振兴与新型城镇化耦合关系的内在逻辑、表现和依据,以及耦合机理进行了总结,弥补了已有研究的不足,丰富了两大战略关系的研究,为未来我国有关城乡融合的研究提供借鉴,并为世界乡村振兴与城镇化建设提供"中国理论"和"中国智慧"。

第二,现实意义。一方面,本书采用多指标综合评价方法评价了中国乡村振兴水平和新型城镇化水平,有利于把握二者发展的现状,通过测算中国乡村振兴与新型城镇化耦合协调度,有利于明晰中国乡村振兴与新型城镇化协同发展水平。定性分析与定量分析相结合,总结了中国乡村振兴、新型城镇化以及二者耦合发展的空间演化特征和影响因素,有利于政府决策者清晰地认识中国乡村振兴与新型城镇化的发展水平和特征。另一方面,本书提出了乡村振兴与新型城镇化耦合发展的具体路径,详细设计了产业融合、空间载体、要素流动和制度供给等方面的路径体系,为各级政府大力推进乡村振兴与新型城镇化建设、编制乡村振兴与新型城镇化规划、建立健全城乡融合发展体制机制以及加快两大战略高质量耦合发展提供了重要的决策依据。

第二节
研究对象与研究方法

一、研究对象

首先有必要明确一下本书涉及的一个关键概念——耦合,以及与之相联系的几个概念——融合、协调、同步。四个相近的概念的定义、反义词、重点见表0-1所示。

表0-1 对耦合、融合、协调、同步四个相关概念的解释

概念	定义	反义词	重点
耦合	两个电路构成一个网络时,其中一个电路中电流或电压发生变化,能通过能量传送,影响另一电路也发生相应的变化的一种现象。物理学上指两个或两个以上的体系或两种运动形式间通过相互作用而彼此影响以至联合起来的现象	去耦、退耦	关注两种事物之间的相互作用关系,你中有我,我中有你,相互影响,相互关联
融合	熔成一体或像熔化那样融成一体,即将两种或多种不同的事物合成一体	排斥、隔离	是两种或多种事物成为一体的最终状态
协调	协力调和,使步调一致,配合得当	失调、纷争	强调发展过程中的状态和谐,各种关系处理得当,很有秩序
同步	指两个或两个以上随时间变化的量在变化过程中保持一定的相对关系,是基于在两个变化的量规定一个共同的时间参考,也可指某人某物或某事同时进行	杂乱、混乱	强调一种相对有规律的发展方式

耦合,在《中国百科大辞典》中的定义为:两个电路构成一个网络时,其中一个电路中电流或电压发生变化,能通过能量传送,影响另一电路也发生相应的变化的一种现象。在《资源环境法词典》中,耦合的定义为:物

理学上指两个或两个以上的体系或两种运动形式间通过相互作用而彼此影响以至联合起来的现象。耦合的反义词为去耦、退耦,是指减少互相影响。可见,耦合更多地关注两种事物之间的相互作用关系,你中有我,我中有你,相互影响,相互关联。

融合,物理意义上指熔成一体或像熔化那样融成一体,即将两种或多种不同的事物合成一体。其反义词为排斥、隔离。可见,融合是两种或多种事物成为一体的最终状态。

协调,在《辞典》中定义为协力调和,使步调一致,配合得当。其反义词为失调、纷争。协调强调发展过程中的状态和谐,各种关系处理得当,很有秩序。

同步,指两个或两个以上随时间变化的量在变化过程中保持一定的相对关系,是基于两个变化的量规定一个共同的时间参考,也可指某人某物或某事同时进行。同步的反义词为杂乱、混乱。可见,同步强调的是一种相对有规律的发展方式。

四个概念之间的关系如图 0-1 所示。耦合、协调、同步都属于一种方法方式,而融合是一种发展的最终状态。耦合与协调之间有交集,两种事物协力调和发展中又互相影响,就是耦合协调发展。但协调不一定耦合,因为存在两种事物相对独立,互不影响,但发展状态和谐,关系协调。耦合也不一定协调,两者相互影响但关系不一定和谐。同步是协调的一个子集,同步发展是指两个量的相对关系稳定或同时发展,那么一定是协调发展的。但协调发展不一定要求同步发展。正如耦合与协调的关系一样,耦合与同步既有交集,也存在各自独立的地方。耦合的最终发展状态是融合的,因为耦合发展就是要让二者互相作用、联合起来发展。因此,耦合是融合的一种实现形式,融合是耦合的最终状态。而协调、同步的最终发展状态不一定是融合的,即不一定是融为一体,最终仍然可以呈现相对独立而协调或同步发展的状态。

因此,本书所研究的乡村振兴与新型城镇化耦合发展就是指乡村振兴与新型城镇化相互影响、相互作用,你中有我、我中有你的一种发展方式,是实现城乡融合发展的重要手段和重要路径。

正如本书标题所言,本书的研究对象,即本书的研究问题有三个:中国乡村振兴与新型城镇化耦合的机理、中国乡村振兴与新型城镇化耦合的水平评价、中国乡村振兴与新型城镇化耦合的路径。

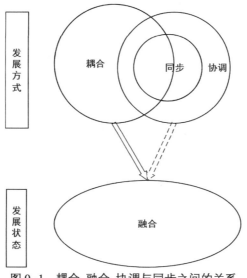

图 0-1 耦合、融合、协调与同步之间的关系

下面分别具体介绍本书研究的三个问题。

第一，中国乡村振兴与新型城镇化耦合的机理，即研究乡村振兴与新型城镇化的内在关系，二者为什么能够耦合发展，二者耦合发展的内容和依据是什么。尽管大量文献证明乡村振兴与新型城镇化不是孤立的，而是互相作用的，相互促进的，但鲜有文献深刻挖掘二者耦合发展的内在逻辑以及二者耦合发展的机理。因此，本书尝试从两大战略的内涵与外延出发，梳理乡村振兴与新型城镇化耦合发展的理论渊源，探析二者耦合发展的内容和依据，并从经济、生态、社会、空间和人口维度详细阐释乡村振兴与新型城镇化耦合发展的机理，构建完整的乡村振兴与新型城镇化耦合发展机理的理论框架。

第二，中国乡村振兴与新型城镇化耦合发展的水平，包括历史考察和水平评价，即中国乡村振兴与新型城镇化耦合的历史是什么样的，经历过怎么样的一个发展过程，现状又是如何，是什么影响了乡村振兴与新型城镇化的耦合发展。针对这一问题，本书首先将中国乡村振兴与新型城镇化耦合关系的历史考察分为四个发展阶段，并在每个阶段详细阐述了乡村、城镇、工农以及城乡发展的成就和特点，解决了两大战略耦合发展的前世今生问题。其次,用全国及其31个省份(含自治区、直辖市,不含港澳台,下文同)2008—2020年的数据定量分析了乡村振兴与新型城镇化耦合发展的水平,评价了各年度全国及各省份的乡村振兴与新型城镇化的耦合水平,并且分析了乡村振兴、新型城镇化以及耦合水平的区域差异。最后,该书分析了乡村振兴与新型城镇化水平耦合发展的影响因素,对现有研究进行了补充扩展。

第三,中国乡村振兴与新型城镇化耦合路径,即乡村振兴与新型城镇化耦合发展要走什么样的路,从哪些方面着手,以什么为抓手。针对这一问题,本文设计了乡村振兴与新型城镇化耦合发展的四条关键路径,分别是产业融合发展路径、空间载体打造路径、要素自由流动路径和制度供给建设路径,阐释了每条路径的意义、原则和具体内容。

二、研究方法

基于上述研究对象,结合本书的研究内容,本书使用的研究方法有以下几种。

第一,逻辑分析与历史分析相统一的方法。本书第二章在构建乡村振兴与新型城镇化耦合关系的理论框架时运用了逻辑分析法,在详细分析乡村振兴与新型城镇化内涵与外延的基础上,界定二者的耦合关系,并分析其耦合的依据,并分别从经济、生态、社会、空间和人口维度,演绎乡村振兴和新型城镇化耦合的机理。这是一个相对完整的逻辑分析过程。同时,本书第三章从历史角度梳理乡村振兴与新型城镇化耦合关系自中华人民共和国成立以来的演进过程,厘清了乡村振兴与新型城镇化耦合的来源、经过与现状,以运动、发展的眼光分析不同阶段乡村振兴与新型城镇化耦合的表现与特征,这是典型的历史分析方法。本书将逻辑分析与历史分析相统一,既从理论上构建了中国乡村振兴与新型城镇化耦合发展的框架结构,也从历史上掌握了二者耦合发展的来龙去脉,有助于乡村振兴与新型城镇化耦合发展路径的提出。

第二,定性分析与定量分析相结合的方法。本书第二章、第三章以及第五章的分析均属于定性分析:第三章分析了乡村振兴与新型城镇化耦合机理的内在逻辑,探究了乡村振兴与新型城镇化的内涵与本质,并定性分析了二者耦合的表现和依据,分析了乡村振兴与新型城镇化耦合的机理。第三章定性分析了乡村振兴与新型城镇化耦合关系的历史演进。第五章定性分析了乡村振兴与新型城镇化的耦合路径。本书第四章则属于定量分析,采用合适的计量方法,测度了全国及其31个省份的乡村振兴发展水平、新型城镇化发展水平以及二者耦合协调度水平,并定量分析了乡村振兴水平和新型城镇化水平以及二者耦合协调度的区域差异和影响因素。本书采用定性分析与定量分析相结合的方法,准确把握了乡村振兴与新型城镇化耦合关系的本质、表现、路径与水平。

第三,理论分析与实证分析相统一的方法。本书第二章构建了乡村振兴和新型城镇化耦合机理的理论框架,运用了理论分析法。同时,本书第四章运用了实证分析法分析乡村振兴与新型城镇化耦合水平,具体来说,运用了多指标综合评价法、耦合关联度模型分析法、空间相关性分析、地理探测器模型以及固定效应回归模型。首先,运用多指标综合评价法,选择适合的多指标综合评价法分别评价新型城镇化和乡村振兴水平,把握二者的发展状态,为判断乡村振兴与新型城镇化的耦合关联做准备,同时也可以为推进二者的耦合发展提供现实依据。其次,界定乡村振兴与新型城镇化耦合度时要运用耦合关联度模型分析法。耦合关联度模型借鉴了物理学中相关概念,是用来分析两个相互关联的事物之间的协调关系的一种方法。再次,乡村振兴与新型城镇化发展之间具有较强的空间相关性,因此可以运用空间相关性分析法分析乡村振兴与新型城镇化的耦合协调的区域特征。之后,运用地理探测器模型分析了乡村振兴与新型城镇化耦合度贡献度,探究各维度对乡村振兴与新型城镇化耦合的影响,最后,运用固定效应模型方法实证验证了乡村振兴与新型城镇化的影响因素。因此,本书实现了理论分析与实证分析相统一。

第三节
基本思路与框架结构

一、基本思路

本书按照"提出问题——理论研究——历史研究——实证研究——

政策建议——总结"的思路展开研究。其中,"提出问题"由导论和第一章文献综述负责。导论交代清楚本书的研究背景与意义,明确本书的研究对象为乡村振兴与新型城镇化耦合关系的机理、水平和路径。第一章文献综述总结已有的研究成果和不足,在梳理文献过程中找到本书的研究点和创新点,明确具体的研究内容。"理论研究"由第二章"乡村振兴与新型城镇化耦合的理论框架"负责。本章探析了乡村振兴与新型城镇化耦合的内在逻辑,深入分析了乡村振兴与新型城镇化耦合的机理。"历史研究"由第三章"乡村振兴与新型城镇化耦合关系的历史考察"负责。本章将我国乡村振兴与新型城镇化耦合关系的历史演进分为四个阶段,详细论述了每个阶段的发展成就与特征。"实证研究"由第四章"乡村振兴与新型城镇化耦合水平评价"负责。本章定量分析了乡村振兴与新型城镇化耦合协调发展的水平、区域差异、贡献度以及影响因素。"政策建议"由第五章"乡村振兴与新型城镇化耦合的路径"负责。本章从多个维度探讨了乡村振兴与新型城镇化耦合发展"怎么走"的问题。最后,"总结"由第六章"结论与展望"负责。

总之,本书从提出问题和整理文献出发,在前人的基础上,首先,构建二者耦合发展的理论框架;其次,考察乡村振兴和新型城镇化耦合发展的历史演进;再次,运用实证方法探讨乡村振兴与新型城镇化耦合的水平;最后,提出乡村振兴与新型城镇化耦合发展的路径。

二、框架结构

本书导论阐述选题背景与研究意义,明确研究对象与研究方法,厘清基本思路,构建框架结构,并指出该书的创新之处。

第一章为文献综述,紧紧围绕与该书研究内容直接相关的国内外文献进行综述,包括关于乡村振兴与新型城镇化关系的文献综述、关于乡村振兴与新型城镇化耦合关系历史考察的文献综述、关于乡村振兴与新型城镇化耦合水平评价的文献综述和关于乡村振兴与新型城镇化耦合路径的文献综述四个部分。

第二章为乡村振兴与新型城镇化耦合机理的理论框架。首先,分别厘清乡村振兴和新型城镇化的内涵与外延,从理论角度明确二者的本质与内容;其次,总结有关乡村振兴与新型城镇化耦合的理论渊源,即城乡融合的理论渊源;再次,从本质角度、发展趋势角度和影响因素等角度探究乡村振兴与新型城镇化耦合的依据;之后,从供给主体、供给目标、理念与原则和供给内容等方面具体分析乡村振兴与新型城镇化的耦合关系的表现;再后,分析乡村振兴与新型城镇化耦合的机理,分别从经济、生态、社会、空间、人口等维度,研究乡村振兴的产业兴旺、生态宜居、乡风文明、治理有效、生活富裕与新型城镇化的经济城镇化、生态城镇化、社会城镇化、空间城镇化、人口城镇化之间的具体关系与相互作用的机理,从理论上廓清乡村振兴与新型城镇化耦合的作用机制;最后,分析乡村振兴与新型城镇化耦合发展的影响因素,从理论上界定清楚是哪些因素影响了乡村振兴与新型城镇化的耦合发展。

第三章为乡村振兴与新型城镇化耦合关系的历史考察,系统分析了乡村振兴与新型城镇化建设以及城乡工农关系的历史演进。将乡村振兴与新型城镇化耦合关系的发展历程划分为四个阶段,分别是城乡二元经济社会体制逐步固化阶段(1949—1978年)、乡村建设与城镇化建设分别推进阶段(1978—2012年)、乡村建设与城镇化建设初步协调阶段(2012—2018年)和乡村振兴与新型城镇化耦合发展阶段(2018年至今)。详细梳理了每个阶段农村经济社会发展的情况、城镇化建设的过程与成就、工农关系的变化以及城乡关系的走向与特征。同时,总结了中国乡村振兴与新型城镇化耦合发展的基本特征与存在的问题。

第四章为乡村振兴与新型城镇化耦合水平评价。首先,根据乡村振兴与新型城镇化内涵与外延,构建了评价乡村振兴水平和新型城镇化水平的指标体系,选用适当的多指标综合评价法确定指标权重,测度全国及其31省份的乡村振兴水平与新型城镇化水平指数,并用多个方法分别分析乡村振兴与新型城镇化水平的区域差异;其次,运用耦合协调度模型测算二者的耦合协调度,分析全国及其31省份乡村振兴与新型城镇化耦合关系的时空特征,用不平衡指数、Geoda软件的空间相关性分析探析31省份乡村振兴与新型城镇化水平的区域差异特征;再次,运用地理探测器模型分析乡村振兴与新型城镇化耦合协调度的贡献度;最后,运用固定效应模型实证分析乡村振兴与新型城镇化耦合发展的影响因素。

第五章探讨乡村振兴与新型城镇化耦合的路径,具体分析乡村振兴与新型城镇化耦合的产业融合发展路径、空间载体打造路径、要素自由流动路径和制度供给建设路径等。

第六章为结论与展望,对全书的研究结果进行总结和展望。

具体的研究思路与框架结构如图0-2所示。

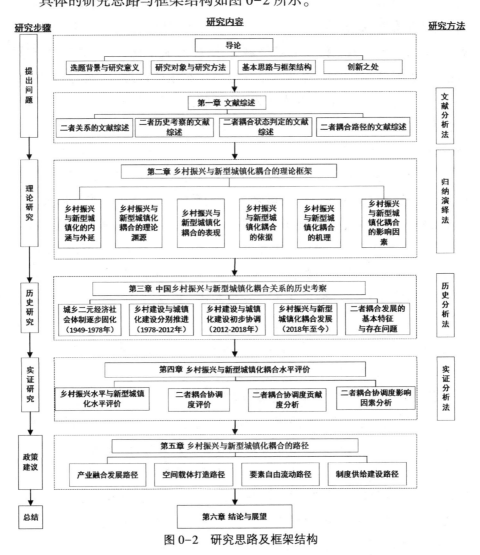

图0-2 研究思路及框架结构

第四节
创新之处

本书创新之处可概括为以下三个方面。

第一,多层次分析了乡村振兴与新型城镇化的耦合机理。乡村振兴与新型城镇化存在密切关系,二者"你中有我,我中有你"。现有研究大多停留在表层互动关系的分析上,并没有深刻挖掘二者的内在关系以及相互作用的机理。本书通过界定乡村振兴与新型城镇化的内涵与外延,探讨了乡村振兴与新型城镇化耦合关系的表现、耦合的依据以及耦合的机理,解决了以往研究整体性和方向性不足的问题,实现了对当前乡村振兴与新型城镇化耦合发展相关理论研究的补充。

第二,多维度重构了乡村振兴与新型城镇化水平测度指标体系。本书综合运用专家咨询法、文献研究法、理论分析法等方法,从二者的理论内涵出发,并且详细参考理论依据、现实依据和技术依据等来构建乡村振兴与新型城镇化水平测度的指标体系,努力做到全面、科学、可操作。

第三,多方法探讨了乡村振兴与新型城镇化耦合关系的区域差异。本书运用不平衡指数、空间相关性分析和Geoda模型等方法分析了乡村振兴与新型城镇化耦合度的区域差异,揭示了乡村振兴与新型城镇化耦合度的区域分布特征,有助于全面了解乡村振兴与新型城镇化耦合协调发展过程中存在的问题和有待改进的方向。此外,本书还运用地理探测器模型分析了乡村振兴与新型城镇化各维度指标对二者耦合协调度的影响,揭示了乡村振兴与新型城镇化耦合协调度的影响因素以及发展规律。这些分析对全方位掌握中国乡村振兴与新型城镇化耦合水平和特征起到重要作用。

第一章 文献综述

第一节
现有文献基本情况分析

本书研究乡村振兴与新型城镇化的耦合机理、水平与路径,涉及乡村振兴与新型城镇化关系、乡村发展与城镇化耦合的历史考察、乡村振兴与新型城镇化耦合水平判定和乡村振兴与新型城镇化耦合路径等几个关键问题。将"乡村振兴""新型城镇化"分别与"关系""历史""评价"和"路径"作为主题词检索条件带入 CNKI,并将时间限定为 2010 年至 2023 年,精炼(手动去掉不相关文献后,运用 CiteSpace 软件将检索到的文献,以 1 年时间切片,按照"TOP50"提取高频关键词操作)后得到 1457 篇相关文献,这些文献的发表时间分布见图 1-1。图 1-1 显示,相关文献的数量随时间递增,而且在最近两年陡增,可见,乡村振兴与新型城镇化相关议题仍然是目前的研究热点之一。

运用 CiteSpace 软件可以对相关研究的热点内容、主体分布以及研究趋势进行简单分析。首先,进行关键词共现图谱分析,结果见图 1-2。图 1-2 显示,乡村振兴与新型城镇化相关研究的节点较大的几个关键词依次为"乡村振兴""城镇化""城市化""城乡融合""乡村治理""产业振兴""路径""共同富裕""指标体系""耦合协调""脱贫攻坚""理论逻辑""指标体系""评价"等。可见,乡村振兴与新型城镇化的相关研究离不开共同富裕主线和城乡融合目标。本书的研究内容包括理论逻辑构建、历史梳理、水平评价、路径等,都是目前研究的重要议题。

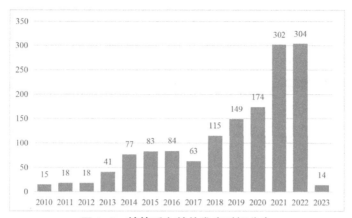

图1-1　精炼后文献的发表时间分布

扫码显示彩图

图1-2　乡村振兴与新型城镇化相关研究关键词共现分析网络鱼眼图

进一步,将以上文献关键词进行聚类分析后可以绘制出关键词共现网络鱼眼图(图1-3)。可见,以上关键词聚类结果显示,前10个显著的关键词仍然围绕乡村振兴、城乡融合、城镇化、评价、乡村治理、产业振兴、路径、乡村文化、共同富裕、发展路径和城市化展开。从时间变化上看,2010年到2015年,研究的主要热点集中在"乡村建设""乡村治理""城镇化"和

"城市化""内涵""路径"等相关领域。2015年之后研究热点转向城乡融合、乡村振兴、脱贫攻坚与水平评价和理论逻辑、实践路径等内容。2020年之后,研究热点集中在"有效衔接""共同富裕""数字乡村"等。可见,数字经济发展与共同富裕主线应该是乡村振兴和新型城镇化研究的方向。在乡村振兴与新型城镇化耦合发展中,充分发挥新时代新要素的重要作用,是实现共同富裕的重要手段和重要保障。因此,研究乡村振兴与新型城镇化耦合发展的机理、水平和路径正逢其时。

扫码显示彩图

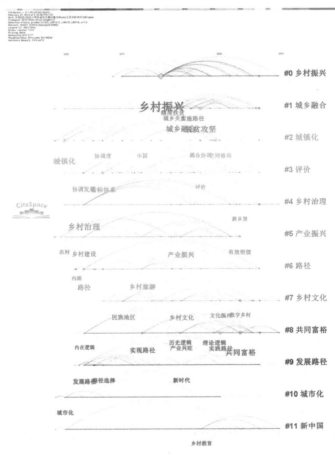

图1-3 乡村振兴与新型城镇化相关研究关键词共现分析网络鱼眼图(中文)

以上是基于中文文献的分析,为了全面理解目前有关乡村振兴和新型城镇化的研究情况,还需要对外文的研究做简单介绍。将关键词"urban""rural"作为主题词在web of science里精炼2019年以来的研究,得到2550

篇文献,将这2550篇文献作为关键词共现分析网络鱼眼图,如图1-4所示。可见,外国有关城乡问题的研究主要集中在案例研究、风险因素分析、社会一体化、城市乡村、精神健康、生态环境问题(第五、六类聚类分别为多环芳烃、灾难性卫生支出)等。从时间线上看,2019年学术界关注的命题有"城镇化""影响""经验""乡村中国""移民""市场""儿童""表现""不公平""城市"等;2020年关注的关键词有"过渡""气候变化""土地使用""风险""健康""农民工""贫困""医疗保健""社会支持""空气污染""差距""系统"等;2021年和2022年关键词出现较多的为"可持续发展""经济增长""政府治理""成就""老龄化""pm2.5""景观格局""城市群""社会一体化""资产权利"等;2023年出现频次较多的关键词为"耦合协调度""城乡一体化发展""就业""健康保险"等。本书研究的乡村振兴与新型城镇化耦合发展,也是目前研究的热点命题之一。

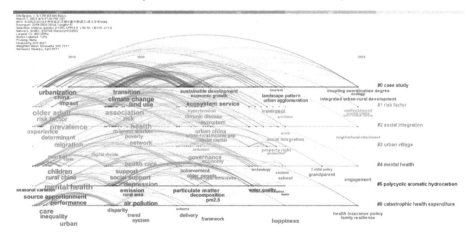

扫码显示彩图

图1-4　乡村振兴与新型城镇化相关研究关键词共现分析网络鱼眼图(英文)

本章以下内容紧紧围绕本书要研究的内容展开:第二节为总结关于乡村振兴与新型城镇化关系的文献综述,第三节为总结关于乡村发展与城镇化耦合关系历史考察的文献综述,第四节为总结关于乡村振兴与新型城镇化耦合水平判定的文献综述,第五节为总结关于乡村振兴与新型城镇化耦合协调发展路径的文献综述,第六节做文献述评。

第二节
关于乡村振兴与新型城镇化关系的文献综述

乡村振兴是农业发展和乡村摆脱愚昧落后状态,是大工业发展和解决"城市病",是个人实现自由而全面发展的根本要求(陈龙,2018)。乡村振兴的目的是要在农村中发现和构造出内生的发展性,完善乡村的社区治理机制及推动生活方式的现代化(任远,2022)。乡村振兴着眼于乡村经济、生态、文明、治理、生活等内容,为"三农"问题的解决以及乡村地区的繁荣与振兴提供战略引领(崔树强等,2022)。

新型城镇化主要是针对传统城镇化过程中出现的土地城镇化过快等问题而提出的,强调城乡融合发展,并且需要逐步调适和优化关键要素及空间结构,促进产业升级、资源高效集约利用,最终实现民生有保障、社会和谐、区域发展可持续的目标(程明洋,2022)。新型城镇化是"四化"相互协调发展的城镇化,是人口、经济、资源和环境相协调的城镇化,是人口集聚、市民化和公共服务协调发展的城镇化(陶德凯等,2022)。新型城镇化的本质就是人的自然本质、人的异化以及人的全面发展(杨新华,2020),重点是有序促进农业转移和人口市民化(崔树强等,2022)。

乡村振兴与新型城镇化都是我国全面深化改革的重要部署,是我国社会经济稳定发展的根本保障(辛宝英,2020)。两大战略是中国能够进入新时代中国特色社会主义的客观要求,也是新阶段新型城镇化与农村发展融合的必然结果(Chen,Mingxing 等,2021)。大量学者关注乡村振兴与新型城镇化的关系,且认为两者不是非此即彼的关系(韩俊,2018),而是你中有我、我中有你,相互补充、相互促进的关系(蔡昉,2018),适合构建战略耦合机制(李梦娜,2019)。陈丽莎(2018)提出尽管乡村振兴与新型城镇化的内容和侧重点不同,但它们存在着十分密切的联系,两者必须统筹发展,也就是以城镇经济反哺和带动农村经济,以城镇化战略助推乡村振兴战略。陈国生等(2018)通过实证分析法研究了新型城镇化、新型工业化和乡村振兴三者之间的关系，认为三者是区域经济发展中三个相互联系、相互依赖、相互促进的共生单元，三者之间存在着不同程度的正向交互响应。

具体来说，二者的紧密联系体现在以下几方面：一是两者发展目标都是进一步达到现代化水平，两者目标一致，总体思路也一致（冯丹萌和孙鸣凤，2020）。崔树强等（2022）提出新型城镇化与乡村振兴战略的侧重点虽有所不同，但在战略目标上存在共同性，均主张城乡关系重塑。二是两者功能互补，互促互生（冀鹏，2021），桂华（2020）指出城市构成我国的"发展极"，乡村构成我国现代化的"稳定极"，前者带动经济社会发展，后者消化社会风险，共同构建起我国城乡发展相互促进的辩证关系。黄锡生和王中政（2021）提出乡村振兴与新型城镇化建设在空间上衔接、在功能上互补，是实现我国城乡融合发展的重要力量。三是两者互利共生，具有内在一致性，两者必然是耦合互补、相辅相成的（张琛和孔祥智，2021；谢天成，2021；王金华和谢琼，2021；马斌和宋智勇，2022）。吕萍和余思琪（2021）提出新型城镇化能有效聚集生产要素，并通过扩散效应与辐射效应为推动乡村振兴提供必要的物质与技术支持，乡村振兴能为新型城镇化提供基本生产、生活资料，保障城镇化安全发展，因此两者互相促进。周振（2021）认为新型城镇化是乡村振兴的助推器。

刘双双和段进军（2021）提出协调推进乡村振兴与新型城镇化本身具有内在驱动因素，即城乡资源禀赋差异的依托机制、城乡溢出效应的反哺机制和城乡融合发展的互惠机制。任远（2022）指出农村和城市构成有机整体，是相互支持、不可或缺的，要在城乡整体发展视野下稳步推进乡村振兴与新型城镇化。方创琳（2022）认为新型城镇化与乡村振兴是解决城乡病、提升城乡发展质量的两种不同手段，二者之间存在着必然的内在耦合机理，城市地域系统和乡村地域系统在自然要素和人文要素的综合影响下，存在交互胁迫与耦合关系。张明皓（2022）认为乡村振兴与新型城镇化战略具有内在逻辑的关联性，包含部分和整体维度、时间和空间维度以及功能和价值维度的统一。程明和方青（2022）提出乡村振兴和新型城镇化价值相通、目标趋同、主体一致、政策共融。杨佩卿（2022）认为乡村振兴与新型城镇化既有异质性，又具有天然耦合性和内在相通性，在实践中能够协同共进。Jiang Lujuan 和 Wang Leilei(2022)认为在乡村振兴战略下新型城镇化建设与乡村旅游业发展密切相关。

诸多学者从不同角度论证了乡村振兴与新型城镇化耦合是具有一定理论和现实基础的。丁静(2019)认为乡村振兴与新型城镇化两大战略融合的现实基础包括乡村和城镇在空间上的并存性、农业农村现代化与城镇化在时间上的继起性和乡村振兴与新型城镇化战略在本质上的一致性,而且二者的融合也具有历史必然性。一方面,从城乡分野至城乡融合是现代化发展的必然规律;另一方面,新型工业化、城镇化、农业现代化、信息化同步发展是现代化的必然要求。江洁等(2020)提出新型城镇化和乡村振兴在发展主体、最终目标和对生态环境的要求等方面有共通之处,发展主体都侧重农民,最终目标是促进城乡统筹,都对生态环境发展提出了要求。李梦娜(2019)认为乡村振兴与新型城镇化之间具有内在逻辑的关联性,为解决战略进程中的问题,实现乡村和城镇的协同治理提供了条件。苏小庆等(2020)认为乡村振兴与新型城镇化战略耦合是加快农业农村现代化的内在要求,两大战略联动是中国推进城乡融合发展的必由之路。杨嵘均(2019)提出从战略设计层面来说,乡村振兴与新型城镇化战略之间又必然在逻辑上存在着紧密的联系和共性。二者"都是为了提高资源配置效率,增进国民福利,解决好城乡之间均衡发展和协调发展的问题"。叶超和高洋(2019)分析乡村振兴与城镇化战略的关系,发现国家整体政策和学术研究热点基本一致,体现出从要素、政策、技术等方面到整体战略的转向。叶超和于洁(2020)提出乡村振兴与新型城镇化战略在内容和目标上具有一定交叉和重合之处,本质上是相辅相成、互联互动的关系,城镇化与乡村振兴的共生效应,涉及自然、政治、社会、经济、文化、政策等方面。卓玛草(2019)提出新时代乡村振兴与新型城镇化融合发展的理论依据就在于"三农"问题是农业与二、三产业融合发展的结构问题,"三农"问题本质是农民、农民工"人的全面发展"问题,"三农"问题更是以城带乡、以乡促城的城乡融合发展问题。

可见,已有部分学者关注了乡村振兴与新型城镇化的内涵和重要性,并有大量学者关注了乡村振兴与新型城镇化的关系,而且达成初步共识,两者是互相关联、相互作用、不可分割的,两者的耦合发展具有坚实的理论基础和现实依据,这为本书展开二者的耦合研究奠定了一定基础。但现有研究只是进行了初步的判断,并没有从本质上挖掘二者的内在关联,大部分分析停留在表面的认识上,分析得不深刻、不具体。

第三节
关于乡村发展与城镇化耦合关系历史考察的文献综述

关于乡村发展与城镇化耦合关系的历史考察的文献大概可以分为四支,前两支分别单独考察乡村发展和城镇化的发展历史,第三支文献考察乡村发展与城镇化关系的历史演进,最后还有一支文献考察乡村发展与城镇化发展中存在的问题。前两支文献均研究历史演进,本书将现有的研究情况做了整理,如表1-1所示。

表1-1　有关乡村发展与城镇化历史考察的文献整理

维度	研究视角	历史阶段划分	代表文献
乡村发展	农村经济发展与农村改革	综合论	黄茂兴和叶琪(2019);斯丽娟和曹昊煜(2022);李明星和覃玥(2022);钱宁(2022);Zhou Yang(2020);Qi Wei等(2022)
		阶段论	罗玉辉(2019);刘儒等(2020)
	乡村治理与乡村建设	四段论	张保军和周锦涛(2021);张岩和周明明(2021);周云冉和王广义(2021);龚梦(2021);王景新(2021);杨德才(2021);唐任伍(2022);蒋天贵和王浩斌(2022)
		六段论	丁志刚和王杰(2019)
		综合论	王晓莉(2021);周立(2021)

续表

维度	研究视角	历史阶段划分	代表文献
城镇化		综合论	Reba, Meredith 等(2016); Guan, Xingliang 等(2018); Li Yuheng 等(2018); 方创琳(2018); 叶超和高洋(2019); 孔祥智和何欣玮(2022)
		两段论	辛宝英(2020)
		三段论	苏红键和魏后凯(2018); 朱华雄和王文(2022)
		四段论	苏红键和魏后凯(2018); 朱鹏华(2020); 高强等(2022); 石建勋等(2022)
乡村发展与城镇化关系	城乡关系	综合论	蒋永穆和胡筠怡(2022); Rao Jing(2022); Chen Mingxing 等
		两段论	叶超和高洋(2019);
		三段论	黄锡生和王中政(2021); 张曼和邓谨(2023)
		四段论	夏金梅(2021); 周立等(2022)
		六段论	周清香和何爱平(2022)

具体来说,关于乡村发展的历史考察,由于乡村振兴提出时间较晚,综合考察乡村振兴历史进度的文献较少,但大量学者考察了农村经济发展的历史轨迹,或乡村治理与建设的历史变迁。

首先,有一大部分学者综合地总结农村经济发展或农村改革的历史过程、特征或经验,例如,黄茂兴和叶琪(2019)从农村土地制度的改革与完善、农村集体产权制度的改革与创新、农村经营方式从单一到多元的发展变化、农产品流通体制从计划向市场的转变、从废除农业税到实施农业补贴、从城乡二元结构走向城乡融合发展等几方面梳理了我国农村经济发展的历史演变过程。斯丽娟和曹昊煜(2022)认为我国的县域经济和农村发展经历了从抑制到快速非均衡发展、再到良态互动的演进过程。李明星和覃玥(2022)梳理了农业农村现代化的政策文件,认为我国特色农业农村现代化的历史进程体现出"三个"特征:目标指向从追求数量到注重质效、施策理念从静态培育到动态交互、路径逻辑从"单维"重视到"双维"并重。钱宁(2022)认为,新中国成立以来,我国农村发展变迁的历史一直围绕国家工业现代化目标而展开,既表现为从合作化到人民公社和改革开放后的农村土地承包经营制,也表现为从解决"三农"问题到"三农"现代化,还表现为从扶贫攻坚到乡村振兴等。Zhou Yang(2020)回顾了中国农村土地制度改革的历史过程。Qi Wei等(2022)分析了中国农村人口迁移的空间格局。

其次,有学者对农村经济发展的历史过程进行了阶段划分,比如罗玉辉(2019)将新中国成立以来我国的农村改革分为农业合作化时期、人民公社时期、家庭联产承包责任制时期、农村经济的市场化改革时期、统筹城乡发展时期、农村土地"三权分置"新时代六个阶段。刘儒等(2020)总结了新中国农业农村70年发展历程,归纳了农业农村从新中国成立初期、到改革开放时期、邓小平南方谈话后再到21世纪的历史脉络。

再次,有大量学者讨论乡村建设或乡村治理的历史阶段,将其划分为四个历史阶段或者六个历史阶段。例如,张保军和周锦涛(2021)指出农村基层党组织建设先后经历了奠定基础、曲折发展、全面推进与全面加强四个历史阶段。张岩和周明明(2021)指出新中国成立以后,我国的乡村治理经历了新民主主义革命时期,以分配土地、革命动员为导向的乡村治理阶段;社会主义革命与建设时期,以组织生产、发展经济为导向的乡村治理阶段;改革开放和社会主义现代化建设时期,以引入市场、激发活力为导向的乡村治理阶段;中国特色社会主义进入新时代,以党建引领、乡村振兴为导向的乡村治理阶段四个时期。周云冉和王广义(2021)将中国共产党成立以来的乡村治理模式大致概括为新民主主义革命时期的"政权下乡"模式、中华人民共和国成立初期的"乡治"模式、人民公社时期的"政社合一"模式和改革开放以来的"乡政村治"模式。龚梦(2021)认为我国的乡村治理先后经历了新民主主义革命时期、社会主义革命和建设时期、改革开放和社会主义现代化建设新时期、十八大以来的中国特色社会主义新时代四个时期。王景新(2021)梳理了中国共产党乡村建设的历史脉络,描述了四个历史时期、九个阶段的特征与成就。杨德才(2021)将中国共产党百年"三农"思想发展演进历程划分为新民主主义革命时期(1921—

1949年)、站起来时代(1949—1978年)、富起来时代(1979—2012年)和强起来时代(2013年以来)四个阶段。唐任伍(2022)总结了从古代到近代到现代的乡村建设演进,将中国共产党成立以后的乡村建设分为新民主主义革命时期的井冈山和延安模式、社会主义革命和建设时期的大寨模式、改革开放和社会主义现代化建设新时期的小岗村模式、中国特色社会主义新时代的十八洞村模式等四个时期。蒋天贵和王浩斌(2022)提出建党百年来,我国农村社会治理主体经历了新民主主义革命时期的农村基层党组织与农会、社会主义革命和建设时期的农村基层党组织与农业生产合作社、改革开放和社会主义现代化建设时期以农村基层党组织为核心的多元协同共治主体、乡村振兴新时代以农村基层党组织为统领的多元共建共治共享共同体四个阶段。丁志刚和王杰(2019)将乡村治理的历史分为六个时期,分别是土地改革、农业合作化、人民公社、改革探索、新农村建设和乡村振兴战略实施等时期。

最后,有一部分学者综合探讨乡村建设的历史规律或特征,比如王晓莉(2021)总结了20世纪以来乡村建设体系的历史演变规律,即社会结构从单向国家权力建设走向国家乡村双向互动,建设主体从单一主体走向政、经、社分离的多元主体,建设资源从固化的内部循环走向流动的内外交互循环,社会文化从"礼治"走向"自治、法治、德治"相结合。周立(2021)指出乡村建设实践过程中存在国家由汲取到给予、农村由贡献到振兴的历史轨迹。

同理,诸多学者探讨了城镇化建设的历史过程。有部分学者是从综合角度分析城镇化历史的变迁过程,例如,Reba,Meredith等(2016)考察了从公元前3700年至公元2000年近6000年间的全球城市化空间化过程。Guan Xingliang等(2018)从历史发展的角度总结了中国城镇化建设的成就与挑战。Li Yuheng等(2018)考察了中国长期以来的城市偏向政策、城乡关系扭曲以及村庄衰落的历史。方创琳(2018)总结了改革开放40年来中国城镇化与城市群取得的重要进展。叶超和高洋(2019)总结了中华人民共和国成立70年以来城镇化与乡村发展的政策演变态势,等等。孔祥智和何欣玮(2022)总结了新中国成立以来我国县域城镇化的发展历程。

还有学者将新型城镇化建设过程划分为二阶段、三阶段或四阶段。比如,辛宝英(2020)认为中国的城镇化经历了两个阶段,即改革开放前没有城镇化的工业化阶段和改革开放后快速发展的城镇化阶段。苏红键和魏后凯(2018)回顾了改革开放40年以来我国城镇化建设的历程,并按照不同标准将城镇化的演进划分为三个和四个阶段。朱华雄和王文(2022)认为我国城镇化经历了三个阶段,即1949—1977年城镇化缓慢发展阶段、1978—2001年城镇化粗放式发展阶段,以及2002年至今城镇化转型发展阶段。朱鹏华(2020)回溯中华人民共和国70年的城镇化历程,并将其分成两个时期、四个阶段。高强等(2022)总结了改革开放以后我国城镇化的演进历程,将其分为以下四个阶段:双轨渐进改革下的"自下而上城镇化"阶段(1978—1991年)、市场经济体制改革下的"流动城镇化"阶段(1992—2011年)、全面深化改革下的"新型城镇化"阶段(2012—2019年)、以县城为重要载体的新型城镇化(2020年以来)。石建勋等(2022)将我国城镇现代化建设发展历史进程分为四个阶段:城镇现代化建设的起步阶段(1949—1978年)、以改革开放推动城镇现代化建设阶段(1978—2003年)、传统城镇现代化建设向新型城镇现代化建设转变阶段(2003—2013年)、从新型城镇现代化建设向"人的城镇化"转变阶段(2013年至今)。

关于乡村发展与城镇化关系的历史考察,大部分学者是从城乡关系的历史演变角度进行分析的。同样的,有学者综合总结城乡关系的演变特征或规律,例如,蒋永穆和胡筠怡(2022)认为中国共产党成立一百年来,城乡关系从分离走向融合。Rao Jing(2022)回顾了1949年以来中国土地整理与城乡发展耦合关系的历史。Chen Mingxing等(2021)勾勒了中国城乡关系的阶段性演变特征,认为在新型城镇化和乡村振兴两大战略的指引下,城乡从"单向流动"向"双向互动"过渡,从"城市偏向"向"城乡一体化"过渡。

大量学者对城乡关系的演进进行了阶段划分。比如,叶超和高洋(2019)将中华人民共和国成立以来乡村发展与城镇化之间的关系划分为改革开放前和改革开放后两个阶段:改革开放前,总体上"农村支持城市、农业支持工业"的导向使得城乡二元结构严重,改革开放后,城乡协调发展成为主调。黄锡生和王中政(2021)提出新中国成立以来,我国城乡关系建设经历了城乡二元对立(1949—1978)、城乡互助过渡(1979—2001)、城乡统筹融合(2002年以来)三个阶段。张曼和邓谨(2023)将我国新型工农城乡关系历史演进划分为三个阶段：以城乡二元结构为主要形式的现代化起步阶段、以城镇化快速发展为主要特征的改革发展阶段和以乡村振兴为重点的农业农村现代化发展阶段。夏金梅(2021)指出我国城镇化与乡村建设经历了"乡育城市"阶段(1949—1958)、"城乡分离"阶段(1958—1978)、"城乡对立"阶段(1978—2002)和"城乡融合"阶段(2002—)。周立等(2022)将我国工农城乡关系的历史演变划分为四个演进阶段，即"大抽取"阶段(1949—1978)，"大缓和"阶段(1978—2003)，"大转型"阶段(2003—2012)，以及当下"大融合"阶段(2012年至今)。周清香和何爱平(2022)提出我国城乡关系经历了"交流互惠—二元分割—互动协调—分离失衡—统筹发展—融合发展"六个阶段。

  此外，还有学者总结了乡村发展与城镇化发展过程中存在的问题。例如，辛宝英(2020)认为我国新型城镇化面临的主要问题有：工业化与城镇化没有实现协调发展，城镇化水平总体滞后；相对于常住人口城镇化，户籍人口城镇化滞后；城镇化区域发展不均衡，存在许多城市病问题；城乡二元结构问题仍然突出，存在城市生态环境脆弱与资源短缺问题等。江洁等(2020)指出我国城镇化存在城乡发展不均衡、农民工市民化水平较低、城乡居民收入差距较大等问题。文丰安(2022)认为我国的新型城镇化建设中面临的问题主要表现为城市人口和经济与环境承载能力不匹配、城乡发展不平衡不充分、基本公共服务供给不均等、小城镇建设短板突出等。朱华雄和王文(2022)提出我国城镇化建设仍存在人力资本短缺、产业基础薄弱、财力不足和生态脆弱等问题。马斌和宋智勇(2022)认为乡村振兴与新型城镇化耦合发展中还存在一些深层次的突出矛盾，包括人口矛盾、土地矛盾、资金矛盾、公共服务矛盾、体制矛盾等。孔祥智和何欣玮(2022)提出当前我国城镇化建设面临产业发展水平不足、中心城市虹吸效应强、城镇化建设资金要素缺乏等现实困境。

  可见，现有文献初步分析了乡村发展、城镇化、城乡关系的历史演进，对其发展过程进行了不同的阶段划分，总结了乡村发展与城镇化发展过程中存在的问题。为该书梳理乡村发展与城镇化耦合关系的历史考察提供了大量依据。但是，现有文献分析历史考察仅仅只抓住一个点来梳理，或只研究乡村发展历史,或只总结城镇化历史,或只梳理城乡关系的变化,而忽略了城乡、工农的发展历史全景,乡村发展与城镇化耦合关系的历史考察还需要综合全局来整体分析。

第四节
关于乡村振兴与新型城镇化耦合水平评价的文献综述

同样,关于乡村振兴与新型城镇化耦合水平评价的文献大概可以分为四类,第一类文献单独评价乡村振兴水平,构建指标体系,选择评价方法,对不同的评价对象进行了评价分析。第二类文献单独评价新型城镇化水平,并分析新型城镇化水平的影响因素以及新型城镇化对其他因素的影响。第三类文献考察乡村振兴与新型城镇化的耦合协调水平。第四类文献考察乡村振兴或农业亦或新型城镇化与其他因素的耦合协调水平。

具体来说,关于我国乡村振兴水平的评价,已有诸多学者做了有益探索。其中,指标体系的构建大多按照"五大振兴"的框架来进行,评价方法的选择多是熵权法与其他方法的结合,例如熵权法与层次分析法结合、熵权法与因子分析法结合、熵权法与TOPSIS方法结合、熵值法和空间自相关方法结合,也有单纯用因子分析法、单纯用均权法、单纯用熵值法、单纯用TOPSIS方法、单纯用组合加权主成分分析法等。评价对象既有个别省市或县的,例如张焱等(2021)评价的是昆明市、云南省的乡村振兴水平,李刚等(2021)评价的是青海省,毛锦凰(2021)评价甘肃省,易小燕等(2020)评价德庆县,陶喆和向国成(2020)评价的是湖南省,章磷等(2022)评价的是黑龙江省;也有评价个别区域或经济带的,例如陈俊梁等(2021)、陈俊梁等(2020)、徐雪和王永瑜(2021)、李坦和徐帆(2020);还有评价全国所有省份的,例如刘德林和周倩(2020)、韩磊和刘长全(2018)、毛锦凰和王林涛(2020)、贾晋等(2018)、吕承超和崔悦(2021)、鲁邦克等(2020)、李长亮等(2022)、芦凤英等(2022)、王力和李兴锋(2022)、薛龙飞等(2022)、宋丽婷和白永秀(2022)、王青和曾伏(2023)等。具体见表1-2所示。

表 1-2 评价乡村振兴状态的代表性文献分析

序号	文献	指标维度	评价方法	评价对象范围
1	陈俊梁等（2021）	产业兴旺、基础设施、城乡治理、人民生活4个维度	熵权法结合因子分析、TOPSIS法	华东地区苏浙皖鲁赣闽76个地级市
2	郭翔宇和胡月（2020）	产业兴旺、生态宜居、乡风文明、治理有效、生活富裕、城乡融合6个维度		
3	韩磊和刘长全（2018）	经济发展、社会发展、生活水平、生态环境和城乡一体化5个维度	均权法	全国及各地区
4	韩欣宇和闫凤英（2019）	生活、生产、生态3个维度	因子分析法	山东省淄博市昆仑镇
5	贾晋等（2018）	产业兴旺、生态宜居、乡风文明、治理有效、生活富裕5个维度	熵权TOPSIS法	30个省份
6	李刚等（2021）		改进熵值TOPSIS灰色关联度模型	青海省
7	李坦和徐帆（2020）		熵权法与层次分析法	长江经济带11个省（市）
8	李长亮等（2022）		熵权TOPSIS法	全国和30个省份
9	刘德林和周倩（2020）		熵值法和探索性空间数据分析法	31个省份
10	芦凤英（2022）		熵值法	30个省份
11	鲁邦克等（2021）		组合加权主成分分析	31个省份
12	吕承超和崔悦（2021）		时空极差熵值法	30个省份
13	毛锦凰（2021）		熵权—层次分析法、TOPSIS法	甘肃省
14	毛锦凰和王林涛（2020）		层次分析法与熵权法	31个省份

续表

序号	文献	指标维度	评价方法	评价对象范围
15	宋丽婷和白永秀(2022)	产业兴旺、生态宜居、乡风文明、治理有效、生活富裕5个维度	熵值法与均权法	30个省份
16	王力和李兴锋(2022)		熵值法	31个省份
17	王青和曾伏(2023)		熵值法	31个省份
18	徐雪和王永瑜(2021)		熵值法	西部地区12个省份
19	薛龙飞等(2022)		熵值法	30个省份
20	易小燕等(2020)		熵值法	德庆县
21	章磷等(2022)		熵权TOPSIS和空间分析方法	黑龙江西部地区(13个县市)
22	张焱等(2021)		层次分析法、熵权法和TOPSIS法	昆明市、云南省和国家
23	陈俊梁等(2020)		因子分析法	长三角地区苏浙皖3个省份的40地市

关于我国新型城镇化水平的评价,大多学者采用各类方法测度了不同地区不同时间的新型城镇化水平,例如熊湘辉和徐璋勇(2018)构建了包含26个指标的新型城镇化水平的综合评价体系,测度了我国2006—2015年的新型城镇化水平,并分析了其动力因素。王新越等(2014)采用熵值法评价了31个省份的新型城镇化发展水平。赵磊和方成(2019)结合TOPSIS方法与灰色关联理论对2004—2015年中国省际新型城镇化发展水平进行综合测度,并分析其分布动态与驱动机制。曹飞(2017)采用主成分面板方法测度了2003—2013年中国省域新型城镇化质量。常新峰和管鑫(2020)以改进的熵权TOPSIS计算了2003—2017年长三角26市的新型城镇化水平,并分析了其影响因素。丁慧媛(2019)采用熵值法测算了沿海11省份新型城镇化综合发展水平。蒋正云等(2019)研究了江西省

11个地市城镇化人口、经济、空间、社会等方面的发展差异及整体协调情况。孔薇(2017)测度了吉林省的新型城镇化水平。李丹等(2021)分析了黑龙江省新型城镇化与耕地利用耦合协调的时空分异特征。李剑波和涂建军(2018)运用层次分析-熵值法、协调度模型、灰色关联分析并结合障碍度模型对2005—2014年成渝城市群新型城镇化发展协调度的时序变化以及影响因子进行了分析。李雪涛和吴清扬(2020)运用熵值赋权法测算了289个地级城市的人口—生态—社会—经济—土地五重及综合城镇化强度,构建耦合协调度模型划分五重城镇化的协调发展阶段。李政通等(2019)测度了我国31个省份2010—2014年新型城镇化发展水平变化。廖中举和张志英(2020)对我国30个省份2007—2016年的新型城镇化的水平进行了评价与比较研究。刘浩和刘树霖(2021)评价了2003—2018年广西14个地级市的城镇化质量。梦晓迪等(2018)分析了山西11个地级市的城镇化水平的空间演变。牟玲玲和尹赛(2019)测度了2012—2016年京津冀13个城市的新型城镇化的发展水平。田雪莹(2018)测度了1995~2016年中国城镇化水平。王小兰和王海娥(2020)评价了2016年三峡库区重庆段各区县新型城镇化发展水平。徐雪和马润平(2020)测度了2009—2016年宁夏5个地级市的新型城镇化水平。余江和叶林(2018)对2000—2016年中国和各省市的新型城镇化发展水平进行了时间和空间维度的测度和比较。赵晋琳等(2018)测度了2006—2015年江苏省各市县的新型城镇化水平和地区差异。赵娜(2020)实证分析了2008—2017年中国新型城镇化发展质量。赵永平等(2021)利用超效率DEA模型测度了中国省际新型城镇化效率。郑雁玲和田宇(2020)分析评价了2011—2018年全国31个省份新型城镇化效率。周敏等(2018)测度了中国2005—2016年30个省份的新型城镇化水平,并运用空间分析方法对中国省域新型城镇化的空间集聚效应进行检验,探讨了中国新型城镇化的驱动机制。杨佩卿(2019)利用熵值法对2012—2017年西部省域新型城镇化动力机制进行总体和分方面测度。杨佩卿(2020)对东西部各省区市新型城镇化发展水平、动力机制进行评价测度,并研究了两者的相关性。杨洋等(2017)揭示了山东半岛城市群2000—2012年新型城镇化综合水平时空动态过程。

以上文献评价用的指标维度、评价方法和评价对象见表1-3所示。

可见,现有新型城镇化水平评价文献的指标维度并不统一,但离不开人口、经济、社会、空间、生态等维度,评级方法比较多样,既有客观赋权的熵值法、因子分析法、主成分分析法,也有主观赋权的均权法、层次分析法,或者两种方法的结合,评价对象既有全国所有省份,某个区域部分省份,也有某个地区或某省的地市等。

表1-3 新型城镇化水平评价代表文献基本情况

序号	代表文献	指标维度	评价方法	评价对象
1	熊湘辉和徐璋勇(2018)	人口城镇化、经济城镇化、基础设施均等化、公共服务均等化、生活质量城镇化、资源环境	空间计量	31个省份
2	王新越等(2014)	人口、经济、空间、社会、生态环境、生活方式、城乡一体化、创新与研发	熵值法	31个省份
3	赵磊和方成(2019)	人口城镇化、经济城镇化、空间城镇化、社会包容性、环境治理力、城乡统筹度和生态集约化	TOPSIS方法与灰色关联理论	30个省份
4	曹飞(2017)	经济发展、城乡统筹、社会进步、基础设施、生态环境指标、居民生活	主成分面板方法	31个省份
5	常新峰和管鑫(2020)	人口发展、经济结构、社会进步、空间优化、环境治理	改进的熵权TOPSIS	长三角26市
6	丁慧媛(2019)	人口、经济、社会、生态、基础设施、城乡一体化	熵值法	沿海11个省份
7	蒋正云等(2019)	人口、经济、空间、社会、生态和城乡一体化	综合分析法、熵权法	江西省11个地市
8	孔薇(2017)	经济效率、社会公平、城镇化质量、人口情况	均权法	吉林省
9	李丹等(2021)	人口、经济、社会、空间	熵值法	黑龙江13个地市
10	李剑波和涂建军(2018)	人口、土地、经济、生态、社会	层次分析-熵值法	成渝城市群

续表

序号	代表文献	指标维度	评价方法	评价对象
11	李雪涛和吴清扬（2020）	人口、生态、社会、经济、土地	熵值法	289个地级城市
12	李政通等（2019）	经济发展、人口和土地扩张、生态环境、生活质量	融合熵值法	31个省份
13	廖中举和张志英（2020）	人口与就业、基本公共服务、社会保障、生态环境、城乡一体化	熵值法	30个省份
14	刘浩和刘树霖（2021）	经济发展水平、环境与生态、民生水平、公共服务水平、公平与效率	熵权TOPSIS法	广西14个地级市
15	孟晓迪等（2018）	经济、人口、社会	熵值法	山西11个地级市
16	牟玲玲和尹赛（2019）	经济发展、社会发展、生态环境、城乡统筹	社会网络分析评价模型	京津冀13个城市
17	田雪莹（2018）	人口发展、经济发展、生活质量发展、文化发展和基础设施建设	熵值法	全国水平
18	王小兰和王海娥（2020）	人口、经济、社会城镇化和城乡一体化	熵值法和加权综合评价法	三峡库区重庆段各区县
19	徐雪和马润平（2020）	人口、经济、社会、城镇基础设施、环境	熵值法	宁夏5个地级市
20	余江和叶林（2018）	城镇化水平、公共服务水平、基础设施水平和资源环境水平	网络分析法和因子贡献法	31个省份
21	赵晋琳等（2018）	经济高效、结构优化、人口素质、功能完善、环境友好	因子分析法	江苏省各市县
22	赵娜（2020）	经济、创新、协调、绿色、开放、共享	熵值法	30个省份
23	赵永平等（2021）	人口、经济、社会、生态	DEA模型	30个省份
24	郑雁玲和田宇（2020）	人口、土地、经济、绿色	DEA模型	31个省份

续表

序号	代表文献	指标维度	评价方法	评价对象
25	周敏等(2018)	人口、经济、社会、空间、环境	因子分析法	30个省份
26	杨佩卿(2019)	产业发展动力、市场环境动力、外向经济动力、政府行政动力	熵值法	西部11个省区市
27	杨洋等(2017)	以人为本、统筹城乡、集约高效、生态文明、文化传承	熵值法	山东半岛城市群各地级市

同时,还有一部分文献分析新型城镇化的影响因素以及新型城镇化的影响,例如蔡兴(2019)实证研究了教育发展对我国新型城镇化水平的促进作用。宋瑛等(2019)研究了制造业集聚对新型城镇化的影响。吴穹等(2018)研究了产业结构调整对中国新型城镇化的影响效应。徐盈之和王秋彤(2018)评价了中国新型城镇化发展综合水平并检验了能源消费对中国新型城镇化影响的门槛效应。赵永平和徐盈之(2019)实证分析了新型城镇化对劳动生产率影响的门槛效应。周敏等(2020)检验了新型城镇化对产业结构调整的直接影响和中介效应。王永军和张东辉(2020)分析了新型城镇化对于经济增长的影响。徐秋燕等(2019)实证分析了新型城镇化和产业结构升级的经济增长效应。岳立和薛丹(2020)实证分析了新型城镇化对我国城市土地利用效率的影响。在未来我国要继续拓展新型城镇化道路,要处理好市场与政府的关系,深化改革破除制度性障碍,不断提升城镇化的水平和质量(朱鹏华,2020)。

第三类文献评价了乡村振兴与新型城镇化耦合水平。例如马历等(2018)分析了1992、2000和2010年三期的中国九大农区城乡协调发展水平及时空演变特征。丁翠翠等(2020)评价了1996—2018年我国新型工业化、乡村振兴与新型城镇化水平的耦合协调发展水平。雷娜和郑传芳(2020)分析了我国2005—2017年各省的乡村振兴与新型城镇化的因果关系和关系强度。马广兴(2020)测度了2007—2016年河南省17个地级市新型城镇化和乡村振兴发展水平的耦合协调度。俞云峰和张鹰(2020)测度了浙江省2001年至2017年乡村振兴与新型城镇化的耦合协调发展程度。徐维祥等(2020)实证分析了2005—2017年中国30个省乡村振兴与新型城镇化的耦合协调水平、时空分异格局和空间动态演进。张东玲等（2021）分析了全国31个省市2009—2017年农村产业融合、绿色城镇化与城乡均衡发展三系统的协同效应。夏金梅（2021）溯源了我国城镇化与乡村建设的历史变迁，并考察了我国城镇化与乡村建设战略的实践进路与二者协同发展的空间格局。王永瑜和徐雪（2021）探析新型城镇化、乡村振兴和经济增长三者之间的动态关系。谢艳乐等（2021）结合2006—2017年武汉市新型城镇化与都市农业发展水平的评价指标测度数据，运用耦合协调度模型定量分析了新型城镇化与都市农业发展的耦合关系。吕萍和余思琪（2021）构建了城乡"生态、经济、安全、社会"四维协调发展系统，运用熵权法测算我国乡村振兴与新型城镇化协调发展的时空演进特征。陈景帅和张东玲（2022）利用熵值法和耦合协调度模型测度了山东各市2008—2018年的乡村振兴与新型城镇化的耦合协调，并分析了乡村振兴与新型城镇化耦合协调的市域集聚特征。谭鑫等（2022）采用2005—2018年省级数据测度了中国欠发达地区的乡村振兴与新型城镇化耦合协调水平，并用计量模型分析了欠发达地区乡村振兴与新型城镇化协同共进的影响因素。蔡绍洪（2022）采用多种分析方法研究了2009—2019年西部新型城镇化与乡村振兴协调发展的时空特征。谢天成等（2022）系统剖析了2012年以来我国省级层面乡村振兴与新型城镇化协同发展的时空演化特征及其影响因素。郭翔宇等（2022）利用耦合协调度模型测度黑龙江省2010—2019年新型城镇化与乡村振兴协同发展水平。

还有一类文献关注新型城镇化或乡村振兴与农业或者其他因素的耦合协调度。例如，贾兴梅（2018）测度了2005—2015年各省份的新型城镇化与农业集聚之间的耦合度。文枫等（2020）定量测度了河南省新型城镇化与农业现代化耦合度与协调度。蒋正云和胡艳（2021）分析了2007—2017年中部地区新型城镇化与农业现代化的耦合协调机制及时空演化特征。唐晓灵和高煜童（2021）研究了重庆市新型城镇化与农业经济的协调发展关系。刘淑茹和魏晓晓（2019）对我国2007—2016年新型城镇化与产业结构演进的整体协调性和2016年份省区两者的协调性进行测度研究。卢毅等（2019）分析了国内外85个城市城镇化率与公共交通发展水平的交互影响。赵建吉等（2020）测度了2005—2016年黄河流域新型城镇化与生态环境耦合协调的时空格局。魏敏和胡振华（2019）对湖南省 2000—2017 年新型城镇化与产业结构演变协调情况进行了实证分析。杨占峰和段小梅（2018）分析了 2006—2016 年成渝经济区 16 地市产业结构变迁的新型城镇化响应地域差异，测度了产业结构与新型城镇化间的耦合协调性。袁方成和陈泽华（2018）实证检验了全国及三大区域城镇化人口、土地、财政三要素之间的耦合协调程度。唐未兵和唐谭岭（2017）研究了中部六省市 2005—2014 年新型城镇化和金融支持之间的耦合作用。何星等（2022）分析及预测四省民族地区新型城镇化、旅游产业与生态环境的协调关系及演进过程。祝志川等（2022a）运用熵值法、核密度估计、Dagum 基尼系数法和马尔科夫链方法等测度了东北地区 34 个地级市的新型城镇化、乡村振兴与生态环境的协同发展水平。祝志川等（2022b）实证分析了中国 31 个省区市 2009—2019 年的乡村振兴、新型城镇化与生态环境协同高质量发展状况、分布动态、地区差异及演变趋势。Feng Yuxue 等（2021）探究了城镇化与生态环境之间的耦合关系。Li Dongliang 等（2022）测度了长江三角洲的新型城镇化与低碳发展的耦合协调度及驱动因素。Ma Xiaoxue 等（2022）分析了南京城镇化建设与水环境之间的耦合协调关系。Xiao Lei 等（2022）研究了四川省工业化和城镇化的耦合协调关系。

通过梳理以上四类文献可知，关于乡村振兴与新型城镇化耦合水平判定已有了丰富的研究基础，但目前的研究较为粗浅，尤其是对乡村振兴的评价和对乡村振兴与新型城镇化耦合协调度的分析，仅仅停留在水平的时空特征分析，很少有文献涉及区域差异分析、影响因素分析以及影响机理的检验。而分析乡村振兴水平和新型城镇化水平以及乡村振兴与新型城镇化耦合协调发展水平的区域差异、影响因素和影响机理检验，对深入掌握乡村振兴与新型城镇化的耦合水平，以及乡村振兴与新型城镇化耦合路径的提出具有重要意义。

第五节
关于乡村振兴与新型城镇化耦合路径的文献综述

关于乡村振兴与新型城镇化耦合路径的研究也大概分为三类:第一类单独研究乡村振兴的发展路径,第二类单独分析新型城镇化的发展路径,第三类分析乡村振兴与新型城镇化耦合协调发展的路径。

有部分学者单独研究了乡村振兴的路径,如姚树荣和周诗雨(2020)提出现阶段实施乡村振兴战略的路径就要抓住城市化带动消费升级的历史机遇,健全城乡融合的体制机制,构建一套可操作的共建共治共享机制,让城市化辐射到的乡村以市场方式率先振兴起来,同时把节约的财力转移给城市化辐射不到的乡村进行保底建设。张广辉和叶子祺(2019)强调不同类型村庄的分类治理,将现有村庄分为集聚提升类、城郊融合类、特色保护类、搬迁撤并类村庄等,分类推进乡村振兴。张军(2018)建议在国家层面上制定"乡村振兴法",编制乡村振兴规划,设置乡村振兴机构,采取主要领导负责制;在制度层面上以市场经济为基础,以彻底破除城乡二元结构为突破口,创新乡村振兴体制机制。张阳丽等(2020)提出乡村振兴需要走人才振兴之路、共同富裕之路、中国特色农业现代化道路、绿色发展之路以及乡村善治之路。

众多学者单独探讨了新型城镇化的路径。例如,陶德凯等(2022)注重县级单元的新型城镇化发展,强调要厘清现状,认清困难,找准定位,发挥县级单元与广大乡村联系紧密的优势,立足地理区位条件谋划差异化发展路径,优化拓展人口与城镇化专题研究,同时,统筹乡村振兴与城镇品质提升,紧抓国家开展县城城镇化"补短板、强弱项"工作机遇,积极探索适合自身发展的新型城镇化路径。河南省社会科学院课题组(2021)认为要凝聚多方力量,创新方式方法,从优化城镇化空间布局、促进中心城市崛起、推动县域经济发展等方面,构建以中原城市群为主体、大中小城市和小城镇协调发展的现代城镇体系。文丰安(2022)提出新型城镇化建设必须坚持新发展理念、大力发展城市经济、加快完善城镇化建设相关制度、提升县城建设水平。朱华雄和王文（2022）认为要以县域为载体推进新型城镇化建设，做好县域分类、发挥县域统筹优势、激活各要素活力、发展生态经济、培育科技实力，实现县域经济可持续发展。孔祥智和何欣玮（2022）提出在乡村振兴背景下，新型城镇化建设要以县域城乡融合的战略为指向、强化县城经济基础、提升县域公共服务水平、推进县城与周边大中城市协同发展、提供资金保障，防范地方债务风险。高强等（2022）提出要以县城为载体推进新型城镇化建设，着力推进业的城镇化、人的城镇化、地的城镇化、服务均等化、技术赋能化和体制机制融合化。石建勋等（2022）指出从全面落实"人的城镇化"、完善县城市政基础设施配置、加强县城自然环境和历史文化遗产保护、提高县城带动乡村发展的辐射能力、完善以县城为载体的新型城镇现代化建设的政策保障体系等方面加快县城现代化建设。

关于乡村振兴与新型城镇化耦合路径，不同学者给出不同观点。有的学者从整理规划、模式选择提出二者的耦合路径。例如，丁静（2019）认为促进新型城镇化和乡村振兴战略耦合发展须科学规划，创新乡村振兴与新型城镇化战略协调发展的体制机制和政策体系，协调好城乡之间的要素流动和资源配置。刘爱梅和陈宝生（2019）认为协调推进两大战略的关键性对策在于积极构建城乡融合发展共享体制。卓玛草（2019）提出要实现新时代乡村振兴与新型城镇化双轮驱动，必须深刻理解中国城镇化道路的独特机制和"以人为本"的新型城镇化协调推进道路的模式选择。叶超和高洋（2019）提出化解新时代社会的主要矛盾，要充分发挥政府主导下的市场决定作用，积极落实国家层面的战略。张琛和孔祥智（2021）认为实现乡村振兴与新型城镇化深度融合要以科学规划为行动引领、处理好"四对关系"（城镇与乡村的关系、政府与市场的关系、城乡人口布局的关系、长期与短期的关系）、破除要素城乡流动的体制机制障碍、实现城乡基本公共服务均等化、以小城镇作为新型工农关系的着力点。程明和方青（2022）提出乡村振兴和新型城镇化战略耦合的路径重构需要以科学规划引领两大战略耦合，在突破利益固化藩篱中实现城乡要素双向等价流动。

也有学者从多维度多角度论述了乡村振兴与新型城镇化耦合的着力点。例如，苏小庆等（2020）提出乡村振兴与新型城镇化联动要从产业发展、生态文明建设、先进文化传承、良性社会治理和公共服务供给几方面进行对接。叶超和于洁（2020）认为以问题为导向,将新型城镇化和乡村振兴两大战略结合,在学科交叉整合的基础上对空间、经济、社会进行多尺度综合,进行整体的制度创新,是实现城乡融合的有效途径。桂华（2020）提出协同推行新型城镇化与乡村振兴战略需要处理好市场与政府的关系、坚持渐进式的城镇化政策、坚持农村土地制度改革底线、区分乡村振兴战略与策略、控制资本下乡、推行乡村治理体系建设、提升县域治理能力。段龙龙（2021）提出以逆城镇化为助手,通过产业迭代、空间载体打造和制度供给建设三个方面促进乡村振兴与新型城镇化耦合发展。黄锡生和王中政（2021）认为推动城乡融合发展亟须发挥制度的整合与协调功能,包括新型户籍制度、空间规划制度、集体土地制度、乡村治理制度等。吕萍和余思琪（2021）提出从生态环境、经济发展质量、社会进步、发展与安全几方面的提升来推进乡村振兴与新型城镇化协调发展。谢天成（2021）指出要通过加强顶层设计与分类指导、建立健全促进城乡要素双向自由流动的体制机制和政策体系、建设工农互促全面融合的城乡现代产业体系、加快城乡基本公共服务和基础设施一体化进程、协同推进城乡治理体系与治理能力现代化来促进乡村振兴与新型城镇化的融合发展。夏金梅（2021）认为时间维度上应以社会主义现代化为目标,空间维度上可将特色小镇建设作为载体连接乡村与城市,以此推动我国乡村振兴与新型城镇化协同发展。

有学者从要素角度论证乡村振兴与新型城镇化的耦合路径。例如,辛宝英（2020）强调深化户籍制度、土地制度和财税制度改革。文丰安（2020）强调只有促进要素在资源配置中充分双向流动,才能真正构建乡村振兴与新型城镇化的双轮驱动。苏红键（2021）认为要以促进城乡要素流动和资源统筹为突破口,以发挥农业农村的多功能性为主要内容,以四化同步为战略路径,以城乡居民福祉增进和均等化为根本目标来构建新型城乡关系。

此外,刘双双和段进军（2021）指出未来乡村振兴与新型城镇化的耦合发展要以县域先行为基点,分步全面推进,以压实地方责任为重点,完善激励机制,以治理并轨为焦点,促进互惠共利。王金华和谢琼（2021）指出坚持乡村振兴与新型城镇化双轮驱动,要构建城乡、区域协调发展新格局、构建多层次多领域多类型城乡发展共同体、构建城乡要素平等交换双向流动机制、构建有利于城乡融合发展的政策体系。马斌和宋智勇(2022)提出要打破城乡分割、激活各类要素(包括土地、人口、资金、公共资源等)潜能、推动各类要素在城乡间优化配置,以此实现乡村振兴与新型城镇化的融合发展。孙良顺和田泽(2022)认为"城乡两栖"已经成为推动新型城镇化发展和乡村振兴战略有机融合、进而促进县域内城乡融合发展的重要路径。张明皓(2022)指出实现乡村振兴与新型城镇化战略耦合亟须深入推进政策制定协同、政策执行协同以及政策目标设置协同。

总体来说,对乡村振兴与新型城镇化耦合路径的研究还处在初步研究阶段,诸多学者提出的各类路径不是非常系统和完善,有待进一步深入研究。

第六节
文献述评

首先,从有关乡村振兴与新型城镇化关系的研究来看,只有少数学者关注了乡村振兴与新型城镇化的内涵和本质,虽然有大量学者关注了乡村振兴与新型城镇化的关系,而且均认为两者是互相关联、相互作用、不可分割的,两者的耦合发展具有坚实的理论基础和现实基础。但现有研究只是对二者关系进行了初步的判断,并没有从本质上挖掘二者的内在关联,大部分分析停留在表面的认识上,分析得不深刻、不具体。本书将从乡村振兴与新型城镇化内涵与外延出发,梳理二者耦合协调发展的理论基础,探究二者耦合协调发展的表现及依据,并从乡村振兴与新型城镇化的具体内容深刻分析二者耦合协调发展的机理。这对丰富乡村振兴与新型城镇化关系的理论研究具有重要意义。

其次,从对乡村发展与城镇化耦合关系历史考察来看,现有文献大部分只关注一个点的历史演进过程,或乡村发展,或城镇化建设,或城乡关系的变化,很少有文献将乡村建设、城镇化建设、城乡工农关系变化的历史演进作为一个整体进行考察分析。因此,本书将重新划分乡村发展与城镇化耦合关系的历史演变阶段,并在每一个阶段中,系统分析该阶段乡村建设历史过程与成就、城镇化建设的历史过程与成就、工农关系的演变以及城乡关系的变化,从而形成乡村振兴与新型城镇化耦合发展历史的整体图景。

再次,从乡村振兴与新型城镇化耦合水平评价的文献来看,虽然已有大量有关乡村振兴水平和新型城镇化水平,以及二者的耦合协调发展水平的评价,可以为本书评价乡村振兴与新型城镇化的耦合水平提供充足的研究基础,但现有文献评价乡村振兴水平和新型城镇化水平的评价维度不统一,评价维度的科学性有待讨论。关于评价乡村振兴与新型城镇化的耦合协调度的文献分析较为简单,大量文献只是做简单描述性的空间分析,很少涉及多方法的区域差异分析、空间相关性分析、贡献度考察以及影响因素分析。这些成为本书的主要研究内容之一。

最后,从乡村振兴与新型城镇化耦合路径的研究来看,现有文献初步探讨了乡村振兴、新型城镇化和二者耦合发展的路径,为本书展开乡村振兴与新型城镇化耦合发展路径的研究奠定了一定的研究基础。但现有文献分析的耦合路径不系统、不深入,需要进一步展开深入研究。

第二章
乡村振兴与新型城镇化耦合机理的理论框架

| 第一节 |
乡村振兴与新型城镇化的内涵与外延

一、乡村及乡村振兴的内涵与外延

1.乡村的内涵与功能

乡村是随着农业的发展而形成的,它是一种使得人们居住形式延续化、固定化的聚落中心。最早的乡村要追溯到公元前15000年的新石器时代。当时,乡村首先是养育幼儿的一个集体性巢穴,它为人类的繁衍、营养和防卫提供了之前松散、游动的群落无法给予的便利条件。

随着乡村的发展,其功能逐渐丰富。如今,乡村至少发挥着以下几个重要功能:

第一,农产品的供给和食物保障功能。随着农作物品种和耕作方式的多样化,乡村农产品和食物的剩余生产能力逐步提升,并且食物贮藏手段的丰富,也使得乡村成为农产品和食物的主要供应地。

第二,提供生态产品和生态屏障功能。生态保护中的耕地保护、水资源开发与保护、畜禽养殖污染防治等都离不开乡村。乡村对于每个国家来说都是最重要的生态环境保护阵地。

第三,乡村文明与文化的传承功能。从长老文化、犁耕文化到各类民俗民风,乡村承载着并传承了乡民在生产生活中所产生的道德规范、是非标准、理想追求等。传统文化的延续离不开一代又一代乡民的言传身教。

2.乡村振兴的内涵与外延

在党的十九大上,习近平首次提出了乡村振兴战略,以解决关系国计民生根本的"三农"问题。十九大报告鲜明地指出了乡村振兴的总要求,即产业兴旺、生态宜居、乡风文明、治理有效、生活富裕。《乡村振兴促进法》中也指出促进乡村振兴应当按照产业兴旺、生态宜居、乡风文明、治理有效、生活富裕的总要求,统筹推进农村经济建设、政治建设、文化建设、社会建设、生态文明建设和党的建设。此外,2021年中央一号文件中也指出要全面推进乡村产业、人才、文化、生态、组织振兴,充分发挥乡村农业产品供给、生态屏障、文化传承等功能。

乡村振兴的内涵也应该围绕其总要求的五方面内容展开。其中,产业兴旺是乡村振兴的关键,是农村农民农业发展的基础,生态宜居是农村居民生活质量提高和绿色生活理念贯彻的体现,乡风文明是乡村振兴的精神保障,是乡村文化传承的基本路径,治理有效是乡村振兴政治建设的基础,生活富裕是乡村振兴的根本追求目标。

乡村振兴是乡村建设的一个阶段,乡村振兴战略是继土地革命、乡村改造、社会主义新农村建设之后,国家顺应时代发展提出的关于乡村建设的新议题,是国家意志、社会历史发展阶段以及政府合理政策相结合的产物。

乡村振兴战略的主要目标是在保持乡村独立性和差异性的基础上,实现乡村繁荣,并消除城乡发展的不平衡性和不充分性。战略要求在统筹城乡发展的基础上,优先重视农村农业发展,对农业、农村、农民、农地、人员配置等五方面提出了新要求和新布局。农业要加快推进农业现代化,同时将小农户生产与现代农业有机结合;农村要实现生态宜居和治理有效,坚持德治、法治与自治相结合;农民要实现生活富裕,要保障农民的各项权益;农地要深化农村土地所有制改革,完善"三权分置"制度;人员配置要注重培养乡村振兴人才。

二、城镇与新型城镇化的内涵与外延

1.城镇的内涵与功能

城镇即城市和集镇,通常是指非农业人口集聚和非农产业发展的居民点。城镇随着人类聚集居住逐渐形成并不断发展。人类的进步离不开城镇的发展。城镇是随着建成区和人口的扩大、人类食物供给能力的增加、运输技术的进步以及聚集方式的改变而逐渐兴起的。早在公元前 3000 年左右,就有一批城镇诞生于中东地区。城镇的内涵与功能随着人类利用和征服自然的能力改变而不断演变。

第一,服务宗教或者王权制度的功能。最开始,城市仅仅是统一领导下的人力集中,使之用来统治人民和控制自然,主要服务于神明。古代城市开始于祭祀仪典所在地,它用圣祠等具体形式体现精神宗教,城市总有一个居于中心的宗教或政治核心组织,控制着整个社会结构和社会活动。在城市的集中聚合过程中,国王会充分发挥城市磁体的性质,把一切新兴力量吸引到城市中来,并置于诸宫廷和庙宇的控制之下。从世界城市发展史来看,城市首先服务于宗教或王权统治。

第二,聚集人口、机构、制度和信息的功能。城市是汇集大规模人口、机构系统、制度法规以及数据信息的容器。人口向城市集聚是城市形成的首要条件,随着人口规模的扩大,社会管理制度逐渐完善,社会机构系统逐渐系统化,制度法规逐步建立起来,产生大量人员、物质数据信息。

第三,保存和流传文化的功能。作为传播者和流传者,通过与之同时期产生的文字、符号等的记录和传递,城市保存和流传文化的功能逐渐彰显。从文化景观、历史街区、文化古迹到传统技能与社会习俗,城市聚集了众多人类优秀文明成果,积淀了长久以来的在漫漫历史中形成的各种思想意识、政治形态、经济发展经验、文化艺术成果和市民生活形态,等等。

2.城镇化的内涵及发展规律

城镇化,又叫城市化,一般指人口随着工业化进程向城市集聚的过程。城镇化内涵包含两个方面,一方面,城镇化是人口和地域的城镇化,即农村人口转为城镇人口、农村地域转为城镇地域的过程;另一方面,城镇化还是城镇文明、城市生产生活方式、城市社会管理方式等向农村扩散的过程。也就是说,城镇化不仅表现为人口和空间的城镇化,还表现为经济模式、生产方式和社会管理的城镇化。

城镇化一般可以划分为三个阶段,即城镇化初中期、城镇化后期和反城镇化时期。在城镇化初中期阶段,城镇化率在10%—60%之间,城镇逐步建立起工业基础,农业劳动生产率逐步提高,能够为二三产业的发展提供充足的原料、食物和劳动力供应。城镇人口快速扩张,非农产业迅速发展,城镇集聚效应显著。在城镇化后期,城镇化进程放缓,城镇化率在70%—90%之间,更加注重城镇质量。这时候,虽然生产要素仍然向城镇集聚,但同时城镇资源也开始向外辐射扩散,城镇的扩散效益开始广泛发挥作用。在反城镇化时期,城镇集聚效应发挥到了极致,城镇化进程结束,反城镇化可能出现在城乡差距消除的未来某个阶段。

3.新型城镇化的内涵与外延

顾名思义,新型城镇化是不同于传统城镇化的城镇化,这里的新型至少有三层含义:首先,新型城镇化是以人为本的城镇化,新型城镇化建设要充分满足广大人民的需要,以人们生活更美好为目标,要逐步提高基本公共服务水平和质量,特别是要正确处理农民工的医疗卫生、子女教育、社会保障、住房保障等问题。其次,新型城镇化是高质量发展的城镇化,不同于传统一味追求速度和规模发展的城镇化,新型城镇化注重空间优化、生态文明以及良好的文化传承。在空间优化方面,新型城镇化要求以各个城市群为主体,同时构建大中小城市、小城镇和新型农村社区共同耦合发展的空间结构。在生态文明方面,新型城镇化要求统筹考虑资源环境的可承载能力,实现可持续发展的城镇化。在文化传承方面,城镇化建设要突出民族特色、地域特色和产业特色等,要良好传承物质文化遗产和非物质文化遗产,包括历史建筑保护、文化遗址修复、民间技艺传承等。最后,新型城镇化是充分发挥政府与市场的作用的城镇化,一方面,要把握城镇化发展规律,优化政府顶层设计和规划;另一方面,也要充分发挥市场积极作用。总之,概括起来,新型城镇化就是以人为核心,以空间优化、生态文明、文化传承等为原则,通过充分发挥政府与市场作用,实现可持续发展的高质量的城镇化。

新型城镇化与传统城镇化存在较大差别,这体现在二者的时代背景、发展目标、发展理念、发展方式、发展动力和发展模式等方面,具体如表2-1所示。

表2-1 新型城镇化与传统城镇化的区别

维度	新型城镇化	传统城镇化
时代背景	经济转型升级,社会主义现代化加快推进时期	农业经济、计划经济为主导时期
发展目标	经济、社会、文化和环境全面转变的城乡融合发展	城市和社会发展
发展理念	以人为核心	以经济增长为核心
发展方式	可持续、集约型	粗放型,以牺牲环境资源为代价
发展动力	城市化、工业化、信息化、农业现代化协调发展	重工业发展
发展模式	区域协调发展、城乡统筹发展	城市规模单一、城镇体系发展不协调

新型城镇化是2012年党的十八大正式提出的概念,2014年,中共中央、国务院发布实施《国家新型城镇化发展规划(2014—2020)》,明确了新型城镇化的发展原则,即"以人为本,公平共享;四化同步,统筹城乡;优化布局,集约高效;生态文明,绿色低碳;文化传承,彰显特色;市场主导,政府引导;统筹规划,分类指导"。2016年《国务院关于深入推进新型城镇化建设的若干意见》发行,提出了新型城镇化建设的九大任务和路径,即大力实现农业转移人口市民化,继续完善城市功能,通过发展中小城市和特色小城镇,带动周边地区新农村建设,健全土地利用机制,创新投资融资机制,健全城镇住房制度,加快新型城镇化综合试点建设与推广工作,完善相关工作推进机制。

可见,新型城镇化不仅是人口的城镇化,还包括经济城镇化、社会城镇化、空间城镇化和生态城镇化等多重内容。

第二节
乡村振兴与新型城镇化耦合的理论渊源

耦合是物理学上的概念,指两个系统之间相互关联的程度,一个系统发生改变会极大地影响另一个系统的状态时,称紧密耦合,反之,如果影响很小,称两个系统松散耦合。乡村振兴与新型城镇化耦合发展,就是指二者相互作用、相互影响,共同发展,是实现城乡融合发展的重要形式。因此,乡村振兴与新型城镇化耦合发展的理论渊源也可以说就是城乡融合相关理论的理论渊源,包括西方经济学中的城乡关系理论、马克思主义的城乡融合理论以及中国特色社会主义城乡融合理论等。

一、西方经济学中的城乡关系理论

西方经济学中的城乡关系理论与实践史大概经历了一个"合—分—合"的过程。早期的西方经济学家大多强调城乡关联发展,比如亚当·斯密的"乡村—城市"的自然顺序论、杜能的区位论、摩尔的《乌托邦》里关于城乡一体的构想以及霍华德的"城市—乡村磁铁理论"等都强调城市和乡村是相互依存、互惠互利的,只有保持一定比例的城乡关系才是良性和合理的。而刘易斯提出的城市偏向理论则形成城乡关系理论的转折点,在此之后,城乡二元或城乡分割的局面逐渐形成。例如,弗郎索瓦·佩鲁的增长极理论、缪尔达尔的"循环累计因果"论、赫尔希曼的"极化—涓滴效应"论、弗里德曼的"中心—外围"理论、刘易斯与拉尼斯和费景汉提出的"刘易斯—拉尼斯—费景汉"模型、乔根森模型、托达罗模型等。这些理论都强调城市偏向,认为区域经济应该不均衡发展,强调现代工业、城市部门在城乡经济联系中的主导作用,认为是城市辐射周边农村地区或农业部门发展的,认为农村剩余劳动力、资金等资源会流向城市。但20世纪70年代中期以来,经济学家们再次强调城乡关联发展,例如麦基提出的"desakota"模型、道格拉斯提出的区域发展网络模型、塔科里提出的"城乡连续体"理论和肯尼斯·林奇提出的"城乡动力学"理论等。

这里简单介绍后面提出的这几种城乡关联理论。

1. "desakota"模型

20世纪末,加拿大著名学者麦基提出发展中国家的城乡关系,不仅表现为城市向农村的辐射扩散,形成城市化拉力,还表现为乡村"非农化"的内在推力,在两种力量交互作用下,乡村与城市的界限逐渐模糊,工农关系日益紧密,城市用地与乡村用地相互混杂,如此形成独特的城乡一体的空间组织结构被称之为"desakota",其中"desa"指乡村,"kota"指城市。"desakota"模型冲击了传统意义上城市与乡村割裂的空间概念,认为城乡是相互联系、相互作用,自成一体的,实质就是城乡协同发展。这为本书的研究提供了重要理论基础。城乡相互关联、相互作用是乡村振兴与新型城镇化耦合协调发展的理论依据。

2. 区域发展网络模型

道格拉斯认为一个区域的发展需要建立在内部各地区有自身特点或优势,并与其他地区有内部关联的基础上,每个地区各自发挥自身优势,互相促进、互相补充,从而实现区域的全面均衡发展,而不是发展某一大城市作为中心。城市与乡村之间可以通过一系列的要素流(包括人口、生产、商品、资金、信息等)的互动来改变相互割裂的经济结构,强调城乡之间存在要素网络连接,可以通过改善城乡间的网络连接度提高城乡居民生活质量。也就是说,城乡协调发展、城乡紧密连接的关键在于城乡要素流的畅通,这为提出乡村振兴与新型城镇化耦合协调发展的路径提供了重要理论依据。

3. "城乡连续体"理论

塔科里提出了"城乡连续体"理论。"城乡连续体"理论认为,一个国家或地区在实现城乡融合之后,随着城市和乡村经济社会的互动逐步变多,经济特征以及社会特点在城市与乡村之间不断融合,如此,城市与乡村之间的差距就没有之前那么显著,无法精确划分。城市和乡村就该被看作

"城乡连续体"上的点,而并不是完全分割的两个系统。"城乡连续体"理论反对城市主导论,强调城市与乡村相互依存,紧密联系,整个社会是一个城乡融合的连续体。这一理论在之后得到了充分发展和使用,理论界形成了城乡连续体范式,支持这一理论的学者有 Yuan、Redfield、Wirth、Fisher & Weber、Von Braun、Lichter & Brown、Requena 等。

4."城乡动力学"理论

肯尼斯·林奇提出了"城乡动力学"理论。"城乡动力学"理论考虑城乡之间流动和联系,并且这个流动和联系是双向的,城市与乡村是相互依赖的。城市是农村地区与世界市场之间的联系,因为城市是加工食品、金融、服务、信息以及农业投入品等进口产品的重要来源。城乡与农村之间的互动体现在食物供应、环境影响、人口流动、信息通信、金融流动等方面。城乡差距日益模糊体现在城市内和城市周边粮食种植的增加,即城市农业和城郊农业的发展,以及城市与乡村环境的相互影响与渗透、人口的各种流动、信息交流和资金流动等。这些构成了城乡互动融合发展的动力因素。

二、马克思主义的城乡融合理论

马克思、恩格斯基于对当时城乡关系发展规律的认知,提出城市和农村之间要按顺序经历城乡依存、城乡分离,最终实现城乡融合。马克思、恩格斯指出,消除城乡差距和城乡对立是工农业生产发展的客观要求,达到城乡融合有两个条件,一是取消了工人与农民的阶级差别,二是消除了城乡人口分布的不均衡。城乡对立必然会随着农业发展、农村繁荣以及大工业的发展和城市病解决而逐渐缓解,最终达到城乡融合。

19世纪70年代后,结合俄国发展实际,列宁捍卫并发展了马克思、恩格斯的城乡融合理论。首先,列宁认为城乡商品交换是实现工农经济结合的有效手段,主张利用城乡贸易巩固城乡经济关系;其次,列宁指出农村人口城镇化即农村人口流入城市以及发展科学技术是加强城乡联系互动、缩小城乡差距的重要实现路径;最后,列宁提出城乡经济联盟、政治联盟和军事联盟等是城乡经济协调发展的重要保障。

三、中国特色社会主义城乡融合理论

结合中国城乡发展的特殊性，以历代中国领导人的思想为核心，中国依次形成了城乡兼顾思想、城乡互动思想、城乡均衡思想、城乡统筹思想和城乡一体化思想等城乡融合理论。

毛泽东将马克思主义的城乡融合理论紧密结合中国国情，特别是近代中国半殖民地半封建的社会性质，以及农业基础薄弱，工业发展缓慢的事实，创造性地提出了农村包围城市，最后取得革命胜利，之后以城市为中心，坚持城市领导农村，城乡并重，工农共举，城乡兼顾的理论，坚持农村工作和城市工作一起抓，兼顾农民和工人利益，坚持农业工业协调发展。

邓小平从我国社会主义初级阶段的基本国情出发，主张以城乡经济发展为中心，通过大力发展生产力，调整城乡产业结构，强调产业发展的"农轻重"次序，认为要优先发展农业和轻工业，同时积极发展第三产业，因为农业是关系国计民生的基础产业。邓小平引导了农村家庭联产承包责任制改革和城市国有企业政企分开、放权让利改革，并且注重工农互动，发展乡镇企业，充分发挥计划和市场的资源配置作用，借力科学与教育，助推农业现代化与城乡互动互哺，形成了城乡互动理论。

江泽民基于我国改革开放和社会主义现代化建设情况，提出了城乡均衡发展理论，强调通过建立统一的城乡市场，加快城镇化进程，积极发展小城镇，同时助力大中小城市协同发展，继续农村改革和放活国有企业，增强城乡经济社会互动，推动城乡均衡发展。

党的十六大以来，我国城乡关系转向"以工促农，以城带乡"的模式。胡锦涛强调农村经济与城市经济的互补性和共生性，要有机结合乡村与城市，一体化发展城乡规划、产业项目、资源配置、收入分配和公共服务配给等，完善城乡一体化发展体制机制，形成了较为系统的城乡统筹发展理论。

党的十八大以来，在经济新常态背景之下，习近平指出城乡发展一体化是工业化、城镇化和农业现代化发展到一定阶段的必然要求。城乡发展一体化致力于实现城乡发展差距缩小甚至城乡一体，具体包括城市居民与乡村居民享受权益一体、城市与乡村的基本公共服务一体、城市与乡村产业达到完美融合、城市与乡村要素配置趋于合理。习近平坚持要用改革的

方法,特别是供给侧改革方法推动城乡一体化发展,坚持乡村振兴与新型城镇化双轮驱动,坚持城乡生态环境保护。

可见,由于时代背景和历史条件不同,党的历代领导人的城乡融合理论虽然侧重点不同,但都继承和发展了马克思主义城乡融合理论,在思想脉络、工作重点和实践路径上都是一脉相承的。

第三节
乡村振兴与新型城镇化耦合的依据

乡村振兴与新型城镇化之所以能够耦合发展,是因为二者本质一致、发展趋势相同且影响因素相通。

一、本质一致

乡村振兴与新型城镇化本质上都是一个空间优化战略,目的都是提高属地居民生活水平和质量,并且两大战略都从经济、政治、社会、生态文明和党的建设等方面提出了具体要求。两大战略都是我国全面建设社会主义现代化国家和促进共同富裕的手段。乡村振兴战略要求各级人民政府积极鼓励农民进城务工,落实城乡劳动者平等就业;新型城镇化要求以促进农民工融入城镇为核心,积极推进农业转移人口市民化。同时,新型城镇化中就地城镇化也是实现乡村振兴的重要手段之一。可见,乡村振兴与新型城镇化从本质上来说并无较大差别,只是针对不同空间而已,二者都属于重要的民生工程。

二、发展趋势相同

乡村振兴与新型城镇化最终趋向于城乡融合发展。通过两大战略的实施,最终会形成互通互联的城乡基础设施,形成平等、有序且城乡统一的要素大市场,形成一、二、三产业融合发展的产业体系和城乡均等的公共服务体系。无论是乡村振兴还是新型城镇化,最终都会使城乡空间分布趋于合理,最终实现城乡经济繁荣、城乡社会和谐、城乡生态宜居、城乡文化传承。

三、影响因素相通

乡村振兴的影响因素与新型城镇化的影响因素是相通的。首先,城乡要素流动对乡村振兴和新型城镇化影响显著。这里的要素包括劳动、资本、土地、技术和数据等。只有实现城乡要素自由流动、要素平等竞争、流动规范有序,才能促进两大战略更好的实施。其次,产业发展不仅影响农村经济活力,影响乡村振兴,而且影响城市经济转型,影响新型城镇化。产业布局结构、产业升级情况、产业结构以及产业融合情况都极大地影响着城乡经济发展总量、城乡经济转型以及城乡居民就业创业等,从而影响两大战略的实施。再次,组织建设也影响乡村振兴与新型城镇化建设。包括党的领导、各级政府之间的分工与配合,以及社会力量和公众参与的治理机制是否良好运行,直接影响乡村振兴与新型城镇化的耦合发展的效率。最后,生态环境是乡村振兴和新型城镇化都需要考虑的因素。生态环境是城乡居民生产生活的重要载体,生态环境的质量直接影响城乡居民的生活质量。

第四节
乡村振兴与新型城镇化耦合的表现

乡村振兴与新型城镇化具有耦合发展的理论基础,二者耦合的具体内容表现在以下四个方面。

一、政策供给主体耦合

乡村振兴与新型城镇化都是由国务院提出的国家重大战略,政府在其中发挥较大作用,并且乡村振兴与新型城镇化的实现都需要多主体参与、多系统协调。《中华人民共和国乡村振兴促进法》提出,国家要建立健全中央统筹、省负总责、市县乡抓落实的乡村振兴工作机制。各级人民政府是乡村振兴的宣传者、推动者,而且也是实施者,负责乡村振兴工作的规划和考核评价。国务院农业农村主管部门负责统筹协调工作、宏观指导和监督检查。《国务院关于推进新型城镇化建设的若干意见》指出,新型城镇化建设要注重纵横联动、多个部门共同完成,同时注意部门间相关政策制定和实施的通力配合,使相关政策和改革举措形成合力,此外,还要加强部门与地方间的政策互动,积极要求地方出台相关配套政策,以保证改革举措能够落地。可见,乡村振兴与新型城镇化建设的政策供给主体天然耦合,均需要各级政府、多个部门协调推进。

二、政策供给目标耦合

乡村振兴与新型城镇化建设目标具有政策耦合的表现。2018年中央一号文件明确指出了乡村振兴的目标,即在2020年,乡村振兴制度框架和政策体系基本形成,城乡居民生活水平差距持续缩小,城乡融合体制机制基本建立;到2035年,基本实现农业农村现代化,共同富裕迈出坚实步伐;到2050年,实现全面振兴,实现农业强、农村美和农民富。《国家新型城镇化规划(2014—2020年)》规定了新型城镇化建设的发展目标:首先,要实现城镇化水平和质量稳步提高,使得约1亿农业转移人口和其他常住人口能够在城镇安居落户;其次,要优化城镇化格局,突出中心城市辐射带动作用,增强小城镇服务功能;再次是城市发展模式科学合理,注重绿色生产、绿色消费,使得城市生活和谐宜人;最后,不断完善城镇化体制机制,通过制度改革,在户籍、土地、社会保障、财政、行政、生态环境等方面获得重大进展。可见,乡村振兴和新型城镇化的战略目标,都以共同富裕和提高城乡居民生活水平和质量为导向,具有天然耦合发展的基础和条件。

三、战略理念与原则耦合

首先,乡村振兴和新型城镇化战略的实现都要坚持共产党的领导,贯彻创新、协调、绿色、开放和共享的新发展理念,分别走中国特色社会主义乡村振兴道路和中国特色新型城镇化道路。其次,乡村振兴战略的实施要坚持因地制宜、规划先行、循序渐进,要充分顺应乡村发展规律,根据乡村的历史文化、发展现状、区位条件和资源禀赋分类推进。新型城镇化建设要根据不同城镇的自然历史条件、文化禀赋、民族特点,发展形态多样、区域不同的,符合实际和各具特色的城镇模式。可见,两大战略都遵循因地制宜,保持特色的发展原则。再次,乡村振兴和新型城镇化都坚持绿色发展,坚持人与自然和谐共生,推进生态文明建设,推动绿色低碳的生产生活方式。最后,乡村振兴与新型城镇化建设都强调以市场为主导,以政府为引导,在充分发挥市场的资源配置决定性作用的同时,更好发挥政府作用,推动农业供给侧改革和政府城镇规划建设。

四、政策供给内容耦合

乡村振兴与新型城镇化战略的政策内容也相通,比如,二者都强调产业发展,其中乡村振兴注重利用乡村优势,促进三次产业融合发展,注重培育新产业、新业态、新模式等。新型城镇化注重调整优化城市产业布局和结构,要根据城市的要素禀赋和比较优势,改造提升传统产业,积极壮大发展先进制造业和战略性新兴产业,包括但不限于节能环保产业、新一代信息技术产业、生物产业、新能源产业、新材料产业、新能源汽车产业等。再如,乡村振兴将城乡融合放在重要位置,要求各级人民政府协同推进乡村振兴战略和新型城镇化战略的实施,整体有序安排城镇与农村发展以及生态、农业和城镇等功能空间。新型城镇化建设也要求遵循城乡融合方针,坚持工业反哺农业、城市支持农村和多予少取放活方针,建立健全城乡融合发展的体制机制,通过一体化要素市场、一体化城乡规划、一体化公共服务等手段,逐步缩小城乡差距。可见,乡村振兴与新型城镇化战略政策供给内容也天然耦合,二者协同发展具有必然性。

第五节
乡村振兴与新型城镇化耦合的机理

乡村振兴与新型城镇化耦合协调发展是指二者共同影响相互促进,最终实现共荣共生。乡村振兴与新型城镇化耦合协调发展是城乡融合发展的具体实现形式。乡村振兴与新型城镇化耦合协调发展的机理可以根据二者的具体内涵进行分析。如图2-1所示，第一，乡村振兴的产业兴旺通过农村三产融合发展大力促进新型城镇化中的经济城镇化，反之，城镇经济发展又为乡村振兴的产业发展提供要素支持；第二，乡村振兴的生态宜居即美丽乡村建设与新型城镇化建设中的生态保护要求一致，都贯彻低碳环保绿色理念；第三，乡村振兴中乡风文明要求乡村优秀传统文化得到继承和发扬，有利于促进新型城镇化建设中的文化教育等事业发展，同时，推进社会城镇化又可以为乡村文明建设提供良好的社会公共服务供给；第四，乡村振兴中的治理有效通过自治、德治、法治影响城镇的空间优化和治理，新型城镇化中的空间城镇化又通过人口流动和产业变迁作用于乡村治理；第五，乡村振兴中生活富裕要求农村居民收入提高，缩小城乡差距，而且要提高农民工的生活质量，这有利于促进人口城镇化进程，同样，人口城镇化也可以普遍提高城乡居民收入，改善城乡居民生活条件，从而达到生活富裕目标。

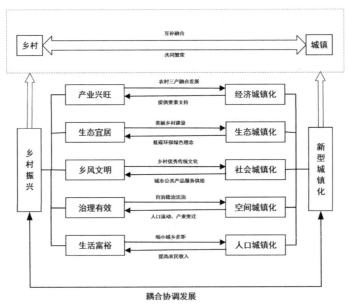

图2-1 乡村振兴与新型城镇化耦合协调发展机理

具体来说，乡村振兴与新型城镇化耦合协调发展的机理可以从经济、生态、社会、空间、人口五个维度进行说明。

一、乡村振兴与新型城镇化在经济维度上的耦合

在经济维度,可以通过"地—人—钱"三要素框架分析乡村振兴与新型城镇化的耦合。如图 2-2 所示,乡村振兴与新型城镇化在经济维度上的耦合集中体现在产业兴旺与经济城镇化之间的相互作用,具体通过"地—人—钱"三要素发生关联。要素的自由流动是城乡融合发展的基本要求,是乡村振兴与新型城镇在经济维度上耦合的具体体现,也是市场在资源配置中起决定性作用的直接表现。

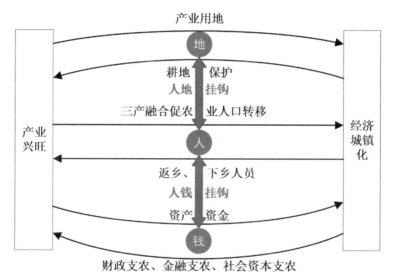

图 2-2 乡村振兴与新型城镇化在经济维度上的耦合

首先,从"地"的角度来看,一方面,在乡村振兴战略实施过程中,要通过土地制度改革和空间规划,有效利用土地资源,通过产业发展,盘活土地,为新型城镇化战略中的经济城镇化提供产业用地;另一方面,经济城镇化通过集约、高效、高质量发展提高土地资源利用效率,为乡村振兴农业发展提供耕地保护。

其次,从"人"的角度来看,一方面,乡村振兴战略中产业兴旺要求一、二、三产业融合发展,必然会促进一部分农业人口向城镇转移,为经济城镇化建设添砖加瓦;另一方面,新型城镇化建设中也有一部分有志之士、成功人士返乡创业、就业,支援农村产业发展,将经济城镇化中的经验、技术回

馈乡村产业发展。

最后,从"钱"的角度来看,一方面,乡村向城市转移的人口依然可以享受农村的补贴和农村集体资产收益,实现带资进城,从而使得农村资金和资产流入经济城镇化建设中;另一方面,经济城镇化建设形成的资产或者资本也可以通过财政支农、金融支农和社会资本支农等方式流入农村产业兴旺。

但"地—人—钱"三要素又不是分离的,通过"人地挂钩""人钱挂钩"实现三要素的互通互享。

二、乡村振兴与新型城镇化在生态维度上的耦合

在生态维度,乡村振兴与新型城镇化的耦合体现在乡村振兴中的生态宜居与新型城镇化中的生态城镇化目标相通,理念一致。如图2-3所示。

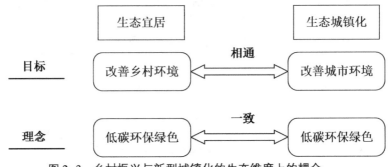

图2-3 乡村振兴与新型城镇化的生态维度上的耦合

乡村振兴中生态宜居的目标是改善乡村环境,而新型城镇化建设中生态城镇化的目标是改善城市环境,两者都是实现城乡环境的改善,是相通的。同时,生态宜居和生态城镇化所贯彻的理念都是低碳、环保、绿色,二者发展理念一致。

无论是乡村振兴还是新型城镇化,在生态维度,二者的目标均是改善各自的生态环境。生态宜居注重改善乡村的生产生活环境,不仅包括改善农村居民的用水、如厕条件,实现自来水、卫生厕所全普及,还包括改善农业生产环境,减少农业生产中的塑料薄膜使用量和化肥使用量,实现农业绿色生产,此外,还要改善农村森林环境,提高农村森林覆盖率。生态城镇化注重改善城市的生产生活环境,不仅包括改善城市生态环境,提高建成区绿化率和人均公园绿地面积,还包括改善城市人居环境,提高生活垃圾

无公害化处理率和生活污水处理率。

生态宜居和生态城镇化所奉行的理念均是低碳、环保与绿色。首先，低碳是城乡居民应该奉行的一种生活理念，在农村尽量减少化肥和农用薄膜，在城市尽量节水节电，倡导一种低能耗、低污染、低排放的生产生活方式。其次，环保是城乡生态环境发展所奉行的基本理念，无论是经济发展还是社会进步均要考虑环境保护，在做好环境保护的前提下进行经济社会开发，做好生活污水和生活垃圾的处理工作，减少对环境的危害。最后，绿色是城乡生态治理所应该遵循的基本理念，不仅要提高农村的森林覆盖率，还要提高城市的人均公园绿地面积和建成区绿化率。

三、乡村振兴与新型城镇化在社会维度上的耦合

在社会维度，乡村振兴与新型城镇化的耦合体现在乡风文明和社会城镇化的相互作用。抓好乡风文明建设可以为乡村振兴提供良好的社会环境和精神氛围。乡风文明建设不仅是乡村振兴战略的内在要求，而且是满足乡村居民对美好生活需要的关键，更是提升乡村居民生活质量的保证。一方面，乡风文明建设要求丰富乡村居民文化生活，通过举办丰富的文化娱乐活动，提高农村居民教育文化娱乐支出比；另一方面，要从教育角度提升乡村居民文化水平和学历水平。这两方面举措在一定程度上有利于发扬和传承乡村传统文化，有利于传统文化的传播。乡风文明形成的乡村文化会向城市渗透，促进社会城镇化的顺利进行。

社会城镇化重在优化各种城市公共服务资源，包括教育资源、医疗资源、养老资源和卫生资源等，致力于提高城市教育水平，改善城市医疗条件，提升城市养老标准，保障城市卫生资源。这些进程所形成的教育、医疗、养老和卫生资源形成了有效的城市公共服务产品，有利于向乡村供给城市公共资源，使得乡村居民共享城镇资源。这不仅体现在农民工及其子女可以进城享受城市先进的教育、医疗、养老和卫生条件，还体现在与城镇相近农村的居民可以便利地享受这些城市公共资源。如此，乡风文明和社会城镇化形成一个完美的闭环。乡风文明与社会城镇化的耦合关系见图2-4所示。

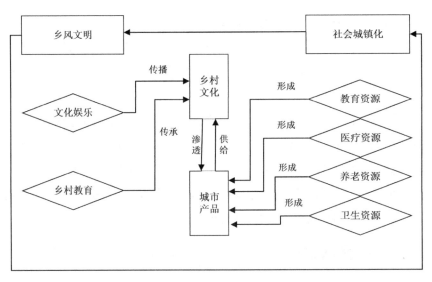

图 2-4　乡村振兴与新型城镇化在社会维度上的耦合

四、乡村振兴与新型城镇化在空间维度上的耦合

在空间维度,乡村振兴与新型城镇化的耦合体现在治理有效和空间城镇化的相互作用。治理有效是乡村振兴的重要保障。乡村治理是基层社会治理的重要基石,是全面推进乡村振兴的重要抓手。有效的乡村治理有利于促进乡村社会良序运行。治理有效的关键又在组织振兴,着力点在农村基层党组织建设和农民自治组织建设,打好自治、德治、法治的组合拳。因此,治理有效不仅体现在乡村党组织的有力建设,包括提高村党组织书记兼任村委会主任的村占比、提高村民委员会中党员的比例等,还体现在村民的自我提升和管理上,包括村民学历水平的提升、村务管理参与度提升以及村民选举投票率的提高。从这些方面,乡村的治理有效提高了乡村的组织管理效率,同时,也提高了乡村居民的基本素质,这会影响城镇的空间治理和优化。一是有效的乡村治理可以为城镇的空间治理提供经验和借鉴,通过德治、自治、法治相结合的手段为城镇空间治理提供方案,二是乡村居民素质的整体提升有助于提高进城务工人口的整体质量,从而优化城镇的人口质量。

空间城镇化致力于优化城镇空间结构,一方面要增大城镇人均活动空间,提高人均拥有道路面积,另一方面,要提高城镇空间的利用效率,增大城镇人口密度和人口质量。城镇空间结构的优化通过两方面反作用于乡村治理有效。一是城乡人口流动,如今不乏在城镇接受过高等教育的人士返乡创业或者当村干部,实现回乡参与乡村治理,因此,城镇人口质量的提升可以为乡村治理有效提供人才保障。二是产业变迁,城镇空间效率的提升、城镇人均活动空间的增大均有利于城镇产业发展,城镇二三产业的发展有利于促进与农业产业的融合,提高农业经济效率,改善乡村空间治理的经济条件,从而间接提高乡村治理效率。治理有效与空间城镇化的耦合关系见图2-5所示。

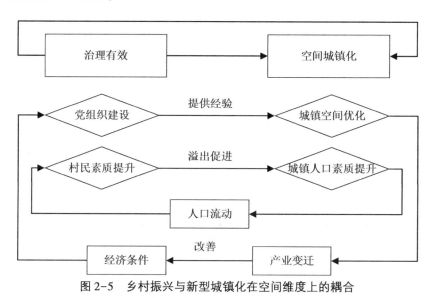

图2-5 乡村振兴与新型城镇化在空间维度上的耦合

五、乡村振兴与新型城镇化在人口维度上的耦合

在人口维度,乡村振兴与新型城镇化的耦合体现在生活富裕和人口城镇化的相互作用。居民生活富裕是乡村振兴的根本目标,农村居民生活得更加美好,切实解决关系农民生活最直接最现实的利益问题,实现农村居民丰衣足食、生活便利是乡村振兴的出发点和落脚点。一是降低农村居民的贫困发生率和返贫率,切实保证农村居民摆脱贫困,实现"两不愁""三保障"。二是改善农村居民消费结构,降低农村居民恩格尔系数,丰富农村居民消费产品的类型,不仅关注食品条件的改善,还要切实丰富其他物质产品的类型,更要关心精神产品的消费,全面提升农村居民的生活质量。

三是缩小城乡居民消费差距和城乡居民收入差距。现在绝对贫困现象已经基本消除,贫困问题转移到了相对贫困问题。城乡居民收入与消费差距是相对贫困问题的突出表现之一。只有切实缩小城乡居民收入与消费差距,才有利于缓解相对贫困,从而提高农村居民的生活满意度。农村居民生活富裕,一方面有利于促进乡村人口向城市流动,只有经济条件得到改善,农村居民才会向城市迈进,追求更高质量的生活,从而有利于提高人口城镇化中的城镇化率。另一方面,农村居民生活富裕也有利于促进就业结构的改善,农村居民生活富裕之后,才会从农业土地中解放出来,从事更加灵活的二三产业。

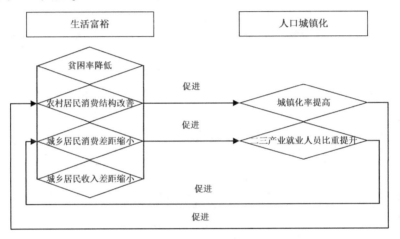

图 2-6　乡村振兴与新型城镇化在人口维度上的耦合

人口城镇化重点在城镇化率的提升和二三产业从业人员比重的提高,即乡村向城市人口的转移和农业就业向二三产业就业的转移。城镇化率的提高和二三产业从业人员比重的提高,也会反过来促进农村居民的生活富裕。一是人口向城镇转移之后,享受的公共服务资源更加优质,生活质量得到明显提升。二是人口向城镇转移之后,就业选择更加多样,增收方式也会增加,而且劳动力收益得到提高。如此,便实现了乡村振兴的生活富裕与新型城镇化的人口城镇化的良性耦合互动,如图 2-6 所示。

第六节
乡村振兴与新型城镇化耦合的影响因素

为厘清乡村振兴与新型城镇化在什么条件下能够耦合发展,是什么因素促进乡村振兴与新型城镇化耦合发展,本节从理论上分析乡村振兴与新型城镇化耦合的影响因素。

第一,产业结构。产业结构优化升级是促进乡村振兴与新型城镇化耦合发展的直接动力,同时也是实现乡村产业兴旺和经济城镇化高质量发展的内在要求。首先,产业结构优化升级直接推动城乡经济发展,提高乡村振兴与新型城镇化的经济联系水平。产业结构升级可以通过促进农业现代化水平提高、促进服务业和新兴产业发展,加强城乡之间的经济联系与互动,不断缩小城乡经济发展差距。其次,产业结构升级有助于带动城乡人口流动,通过提高农村居民和城市居民的就业水平,改善就业结构,使得城乡间人口流动更加便利,有助于实现城乡人口资源的优化配置和合理流动,促进乡村振兴与新型城镇化的耦合发展。再次,产业结构升级有助于提高城乡居民生活水平,无论是带动经济发展还是就业水平提高,都会间接地提高居民生活质量,有利于缩小城乡居民生活水平差距,促进乡村振兴与新型城镇化中生活富裕与人口城镇化的耦合发展。最后,产业结构升级还可以通过加强城乡文化交流促进乡村振兴与新型城镇化的耦合发展。乡村振兴通过发展特色农业、生态农业、农业旅游、互联网+农业、文化创意农业等新业态,有助于实现农村地区传统文化与城市现代文化的交流与互动,增强城乡居民文化认同感,从而有助于促进乡村振兴、乡风文明与城镇文化的耦合互动。

第二,交通情况。交通情况直接影响着城市和农村之间的空间距离。交通的发展使得城乡之间的距离缩短,使得城乡之间的联系更加紧密。特别是高速公路、城市轨道交通等现代化交通工具的发展,能够让城市的经济、文化、教育等资源向农村地区辐射,也能让农村的资源更好地融入城市。交通的发展能够让农村地区的居民更加便利地前往城市,获得更好的就业机会、医疗资源、文化娱乐等资源。同时,交通的发展也能够让城市的商品和服务更加便捷地进入农村地区,提高农村居民的生活质量,从而极大地促进乡村振兴与新型城镇化的耦合发展。

第三,要素配置效率。要素配置效率的提高是促进乡村振兴与新型城镇化耦合发展的重要推力。首先,通过合理配置城乡土地、资金、人力、技术、数据等要素,可以有效提高农业生产效率,提高农民生产积极性,从而促进产业兴旺的实现。其次,城乡要素配置效率提高可以促进城乡要素间的双向自由流动,在要素配置效率提高的背景下,城市可以向乡村输送人才、资金、技术等要素,促进乡村产业的发展,乡村也可以向城市输送农产品、特色产品等要素,促进城市居民的生活水平提高,从而加速乡村振兴与新型城镇化的耦合发展。再次,要素配置效率的提高可以促进乡村经济结构的升级。通过优化要素配置、发展新型产业,可以使乡村经济从传统的农业经济向多元化、综合性的经济转型。同时,乡村经济的升级也可以吸引城市企业进入乡村开展业务,推动产业兴旺与经济城镇化的耦合发展。最后,要素配置效率的提高有助于推动城乡资源的共享,实现城乡资源的优化利用。乡村的资源,如土地、水资源等,可以为城市的发展提供支撑,城市的资源,如技术、资金等,可以为乡村的发展提供帮助。通过要素配置效率的提高,城乡之间的资源共享可以得到更好的实现,加快乡村振兴与新型城镇化耦合进程。

第四,非国有经济发展。非国有经济发展可以间接地促进乡村振兴与新型城镇化的耦合发展。首先,非国有经济发展可以增加城乡投资,促进城市和乡村基础设施建设和产业发展,非国有经济发展可以吸引更多社会资本投入城乡建设和城乡产业项目中。其次,非国有经济发展可以带动城乡就业,不仅可以为城乡居民提供更多的就业机会,而且由于非国有企业更加注重市场化、效益化,更关注人才的培养和激励,因此,可以提高城乡居民就业岗位的质量;同时,非国有经济发展还有利于促进创业创新,其灵活的管理模式和较高的创新意识,可以更快地响应市场需求,带动更多创业者进入市场。再次,非国有经济发展可以促进城乡经济一体化,非国有经济不仅可以促进城市产业结构升级,提高城市经济竞争力,还可以促进农村经济的多元化和综合化发展,为乡村振兴与新型城镇化耦合发展奠定基础。最后,非国有经济发展可以通过提高就业水平、促进经济增长等手段提高城乡居民收入,促进乡村振兴与新型城镇化经济维度的耦合发展。

第五,科技创新。首先,通过智慧城市建设和数字农业等技术手段的发展,可以有效促进城乡数字化融合,实现城乡间信息化资源的共享,使城乡之间的信息化交流更加通畅。其次,通过互联网技术发展和物联网技术的应用,可以推动城市和农村在生产、管理、服务等多维度的紧密融合,促进城乡产业协同发展,也可以利用大数据、人工智能手段,促进城乡产业数字化、智能化和高端化发展,促进城乡产业升级。再次,科技创新也可以促进城乡生态一体化发展,通过发展生态农业,大力促进清洁能源的使用,促进城乡环保产业的提质增效,提升城乡环境保护能力。最后,科技创新有利于提升居民生活品质,满足城乡居民对于更高品质生活的需要,比如智慧城市建设、3D数码打印等技术手段可以提高居民的生活水平和质量。

第六,数字经济发展。首先,数字经济发展有利于打破地域限制,促进城乡互通。数字经济的发展使得信息的获取和传递变得更加容易,城市和乡村之间的信息交流变得更加便捷频繁,从而打破了地域限制,促进了城乡之间的交流和合作,有利于加速乡村振兴与新型城镇化的耦合发展。其次,数字经济通过促进农村信息化和智慧化进程,有效利用数字技术,发展数字农业等,可以更好地提升农业生产的质量和效率,增强农村地区发展活力,促进乡村振兴。最后,数字经济发展可以使乡村地区的企业和个体户通过互联网平台接触到更广阔的市场和资源,提升乡村经济的发展水平,促进城乡经济的融合。

第三章
中国乡村发展与城镇化耦合关系的历史考察

第一节
中国乡村发展与城镇化耦合关系历史考察的阶段划分

系统梳理中国乡村发展与城镇化耦合发展的历程,探索中国乡村振兴与新型城镇化发展的历史经验,这对学术界深化乡村振兴与新型城镇化耦合发展的认识,构建中国特色的城乡发展理论体系,向世界分享中国城乡发展经验,意义重大。

本章将系统梳理中国乡村发展与城镇化耦合关系的历史演进,全面呈现乡村发展与城镇化耦合发展的农村经济发展、城镇化建设过程、工农关系演变和城乡关系发展,为后期乡村振兴与新型城镇化耦合关系的测度和推进路径的提出奠定基础。

乡村发展与城镇化耦合发展历程中有几个重要的时间节点。首先是1949年中华人民共和国成立,中国城乡发展制度逐步建立,城乡二元经济社会体制逐步固化;其次是1978年改革开放,农村经济体制改革初见成效,城镇化建设进程加快,城乡分割制度开始解构;再次是2012年新农村建设与农业现代化稳步推进,乡村建设与城镇化建设协调发展;最后是2018年,乡村振兴战略提出,乡村振兴与新型城镇化耦合发展。中国乡村发展与城镇化耦合发展历程如图3-1所示。

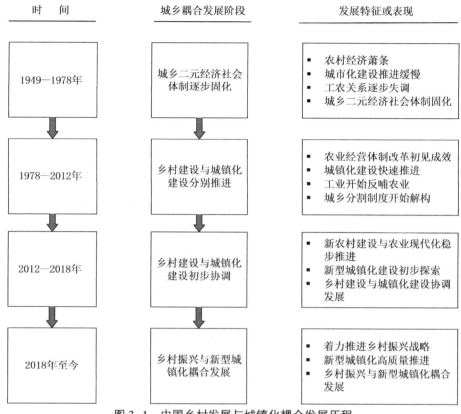

图 3-1　中国乡村发展与城镇化耦合发展历程

第二节
城乡二元经济社会体制逐步固化(1949—1978年)

一、农村经济萧条

中华人民共和国成立以前,受到封建土地制度以及长年战争的影响,我国农村经济极度落后,农民极度贫困,农业生产能力骤减。一是农业产量低,1949年全国粮食总产量与之前最高年份相比,减少了近四分之一,平均亩产量小于200斤①,农副产品供应极度短缺。二是农业内部产业结构不合理,1949年农业总产值的构成为:种植业占82.5%,林业占0.6%,牧

---

① 数据来源:《中国经济发展史1949—2010》第190页。

业占12.4%,副业占4.3%,渔业占0.2%,其中种植业主要还是粮食生产。三是人地矛盾突出,一方面,人多地少,1949年我国的人均耕地面积为2.7亩,不足世界人均拥有量的一半;另一方面,土地分配不合理,贫农、中农、雇农只拥有极少的土地,而为数不多的地主和富农却占有大量土地。四是农业机械化水平低,农业生产仍主要依靠人力和畜力,生产率极其低下。

二、城市化建设推进缓慢

1949年以来,中国城市化建设进程缓慢。1960—1978年,世界人口的城市人口比重由33.6%增长至38.5%(图3-2),而同时期中国的城市化水平由20%下降为18%,且从1962年开始,中国的城市化水平就保持在17%—18%之间(图3-3),城市化进程一度停滞。

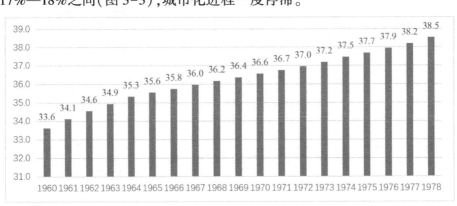

图3-2　1960—1978年世界人口的城市人口比重

资料来源:世界银行数据库

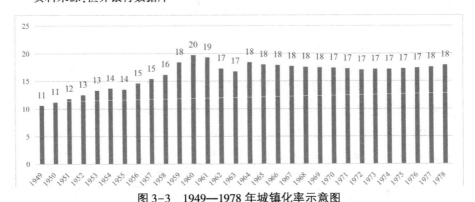

图3-3　1949—1978年城镇化率示意图

资料来源:根据1983年《中国统计年鉴》数据计算结果绘制

从各省数据也可以看出我国城镇化建设的速度缓慢。如图3-4所示,绝大多数省份的城镇化水平从1960年开始停滞,北京、天津、辽宁、黑龙江等的城镇化水平在1960年之后甚至呈现下降趋势。

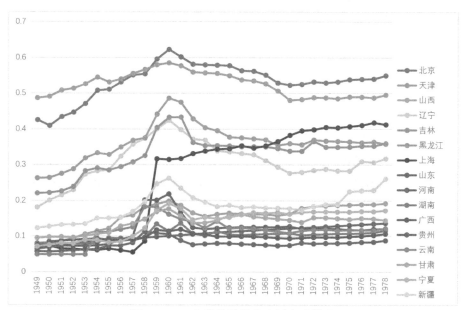

图3-4　16个省份城镇化水平变动情况

资料来源:根据《新中国60年统计资料汇编》中数据计算结果绘制

从城市建设来看,1949—1978年中国建制市数量变化甚微(图3-5)。城市总数在1949年为132个,1978年为193个。表3-1显示了不同规模城市数量的变化。由表3-1可见,20万以上人口的城市数量小幅度增加,而20万以下人口的城市数量大规模减少,建制镇数量几乎保持不变。

图3-5　1949—1978年中国建制市数量变化

资料来源:宋迎昌:《城市管理的理论与实践》,北京:社会科学出版社,2013

表 3-1　1949 和 1978 年我国城市数量变化

年 份	城市总数	200万以上人口城市数量	100万—200万人口城市数量	50万—100万人口城市数量	20万—50万人口城市数量	20万以下人口城市数量	建制镇数量
1949	132	3	7	6	32	102	2000
1978	193	10	19	35	80	49	2173

数据来源：国家统计局官网 http://www.stats.gov.cn/ztjc/ztfx/qzxzgcl60zn/200909/t20090909_68635.html

这一阶段的城镇化建设还有一个显著特点,即城镇化进程严重慢于工业化进程。如图 3-6 所示,我国 1952—1978 年的工业化水平从 17.6% 波动上升至 44.1%,增幅达到 26.5%,而城镇化水平仅从 12.5% 缓慢增长至 17.9%,增幅仅为 5.4%。

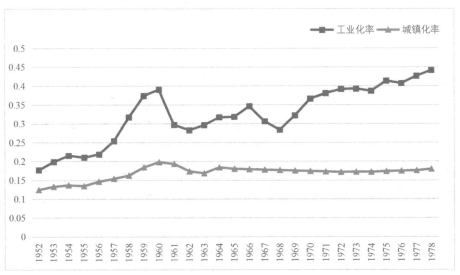

图 3-6　1952—1978 年中国工业化率、城镇化率变动情况

资料来源：根据《新中国 60 年统计资料汇编》中原始数据计算结果而绘制

三、工农关系逐步失调

中华人民共和国刚成立时,工业基础薄弱,仍然是个经济落后的农业国。1949 年,农业与工业产值比为 7∶3,而且工业内部严重失衡,轻工业比

重大,占73.6%,重工业产值37亿元,占比为26.4%。中国的工农关系就是在这样的背景之下发展的。

新中国成立初期,毛泽东等人确立了"城乡兼顾、工农并举"的原则,坚持执行农业为基础,工业为主导的方针,但遗憾的是,社会主义改造一完成,党的路线就偏离了这一原则和方针,而将经济建设的重点放在工业上。中国共产党始终认为只有快速推进工业化才能使国民摆脱贫困,使经济实现复苏。于是,党采取了苏联的单一公有制和计划经济的模式来推行重工业发展战略,逐步建立起农业支持工业的经济体制。

1952年底,党中央制定了过渡时期的总路线,明确了"一化三改"任务,以此为中国的社会主义建设与发展,为中国经济发展提供制度基础和体制保障。"一化三改"是指国家工业化和对农业、手工业和资本主义工商业的社会主义改造。其中,国家工业化即国家社会主义工业化,其中心环节是发展重工业。此外,对个体农业和手工业的社会主义改造,采取了从互助组到初级生产合作社,再到高级生产合作社的改造形式,对民族工商业采取了和平赎买的政策,创造了委托加工、计划订购、统购包销、公私合营等国家资本主义的过渡形式,确立了社会主义制度。

工业方面,1953—1957年是我国"一五"计划时期,是我国工业化建设高歌猛进阶段。这一时期,在重工业优先发展战略下,重要工业产品的生产能力骤增,比如1957年的钢产量、原煤产量、发电量分别是1949年的33.9倍、4倍和4.5倍。同时,引进一大批技术,研发了新工业产品,培养了工程技术队伍,形成了中国工业自主发展的基础。1958—1965年为"大跃进"时期和"二五"计划时期。其中,"大跃进"使得我国工业受到重创,但到1962年,我国开始执行"调整、巩固、充实、提高"的八字方针,使得工业结构得到调整和恢复,门类齐全的工业体系得以初步建立。1966—1978年,中国的工业化建设主要由两大事件推进,一是开始于1964年的"三线建设",二是"文化大革命"结束后的"洋跃进"。其中,"三线建设"是中国在11个省、自治区开展的,投入百万人力、千亿资金的重大项目,大力推动了中国工业的发展。"洋跃进"以赶超本单位历史最高水平、赶超全国同行业最高水平和赶超世界先进水平为宗旨,进行大规模投资,忽视了国家财力、物力基础,进行高投资、高积累,加剧了中国国民经济比例的失调。

农业方面,中华人民共和国成立以后,我国农村土地制度改革、农业生产方式变迁和粮食制度变化深刻影响着我国农业发展。

首先,1950年颁布实施的《中华人民共和国土地改革法》规定,保留富农的土地及财产,没收地主的土地、耕畜、农具等,划出一部分土地归国有,按人均分土地、清晰产权,实现所有权、使用权、收益权和处置权于一体的农民土地所有制,充分激励小农积极性。从1949年到1952年,经过土地改革,粮食产量增长了44.79%,农业产值增长了49%。

其次,我国农业生产经营方式经历了从单个农户经营到合作化经营再到集体经营的改变。土地改革培育了一批独立自主的农户主体,但农业互助组也发展了起来,1950年底,已经有272.4万个农业互助组,包括临时互助组、常年互助组、初级农业生产合作社等多种形式,一定程度上促进了农业生产。1951年、1952年和1953年农业生产合作社从129个、3634个发展为14171个,1954年,增加到48万个,1955年,农业生产合作社数目达65万个。而后,自上而下的强制性制度要求初级社仓促向高级社转变,导致诸如"搭便车"等机会主义行为和产权模糊、分配不清、交易费用增大等问题出现。1958年,农业组织开启了人民公社化运动,全国掀起了"一大二公"和"政社合一"的高潮。其中,大就是生产规模大,公就是公有化程度高,即社会主义高级社多。"政社合一"是指公社既是经济组织又是政权组织,既管理生产、分配,又管理公共服务,成为集经济、文化、政治和军事等于一体的统一管理体。这样的人民公社不可避免地会出现低效率、粮食产量下降的现象,加上连续干旱,1959—1961年我国陷入经济困难。1958年,党的八届六中全会审议通过了《关于人民公社若干问题的决议》,论述了"两个过渡"的观点,即要先从集体所有制过渡到全民所有制,然后从社会主义过渡到共产主义,在这个过程中必须要以一定的生产力发展为基础。1959年,党初步确立了"三级所有"的体制。1960年,中共中央明确强调"三级所有,队为基础",是现阶段人民公社的根本制度。这一套制度一直延续到1983年人民公社撤销为止。

最后,中华人民共和国成立以后,中共中央实施了"以征为主,以市场收购为辅"的粮食制度,其中"征"是指向农民征收农业税,而且农业税以粮食来缴纳。但之后随着粮食供给与粮食消费之间的矛盾升级以及市场上粮食投机行为的出现,为稳定粮价,中共中央确立了农副产品统购统销制度,即粮食计划收购和粮食计划供应制度,由国家操纵粮食的收购和供应。粮食统购统销制度虽然使国家迅速地控制了粮食数量,对保证粮食供给、稳定市场起到一定积极作用,但是统购统销制度严重违背价值规律,恶化了农民与政府的关系,严重抑制了农民的积极性。

四、城乡二元经济社会体制固化

1949—1978年间的城乡关系走向还可以再细分为三个阶段:

1949—1952年为城乡流动相对自由阶段。这段时间国民经济处于恢复时期,允许富农经济和城乡私营工商业存在,城乡各类生产要素流动相对自由,土地可以买卖,资本允许借贷,农民也可以进城务工。这一阶段,国家实行新民主主义经济制度,允许多种经济成分共存,这也有利于城乡要素流动。这一阶段,中国共产党的城乡发展思想强调城乡兼顾,毛泽东在1949年召开的七届二中全会上明确指出,"从现在起,开始了由城市到农村并由城市领导农村的时期",但并不忽视农村。邓小平1949年天津讲话也重视城乡关系协调,指出"必须切实地、迅速地沟通城乡关系",强调城乡关系畅通,"城乡物资周转宜灵活",要使城乡交换灵活发达起来。

1952—1958年为初步形成城乡二元经济体制阶段。这一阶段,国家对农业、手工业和资本主义工商业进行了社会主义改造,同时限制农民进城,农产品实行统购统销,城乡要素流动受到限制。国家剥夺了农民对剩余产品的支配权,限制了农副产品的自由流动,加速了城乡隔离。同时,1956年由于农业合作化运动和自然灾害的影响而出现的粮食歉收现象使得大批农民流到城市中去。1956年以后更是出现了"盲目外流"问题。为阻止农村居民过多"盲目外流"至城市,中央签发了《国务院关于防止农村人口盲目外流的指示》。随后,1957年,国务院又连续下发通知,规定城市各单位不能随意招工用人,招用临时工应首先从城市失业人员和剩余劳动力中招收,不能解决时,才可到农村招收。这加速了户籍制度的出台。

1958—1978年为城乡二元经济社会体制逐渐固化阶段。1958年1月,第一届全国人大常委会审议通过了《中华人民共和国户口登记条例》,这标志着我国城乡分割的户籍制度的确立。该条例严重限制了城乡人口流动,尤其是农村人口向城市的流动。同时,户籍还与社会福利相关联,农村人口无法享受众多国家的社会福利,包括医疗、教育、食物供给、住宅、养老、生育、人才等。如此,户籍制度已经将城乡人为地分割为两个不同的群体。此外,"政社合一"的人民公社制度和集体经营制度使得农民被严重束缚在农村土地上。政府加强了对生产要素资源的配置权。通过国家计划调拨分配资源,严格限制了城乡要素流动。单一公有制的建立以及计划经济体制的实行固化了城乡二元经济体制。

第三节
乡村建设与城镇化建设分别推进(1978—2012年)

一、农业经营体制改革初见成效

1978年,我国选择在农村开始改革。这是由我国面临的现实问题决定的,首先要解决众多人口的吃饭问题,同时,农业具有基础性的地位,其生产环节相对独立,农民又具有个体性和分散性的特点,属于计划经济和公有制经济的薄弱环节。改革开放以前,农村普遍实行人民公社制度,政社合一,三级所有,集体经营。这样的制度安排严重抑制了农民的积极性,1978年,安徽小岗村首先冲破了人民公社体制的束缚,决定分田到户,实行大包干,采取分成制的办法,先交完给国家的、留足集体的,最后是自己的。农民这一自发的改革效果明显。1980年,中央颁布《关于进一步加强和完善农业生产责任制的几个问题》,开始确定实行包产到户是发展生产、解决温饱问题的必要措施,提出用包产到户来解决农村贫困问题。包产包干责任制随后在全国推广,由此开启了农村改革的大幕。

1982年初,我国颁布了第一个中央一号文件部署农村工作,即《全国农村工作会议纪要》。文件明确提出农村目前实行的各种责任制,包括包产到户到组、包干到户到组、专业承包联产计酬、联产到劳、联产计酬等都属于社会主义集体经济的生产责任制,从而明确了包产到户、包干到户的公有制性质,结束了关于农业生产责任制的争论。1983年,第二个中央一号文件《当前农村经济政策的若干问题》充分肯定了联产承包责任制的积极作用,指出联产承包制通过将统一经营和分散经营相结合,充分发挥了集体优越性和个人积极性,是马克思主义农业合作化理论在我国实践中的新发展。同时,该文件也提出了政社分设的思路。同年10月,《关于实行政社分开建立乡政府的通知》发布,要求撤社设乡,使得三级所有的人民公社制度解体。

实行家庭联产承包责任制是我国农村改革过程中的关键举措,它极大地解放了农村的劳动生产力。改革开放之后的3年与之前3年比,农业劳动生产率由负转正,农业生产总值迅速提升,同时农民收入也得到提高,具体如表3-2所示。

表3-2 1975—1981年农业生产、农民收入情况

年 份	农业劳动生产率(%)	农业总产值(万元)	农民收入(元)
1976	-1.4	9756735	113.1
1977	-8.3	9505501	117.1
1978	25.1	10275345	133.6
1979	78.2	12701917	160.2
1980	31.9	13715931	191.3
1981	57.5	15594632	223.4

资料来源:根据《新中国60年统计资料汇编》中原始数据计算整理而得

改革开放过程中对农村产生重大影响的事件还有农产品流通体制的改革,包括农产品价格改革和购销体制改革。改革开放前,我国的农业生产和流通都实行高度计划经济体制,农产品的商品化率极低。1979年,国家首先大幅度提高了主要农产品和主要经济作物的收购价格,这极大地增加了农村居民人均纯收入。1984年的农村居民人均纯收入比1978年增长了2.66倍。1984年颁布的中央一号文件《中共中央关于一九八四年农村工作的通知》强调农村工作的重点是"提高生产力水平、梳理流通渠道、发展商品生产"。1985年颁布的中央一号文件《中共中央、国务院关于进一步活跃农村经济的十项政策》明确提出,"改革农产品统派购制度,实行合同定购和市场收购"。这标志着农产品流通体制以市场化为导向改革

的开始。2004年,国务院公布的《关于进一步深化粮食流通体制改革的意见》决定全面放开粮食收购、销售市场,同时对种粮农民直接补贴。农产品流通体制改革不仅活跃了农产品市场,使农民受益,而且改善了农产品长期短缺的情况。

进入21世纪,我国的农村改革进入新阶段。2005年,党的十六届五中全会正式确定要建设社会主义新农村,并将其确立为重大的战略任务。2006年和2007年的中央一号文件都以推进社会主义新农村建设为主题,全面部署了建设社会主义新农村、发展现代农业的具体措施。2008年的中央一号文件注重农业基础建设,2009年强调农业生产,2010年关注城乡统筹发展,2011年首次对水利工作进行了全面部署,2012年强调推进农业科技创新,增强农产品供给保障能力。

二、城镇化建设快速推进

一般来说,城镇化水平越高,经济越发达。乡镇企业的发展不仅促进了农村工业化,而且开创了离土不离乡的城镇化道路。正是因为乡镇企业的带动,使得一大批农村过剩劳动力转入小工业和小集镇中从事工业和服务业。一方面转移了剩余劳动力,另一方面为就地建设小城镇创造了条件。1979年,党的十一届四中全会审议通过了《中共中央关于加快农业发展若干问题的决定》,明确要"有计划地发展小城镇建设",由此,国家开始鼓励小城镇发展。1993年,党的十四届三中全会发布了《中共中央关于建设社会主义市场经济体制若干问题的决定》,该决定提出要"充分利用和改造现有小城镇,建设新的小城镇",表明中央层面从制度上开始调整我国城镇化发展方针。

2000年,中央出台了我国第一个有关城镇化建设的专门文件——《中共中央 国务院关于促进小城镇健康发展的若干意见》,明确了小城镇发展的原则、目标和路径,确定走符合我国国情的大中小城市和小城镇协调发展的城镇化道路。

这一时期的城镇化建设大致可以分为以下两个阶段:

第一阶段,1978—1992年为城镇化恢复阶段。这一阶段,中国的改革开放尚处于摸索时期。首先,农村经济体制改革推动了城镇化建设。有一批上山下乡青年返城就业,恢复高考使一批农村学生进入城市;同时,城乡集市贸易开放使得一批农村人口暂住城市,快速发展的乡镇企业也吸收了农村劳动力,促进了就地城镇化的实现。其次,中国的城镇化建设与对外开放密不可分。1980年中国设立了深圳、珠海、厦门、汕头四个经济特区,1984年开放了14个沿海城市,1990年开放了上海浦东新区。对外开放不仅促进了沿海地区经济的快速发展,也增加了沿海地区的劳动力需求,因此,一大批劳动力由中西部地区流向东部沿海地区,这加快了沿海地区的城镇化建设速度。1978—1992年,中国的镇数量显著增加,城市数量由193个增长至517个,城镇化率由17.92%增长至27.46%,具体如表3-3所示。

表3-3 中国1978—1992年镇数、城市个数和城镇化率

年 份	镇 数	城市个数	城镇化率(%)
1978	2176	193	17.92
1979	2361	216	18.96
1980	——	223	19.39
1981	2678	226	20.16
1982	——	245	21.13
1983	2968	281	21.62
1984	7186	300	23.01
1985	9140	324	23.71
1986	10718	353	24.52
1987	11103	381	25.32
1988	11481	434	25.81
1989	11873	450	26.21
1990	12084	467	26.41
1991	12455	479	26.94
1992	14539	517	27.46

数据来源:《新中国60年统计资料汇编》《中国城市建设统计年鉴》(历年)和《中国民政统计年鉴》(历年)。

第二阶段,1993—2012年为城镇化建设全面推动阶段。1992年10

月,我国正式确定建立社会主义市场经济体制,使市场在资源配置中起基础性作用。这极大地促进了城镇化发展。一方面,我国继续深化对外开放,沿海沿边城市经济快速发展。重庆、武汉等沿岸城市以及哈尔滨、南昌等省会城市陆续开始实行沿海城市的开放政策,不仅促进了这些城市经济社会快速发展,也提升了吸纳人口的能力。同时,农村劳动力在城乡间的迁移变得相对自由,开启了易地城镇化的道路。另一方面,我国的城镇化发展思路与时俱进,引领了我国城镇化快速发展。从 1998 年的"小城镇"发展战略到 2002 年的"坚持大、中、小城市和小城镇协调发展",我国的城镇化道路初步成型。1993 年到 2012 年是我国城镇化进程较快的一段时间,城镇人口由 33173 万人翻倍增长至 72175 万人,城镇化率由 27.99% 增长至 53.1%,同时,城市数量和镇数量发展较为稳定。

表 3-4　1993—2012 年中国城镇发展情况

年份	城镇人口（万人）	城镇化率（%）	城市数量（个）	镇数量（个）
1993	33173	27.99	570	15805
1994	34169	28.51	622	16702
1995	35174	29.04	640	17532
1996	37304	30.48	666	18171
1997	39449	31.91	668	18925
1998	41608	33.35	668	19216
1999	43748	34.78	667	19756
2000	45906	36.22	663	20312
2001	48064	37.66	662	20374
2002	50212	39.09	660	20601
2003	52376	40.53	660	20226
2004	54283	41.76	661	19883
2005	56212	42.99	661	19522
2006	58288	44.34	656	19369
2007	60633	45.89	655	19249
2008	62403	46.99	655	19234

续表

年 份	城镇人口（万人）	城镇化率（%）	城市数量（个）	镇数量（个）
2009	64512	48.34	654	19322
2010	66978	49.95	657	19410
2011	69927	51.83	657	19683
2012	72175	53.10	657	19881

数据来源同表3-3

图3-7显示了1978—2012年期间我国城镇化率的变化。从年度数据来看,我国城镇化率在1978—1994年期间,增长速度大致相同,1995年之后,增长速度显著提高,至2012年保持一个较高的速度匀速增长。

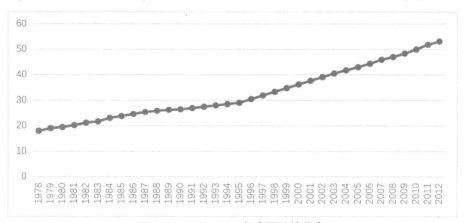

图3-7　1978-2012年我国城镇化率

资料来源:根据《中国统计年鉴》数据整理绘制

三、工业开始反哺农业

一直以来,我国的工业发展总是受到农业的哺育,这是农业自身发展的需要,因为没有工业、服务业的发展,农业也就无从发展。尤其20世纪80年代,农民利用农业积累和家庭积累发展乡镇企业,使得大量农业劳动力向工业转移,农业服务工业的进程加快。但是当工业化进入中后期后,农业劳动力转移进入"刘易斯拐点",劳动力对工业的支持开始减弱,同时城乡收入差距的扩大使得"三农"问题更加突出。此外,为解决国家粮食安全问题,现代农业建设也势在必行。而现代农业建设不能只靠农业自有要素,需要从城市和非农产业引入生产要素,工业反哺农业的要求就此显现。

发达的乡镇企业可以一定程度上实现工业对农业的反哺。一是通过提高在乡镇企业就业工人的工资,反哺农村居民家庭收入;二是乡镇企业一定程度上也加快了农村社区的建设;三是乡镇企业为农业发展提供一定积累。但绝大部分地区农村居民人均收入仍然增长缓慢,因此,需要将工业反哺农业上升为国家战略。2004年,党中央、国务院颁布了中央的第6个一号文件《中共中央 国务院关于促进农民增加收入若干政策的意见》,提出"坚持'多予、少取、放活'的方针,调整农业结构,扩大农民就业",这里"多予少取""放活",不仅体现在对粮食价格的保护、农业税的减免,还体现在城乡要素市场的放活,逐步消除资本、技术、人才、信息等生产要素在城乡间流动的障碍。反哺农业的关键是要素反哺,涉及物质资本和人力资本,必须要消除城乡市场分割现象才能保证反哺的顺利实现。2008年,党的十七届三中全会开始允许农村金融组织从金融机构融入资金,允许农民专业合作社开展信用合作活动,鼓励发展小额信贷,这促进了资金的自由流动。工业反哺农业必然要求城乡分割制度的解构。

四、城乡分割制度开始解构

1978—2012年,中国的城乡关系因市场化改革、工农业发展以及城市化建设产生了很大变化。这一时期的城乡关系可以再细分为城乡二元结构开始松动(1978—1984年)、城乡再度分离(1985—2002年)和城乡统筹发展阶段(2003—2012年)三个阶段。总体来说,在国家战略支持以及"三农"发展的推动下,这一时期城乡分割制度开始解构,城乡关系呈现统筹融合发展态势。

1978—1984年,城乡二元结构开始松动。改革开放政策实行后,农村经营体制的改革和工农关系的发展促进城乡关系向好发展,城乡二元结构开始松动,具体体现在以下几方面:首先,城乡劳动力流动开始相对自由。家庭联产承包责任制的实行瓦解了人民公社体制,农民获得了支配劳动的自由,这才有可能使得农民参与市场经济,农村劳动力才有可能流向城市,同时城市劳动力也开始流向农村,一部分城市人才开始下乡。其次,城乡粮食自由交易代替了统购统销制度,国家上调了农产品价格,极大地调动了农民的积极性。最后,城乡收入差距持续缩小。如图 3-8 所示,城乡居民收入比由 1978 年的 2.57 持续下降到了 1984 年的 1.83。农村居民家庭人均纯收入从 1978 年的 133.6 元快速增长至 1984 年的 355 元,年均增长率高达 17.7%,相应时期,城市居民家庭人均可支配收入从 343.4 元增长到 650 元,年均增长率 11.2%。农村居民家庭人均纯收入增长速度快于城市居民家庭人均可支配收入。可见,这一时期,城乡二元关系得以缓解。

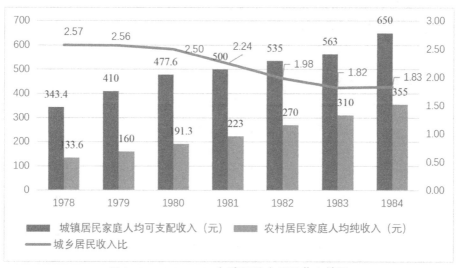

图 3-8　1978—1984 年我国城乡居民收入情况

资料来源:根据《中国统计年鉴》数据整理绘制

1985—2002 年为城乡再度分离阶段。1984 年 10 月 20 日,党的十二届三中全会审议通过了《中共中央关于经济体制改革的决定》,该决定明确指出要"加快以城市为重点的整个经济体制改革的步伐",明确将改革的重心重新偏向城市,要素资源分配也开始偏向城市。这种城市偏向的政策转变是符合市场经济追求效率的市场逻辑的,也是符合我国改革从易到难、从点到面的实践逻辑的。城市改革主要从以下几方面展开:一是城镇居民收入分配体制改革。我国改变了企业内部工资分配形式,形成了按劳分配为主体,资本、技术、管理多种生产要素按贡献参与分配的制度,并允许一部分人先富起来,极大地调动了城市居民的生产积极性。二是国有企业改革。在这一时期,国有企业改革经历了"两权分离"和产权制度改革,积极培育市场主体,建立现代企业制度,到 2000 年,达到了国有企业脱困的目标。三是社会保障制度改革。与社会主义市场经济体制相适应,我国的城乡居民社会保险制度开始重构,但城乡居民与农民有着完全不同的社会保险制度,城镇居民由国家财政和城镇各单位提供社会保险,包括养老保险、失业保险、医疗保险及其他。而农村居民除了极少数人享受"五保"待遇,大部分农民没有真正意义上的社会保险制度。四是非公有制经济发展。非公有制经济地位在这段时间发生了显著变化,从公有制经济的对立面发展为公有制经济的必要补充,又由"必要补充"变为"共同发展",确立了公有制为主体,多种所有制经济共同发展的基本经济制度。而农村这段时间的改革基本停滞,城乡居民收入差距持续拉大,如表 3-5 所示。1984—2002 年,城乡居民收入比由 1.83 扩大至 3.11。

表 3-5 1984—2002 年城乡居民收入情况

年 份	城镇居民家庭人均可支配收入(元)	农村居民家庭人均纯收入(元)	城乡居民收入比
1984	650	355	1.83
1985	739	398	1.86
1986	900	424	2.12
1987	1002	463	2.17
1988	1181	545	2.17
1989	1376	602	2.29
1990	1510	686	2.20
1991	1701	709	2.40
1992	2027	784	2.58
1993	2577	922	2.80
1994	3496	1221	2.86
1995	4283	1578	2.71
1996	4839	1926	2.51
1997	5160	2090	2.47
1998	5425	2162	2.51
1999	5854	2210	2.65

续表

年　份	城镇居民家庭人均可支配收入(元)	农村居民家庭人均纯收入(元)	城乡居民收入比
2000	6280	2253	2.79
2001	6860	2366	2.90
2002	7703	2476	3.11

资料来源:根据《中国统计年鉴》数据整理绘制

2003—2012年为城乡统筹发展阶段。面对日益紧张的城乡关系,2002年党的十六大提出了统筹城乡社会经济发展战略,明确全面繁荣农村经济,加快城镇化建设,统筹城乡发展是全面建设小康社会的重大任务。党对城乡关系的认识上升到了一个新高度,提出"在工业化达到相当程度以后,工业反哺农业、城市支持农村,实现工业与农业协调发展、城市与农村协调发展,带有普遍性的倾向"。2007年,党的十七大报告指出,要"建立以工促农、以城带乡长效机制,形成城乡经济社会发展一体化新格局"。在这一阶段,城乡经济社会发展一体化理论有力指导了我国城乡发展实践。第一,大幅度提高了支农力度。2002—2012年,国家财政用于农业的支出由1580.8亿元上升到了12387.6亿元,增长了6.84倍,农业支出占财政支出的比重由7.2%上升到了9.8%[①]。2006年全面取消农业税,有力减轻了农民负担。2007年启动了对农民的直接补贴,包括粮食、农资、良种、农机具四项补贴,2007年四项补贴额为513.6亿元[②],2012年达到1643亿元,有利于促进农民增收。第二,加大对农村教育的支持,2005年底开始,免除农村义务教育阶段学生学杂费,并对贫困学生进行补助。第三,户籍制度开始松动,尤其是在经济较发达、外来人口较多的城市,缩小城市农民工和本地居民的福利差别,赋予他们更多权利。中央层面出台了《关于推进小城镇户籍管理制度改革的意见》,标志着户籍制度改革的突破。第四,设立统筹城乡发展综合改革试验区。2007年,我国将重庆和成都设为统筹城乡发展综合配套改革试验区,进行先行改革,为全国提供可推广的经验和做法。这一阶段,城乡差距开始缩小。农村居民家庭人均纯收入由

---

① 数据来源:《中国农村统计年鉴(2013年)》。
② 数据来源:《中国农村统计年鉴(2013年)》。

2003 年的 2622.2 元,增长至 2012 年的 7916.6 元,平均增长速度为 13.06%,同期城镇居民家庭人均可支配收入由 8472.2 元增长至 24564.7 元,平均增长速度为 12.56%,农村居民家庭人均纯收入增长速度高于城市,因此城乡居民收入比呈现下降趋势,由 2003 年的 3.23 下降到 2012 年的 3.10(表3-6)。而且,这一阶段,农民工数量显著增加。全国农民工数量在 2002 年底为 9000 万,到 2011 年底,已经扩大至 25728 万人[①]。

表3-6 2003—2012 年城乡居民收入情况

年 份	城镇居民家庭人均可支配收入(元)	农村居民家庭人均纯收入(元)	城乡居民收入比
2003	8472.2	2622.2	3.23
2004	9421.6	2936.4	3.21
2005	10493.0	3254.9	3.22
2006	11759.5	3587.0	3.28
2007	13785.8	4140.4	3.33
2008	15780.8	4760.6	3.31
2009	17174.7	5153.2	3.33
2010	19109.4	5919.0	3.23
2011	21809.8	6977.3	3.13
2012	24564.7	7916.6	3.10

资料来源:根据《中国统计年鉴》数据整理绘制

第四节
乡村建设与城镇化建设初步协调(2012—2018 年)

一、农业现代化稳步推进

党的十八大以来,以习近平同志为核心的党中央将农业发展转型、新农村建设与农民增收等问题整合成为农业现代化建设、农业供给侧结构性

---

① 数据来源于:《2011 年我国农民工调查监测报告》。

改革、农村土地"三权分置"和脱贫攻坚等几个重大问题,围绕这些问题进行全面改革。

首先,农业现代化建设是连续几年党中央农村工作的中心议题。从对2012—2017年中央一号文件梳理(图3-9)中可以看出,农业现代化一直是这几年中央一号文件的主题,推动农业稳定发展,推进现代农业建设,是保障农产品供给和国家粮食安全稳定的重要手段。作为人口众多的大国,解决好吃饭问题始终是我国的头等大事,保障农产品有力供给和国家粮食安全稳定一直是国家稳定发展的前提,也是国家农业政策一直以来的核心议题。农业现代化建设也是实现全面建成小康社会的必然要求。从2012—2017年中央一号文件的具体内容(图3-9)中可以看出,社会主义新农村建设仍然是这一阶段农村工作的重点。社会主义新农村建设涉及农村经济、社会、政治、文化和法制建设多维内容。深入推进农村改革,增强农村发展内生动力,是新农村建设的内在要求。

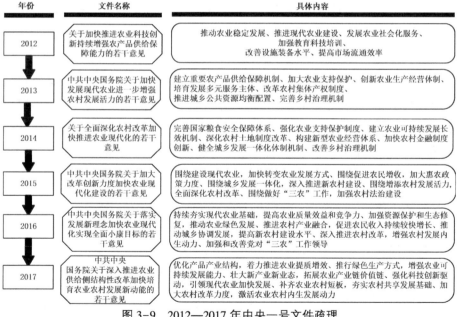

图3-9　2012—2017年中央一号文件疏理

其次,深入推进农业供给侧结构性改革。进入新时代,我国粮食的主要矛盾已经由总量不足转变成阶段性供过于求和结构性供给不足。2016年党的中央一号文件已经提出农业供给侧改革,2016年3月,习近平再次强调"推进农业供给侧结构性改革,提高农业综合效益和竞争力,是当前和今后一个时期我国农业政策改革和完善的主要方向"。2017年党的中央一号文件以深入推进农业供给侧改革为主题,要求大力推进农业提质增效,增强农业可持续发展能力和内生发展动力。经过努力,2017年我国的粮食总产量达到61791万吨,比2016年增加166万吨;粮食单位面积产量5506公斤/公顷,比2016年增加54公斤/公顷①。农业绿色转型初见成效。全国化肥施用量开始减少,2017年的化肥施用量为5859.4万吨,比2016年减少124.7万吨②。

再次,推进以"三权分置"为中心内容的农村土地制度改革。"三权分置"是在坚持农村土地集体所有制不变的基础上,分解出农户的承包权和经营权,改革的基本方向是:落实集体所有权,稳定承包权,放活经营权,以此促进土地社会化配置的实现和城乡要素双向流动的实现。2016年底,全国拥有承包地的2.3亿农户中,已经有约7000万农户转移了承包地经营权。"三权分置"改革可以为发展现代农业、培育农业新型经营主体、提升农业竞争力打下坚实基础,有利于促进农业农村现代化的实现。

最后,打赢脱贫攻坚战是党的十八大以来奋斗的宗旨。消除贫困、实现共同富裕是中国共产党自成立起就担负的使命。打赢脱贫攻坚战是通过精准扶贫实现的。2013年,习近平总书记在湖南考察时提出要"实事求是、因地制宜、分类指导、精准扶贫",这标志着我国开始进入精准扶贫阶段,要致力于解决好"扶持谁、谁来扶、怎么扶、如何退"等根本问题。精准扶贫核心在于因人而异、因地制宜、责任到人的全方位施策,从增加贫困人口的增收渠道、增收手段、增收能力、服务保障等多方面入手,切实提高贫困人口的收入水平。同时,做到扶志扶智相结合,构建新型农业经营体系,培育新型职业农民。从2012年开始,中央连续六年的中央一号文件中都有对职业农民培育的部署和安排。培育新型职业农民也是我国农村农业现代化的重中之重。

---

① 数据来源:国家统计局官网(http://www.stats.gov.cn/tjsj/zxfb/201712/t20171208_1561546.html)。

② 数据根据《中国统计年鉴(2018)》中原始数据计算得出。

二、新型城镇化建设初步探索

2013年党的十八届三中全会明确提出走新型城镇化道路,要求转变以往"重物轻人""重速度"的传统城镇化发展模式,走坚持"以人为本"的高质量城镇化发展道路,重点从以下几方面开展工作:

一是落实国家政策。2014年,《国家新型城镇化规划(2014—2020)》发布,在国家战略层面,明确了新型城镇化建设的发展目标、基本路径和主要任务。同年7月,国务院制定了"三个1亿人"的新型城镇化实施方案,即促进1亿左右的农业转移人口在城镇落户,改造约1亿人居住的城镇棚户区和城中村,引导约1亿人在中西部地区就地城镇化。如表3-7所示,2012—2017年,我国城镇化率从53.1%上升到60.24%,增速较上一阶段明显放缓。城市数量基本稳定在近660个,镇数量缓慢稳定增加。与世界平均城镇化水平相比,自2013年以后中国城镇化水平均高于世界平均城镇化水平,2012—2017年这5年间中国城镇化水平平均增长速度为2.54%,高于世界平均增长速度1.49个百分点,平均每年增长量中国比世界平均水平高出0.82%(表3-8)。可见,虽然中国的城镇化水平比前一个阶段的增长速度放缓,但仍高于世界平均水平。

表3-7 2012—2017年中国城镇化发展数据

年 份	城镇人口(万人)	城镇化率(%)	城市数量(个)	镇数量(个)
2012	72175	53.1	657	19881
2013	74502	54.49	658	20117
2014	76738	55.75	653	20401
2015	79302	57.33	656	20515
2016	81924	58.84	657	20883
2017	84343	60.24	661	21116

资料来源:《中国统计年鉴》《新中国60年统计资料汇编》《中国城市建设统计年鉴》《中国民政统计年鉴》

表 3-8　2012—2017 年中国城镇化水平与世界城镇化水平增长的对比分析表

年　份	2012	2013	2014	2015	2016	2017	平均增长速度	平均每年增长量
世界平均(%)	52	52.9	53.4	53.8	54.3	54.8	1.05	0.56
中国平均(%)	51.6	53.2	54.4	55.6	56.8	58.5	2.54	1.38
差距(百分点)	-0.4	0.3	1	1.8	2.5	3.7	1.49	0.82

资料来源:根据《中国城市年鉴(2019)》中数据整理计算得出

二是改革户籍制度。首先,2014 年国务院印发了《国务院关于进一步推进户籍制度改革的意见》,明确了合法稳定就业和合法稳定住所的范围,放宽农业转移人口的落户条件。其次,积极推行居住证制度,2016 年开始实施《居住证暂行条例》,规定居住证持有者可以享受的教育、医疗、社保等公共服务与户籍人口享受的公共服务差距逐渐缩小。最后,国家在农村土地制度、财税制度、医疗体制等方面进行了大幅度改革,缩小了城乡差别。

三是城市体系逐步优化。首先,我国大力发展城市群,使城市群成为中国新型城镇化发展的主体空间结构。2016 年底,我国形成了包括京津冀城市群、长三角城市群、珠三角城市群、成渝城市群等 19 个城市群[①]。2016 年,这 19 个城市群面积占国土面积的 29.12%,但总人口占全国比重达 75.19%,GDP 占全国比重为 80.73%,全社会固定资产投资占全国比重为 82.37%,财政收入占全国比重为 91.19%,社会消费品零售总额占全国比重为 88.17%[②]。城市群已经成为我国经济发展的重要力量。其次,积极培育中小城市发展。2015 年国家调整了城市规模的划分标准,并鼓励发展中等城市,积极发展小城市,引导学校和医疗机构在中小城市布局。最后,积极开展新型城市建设,加强建设创新城市、智慧城市、绿色城市和人文城市试点,推动绿色建筑和绿色交通等。

---

① 19 个城市群指的是长江三角洲城市群、珠江三角洲城市群、京津冀城市群、长江中游城市群、成渝城市群、海峡西岸城市群、辽中南城市群、山东半岛城市群、中原城市群、呼包鄂榆城市群、北部湾城市群、哈长城市群、关中平原城市群、宁夏沿黄城市群、天山北坡城市群、晋中城市群、滇中城市群、黔中城市群、兰西城市群。

② 数据来源:《中国城市年鉴(2019)》。

三、乡村建设与城镇化建设协调发展

党的十八大以来,习近平总书记提出了一系列有关城乡发展的新理论和实践战略,形成了以城乡融合为目标、五大发展理念为引导的城乡协调发展有机体系。

城乡融合目标首先要通过乡村人口的全部脱贫来实现。在全面建成小康阶段,农村是短板,农民增收是关键。精准扶贫精准脱贫工作的展开切实提高了农民收入,促进共同富裕的实现。其次,城乡融合体现在城乡要素的流动性加强,包括人才、资本、技术、数据等要素实现双向流动,提高城乡医疗、教育、卫生、社保等公共服务均等化水平。最后,城乡融合要充分发挥市场的作用,加大市场调节力度,使城市和乡村分别发挥好各自的优势,逐步均衡两者的发展权。

"创新、协调、绿色、开放、共享"五大发展理念引导这一阶段城乡关系的发展。其中,创新是城乡关系发展的核心驱动力,包括农业技术创新、农业生产组织方式创新、农业经营方式创新等"三农"领域的创新和智慧城市、创新城市等新型城市建设等城市发展的创新。协调是城乡关系发展的中心,就是要平衡城乡资源要素分配与流动,统筹推进城乡多方位均衡发展,尤其是机会和权利的均等化。绿色是城乡发展的方式,就是坚持"绿水青山就是金山银山"的理念,改善城乡生态环境,促进城乡资源可持续发展与利用。开放是城乡发展的态势,就是让城乡产业更多地融入国际国内市场。共享是城乡发展的目的,就是要城乡居民共享社会主义建设成果。

2012—2017年底,我国出台了一系列涉及城乡发展的顶层设计和具体规划(图3-10,中央一号文件除外)。在这一系列的政策实施下,我国城乡关系初步协调,城乡居民收入差距持续缩小(图3-11),三次产业结构持续优化(表3-9)。如图4-11所示,2012—2017年城镇居民家庭人均可支配收入和农村居民家庭人均纯收入均在稳定增长,但二者比例逐步缩小,2012年城乡居民收入比为3.1,2012年降到3.03,2014年首次低于3.0,降至2.75,之后持续小幅度下跌。如表3-9所示,我国三次产业中,第一产业和第二产业占比持续缩小,第三产业占比持续增加,2015年第三产业占比

首次超过50%,2017年第三产业占比已经达到58.8%。

表3-9　2012—2017年我国三次产业结构数据

年份	第一产业占比(%)	第二产业占比(%)	第三产业占比(%)	合计(%)
2012	5.2	49.9	44.9	100
2013	4.3	48.5	47.2	100
2014	4.7	47.8	47.5	100
2015	4.6	42.4	52.9	100
2016	4.3	38.2	57.5	100
2017	4.9	36.3	58.8	100

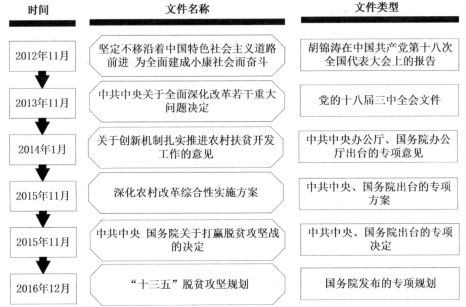

图3-10　2012—2017年我国出台的有关城乡发展文件(中央一号文件除外)

数据来源:《中国统计年鉴》

图 3-11　2012—2017 年我国城乡居民收入情况

第五节
乡村振兴与新型城镇化耦合发展（2018 年至今）

一、着力推进乡村振兴战略

2017 年 10 月，党的十九大顺利召开，明确提出了以"产业兴旺、生态宜居、乡风文明、治理有效、生活富裕"为五大目标的乡村振兴战略。实现城乡融合发展，最艰巨最繁重的任务在农村。推进乡村振兴战略，才能更好实现农村发展、农业发展和农民富裕。2018 年 1 月，国务院颁发中央一号文件《中共中央国务院关于实施乡村振兴战略的意见》，部署了乡村振兴战略三步走的实现步骤：到 2020 年乡村振兴取得重要进展，制度框架和政策体系基本形成；到 2035 年，乡村振兴取得决定性进展，农村农业现代化基本实现；到 2050 年，乡村全面振兴，农业强、农村美、农民富的目标全面实现。

2018 年 9 月，国务院颁发《乡村振兴战略规划（2018-2022）》，明确了乡村振兴的第一阶段为2018—2022年的五年,到2022年,要初步构建起健全的乡村振兴制度框架和政策体系。2019年"两会"期间,习近平总书记再次就乡村振兴作了重要讲话,强调乡村振兴是包含产业振兴、人才振兴、文化振兴、生态振兴和组织振兴的全面振兴。2021年中共中央、国务院公布《关于全面推进乡村振兴加快农业农村现代化的意见》,将工作重心从脱贫攻坚全面转移到乡村振兴上来。

具体来说,这一阶段为实现乡村振兴,中央从多个方面进行了战略部署。

第一,提升农业发展质量,实现产业兴旺。紧紧抓住产业发展这个牛鼻子,坚持质量兴农方针,着力推进农业供给侧结构性改革,不断创新农业生产体系、经营体系、增强农业竞争力、提升全要素生产率。深入实施藏粮于地、藏粮于技战略,建立健全质量兴农评价体系、政策体系和考核体系,同时,建立了农村一、二、三产业一体化发展体系,拉长了产业链,提升了价值链,完善了利益链,积极培育新型农业经营主体,发展现代农业,培育农村发展新动能。

第二,推动乡村绿色发展和生态宜居。协调山水林田湖草系统治理、强化对农村突出环境问题的综合治理、健全以市场为导向的多元化生态补偿机制等,还应加大农业生态产品与服务供给。

第三,繁荣农村文化,实现乡风文明。提升农民精神面貌,积极培育文明乡风、淳朴民风,加强农民思想道德建设,加强农村公共文化建设,适度开展移风易俗活动。

第四,强化农村基层治理,做到治理的有效性。建立和完善党委领导,政府负责,社会协同,大众参与,法治保障的现代乡村治理体制。加强农村基层党组织建设,深化村民自治实践,建设法治乡村,同时,提升乡村德治水平。

第五,提高农村民生保障,实现生活富裕。本着抓重点,补短板,强弱项,真正把注意力放在农民群众最为关心和最实际的直接利益上。把农村教育事业摆在优先发展的战略地位,大力促进农村劳动力转移就业和农民增收,提升农村基础设施,加强社会保障梯子建设。此外,国家和政府也在农村人才培养、制度体制等方面进行了部署与安排。

自乡村振兴战略实施以来,农民收入水平和生活质量得到明显提升,农村环境得到改善,农业发展质量得到提高。

二、新型城镇化高质量推进

2018年开始,我国全面贯彻党的十九大精神,各地区各部门认真贯彻落实国务院决策部署,统一思想,强化协同,有力有序有效推进新型城镇化建设,城镇化发展质量持续提升。具体措施和成就体现在以下几方面:

首先,聚焦促进"人的城镇化",农业转移人口市民化通道得到进一步拓宽。一是户籍制度改革取得进一步突破。通过建立专项工作机制(包括双月调度机制、定期联络员会议机制、定期监测机制等)和举办现场推进会促进地方落户经验交流,顺利实现1亿非户籍人口在城市落户。城区常住人口300万以下城市基本取消落户限制,济南、福州、沈阳、石家庄、南宁等省会城市也取消了落户限制,重庆、东莞分别实施就业居住达3年、5年即可落户的政策。整个"十三五"期间城镇新增落户人口数量高于2004—2014年累计10年的增长。二是居住证制度全面落实。截至2020年底,全国累计发放居住证1.1亿张,且持有居住证居民享受的公共服务和办事便利项目不断增加。三是城镇基本公共服务覆盖范围明显扩大。教育方面,义务教育"两免一补"经费跟随学生流动,惠及1400余万农民工随迁子女。医疗和社会保障方面,基本建立了城乡统一的居民养老保险和医疗保险制度,跨省异地就医直接结算累计人数突破了1000万人次。

其次,城市群和城市圈建设稳步推进,城镇化空间格局进一步优化。一是全面确立了城市群主体形态,京津冀、长三角、珠三角、成渝城市群等竞争力显著增加,成为带动全国经济高质量发展的动力源。同时,城市群一体化发展水平得到提高,长江中游、关中平原、兰州—西宁等城市群建立了省际常态化协商管理机制,开展多方位合作。二是都市圈建设有序推进。南京、杭州、福州等都市圈规划印发实施,多个都市圈同城化水平显著提升,城际铁路、市域铁路建设促进通勤网络更加便捷,政务跨界治理取得明显突破。三是城市规模结构继续优化。北上广深等城市龙头作用进一步凸显,中心城市辐射效应显著。同时,加快培育中小城市,城市数量2020年达到685个。

再次,城市经济质量和综合承载能力稳步提高,城市可持续发展能力显著增强。一是城市经济结构更加优化,创新发展战略成效显著。2020年我国三次产业比重调整为 7.7∶37.8∶54.5。城镇就业比重达到 61.6%。同时,城市科技创新能力显著提升,数字技术、人工智能技术的应用使得创新型城市发展迅速,全国 78 个创新型城市集中了全国 75% 的科研经费投入和 80% 的高新技术企业。二是城市基础设施承载能力显著提升。城镇保障性安居工程建设惠及 1088 万户居民,城市市政公用设施不断完善,污水处理率超过 97%,生活垃圾无公害处理率超过 99%,5G 基站初步覆盖地级以上城市。三是绿色城市和智慧城市建设扎实推进,效果显著。2020年,城市建成区绿化覆盖率达到 42.1%,生活垃圾分类处理系统小区覆盖率达到 96%,可再生能源消费比例超过 13.6%。地级市及以上城市全部建成数字化管理平台,80 个城市开展了"互联网+政务服务"信息惠民试点①。

最后,统筹推进土地、融资、住房等领域改革,新型城镇化健康发展的制度环境持续改善。一是土地改革稳步推进。基本完成了农村承包地的确权登记颁证工作,颁证率超过 96%,三权分置改革有序推进,有力促进农村土地流转和规模化经营。农村宅基地使用权确权登记率也达到 83.8%,并且在全国 104 个县和 3 个地级市开展了农村宅基地制度改革试点工作。二是城镇化投资融资机制不断创新。一方面,允许地方政府发行债券,纳入预算管理;另一方面,允许政府和社会资金合作,不断加大开发性、政策性或商业性金融对新型城镇化建设的支持力度。三是城镇住房制度不断健全。构建了多主体供给、多渠道保障、租购并举的住房制度,公租房和廉租房并轨运行,租赁补贴持续推进。2020 年底,已经有多达 3800 余万困难群众住进公租房,累计 2200 余万群众领到了租赁补贴。

三、乡村振兴与新型城镇化耦合发展

这一阶段,乡村振兴与新型城镇化战略分别得到显著成绩,二者耦合发展重点体现在城乡融合发展。党的十九大报告鲜明地指出,要"建立健

---

① 数据来源:国家统计局官网(http://www.stats.gov.cn/xxgk/jd/sjjd2020/202210/t20221008_1888970.html)。

全城乡融合发展体制机制和政策体系,加快推进农业农村现代化"。2019年党中央、国务院印发《中共中央 国务院关于建立健全城乡融合发展体制机制和政策体系的意见》,提出了推进城乡融合发展的一系列体制机制改革措施。同年,《国家城乡融合发展试验区改革方案》出台,确立了11个国家城乡融合发展试验区。2022年3月,国家发改委印发《2022年新型城镇化和城乡融合发展重点任务》,致力于打造人民高品质生活空间。

这一阶段,新型城镇化的建设,有力助推了城乡融合发展,特别是促进城乡人口要素的自由流动。一方面,户籍制度逐步放开,国家出台了特大城市积分落户制度、居住证制度、全面取消城区常住人口300万以下的城市落户限制等户籍制度,突破了城乡分割的二元户籍体制限制。另一方面,新型城镇化发展促进农村劳动力向城市转移,农业转移人口市民化通道进一步放宽。从2018—2020年,中国的常住人口城镇化率从59.58%提高到63.89%,同时,城镇基本公共服务加快向未落户的农业转移人口覆盖,86%的农民工随迁子女在流入地可以享受公办或政府购买学位的义务教育,年均培训农民工超过2000万人次。此外,随着农村交通设施逐步优化,城镇土地成本上升,乡村旅游业等的发展,农民工开始返乡创业,且落脚点逐渐从家乡乡村所在县城、中心镇回到乡村,实现工商资本下乡,这对乡村发展起到重要作用。

乡村振兴战略旨在修正过去"以城带乡""以工促农"形成的弊端,打破政府单一主体,促进生产要素在城乡之间合理流动和平等交换。城乡融合发展强调平等互助和共建共享,强调农村和城市居民的生产生活水平和人均环境差别缩小,注重城乡公共福利与公共服务的均等。实现城乡平衡协调发展,根本出路在于城乡融合。城乡融合发展在2018年后实现新的突破,主要体现在以下几点:一是城乡基本公共服务均等化水平逐步提高,城乡统一的居民养老保险和医疗保险制度基本建立,绝大多数县域的义务教育实现城乡均衡发展,建成了一批城乡学校共同体。县域内医院就诊率超过90%,并且基本消除了乡村两级的医疗机构空白。二是城乡基础设施一体化建设取得初步成效。县域信息化水平稳步提高,农村自来水普及率、生活垃圾无害化处理率明显提升。三是农村逐步构建三产融合体系,逐步提升现代农业发展水平。农业信息化和机械化水平明显提高,新型农业经营主体与农业龙头企业蓬勃发展,实现数亿小农户与市场有效衔接。可见,这一阶段已经基本实现乡村振兴与新型城镇化的良好互动和耦合发展。

第六节
乡村发展与城镇化耦合发展的基本特征与存在的问题

一、乡村发展与城镇化耦合发展的基本特征

从乡村发展与城镇化耦合发展历程来看,我们可以总结出乡村发展与城镇化耦合发展的基本特征:

第一,政策变化是推动乡村发展与城镇化耦合发展的重要动力。乡村振兴与新型城镇化两大战略的提出本身就具有鲜明的政策性特点。新中国成立以来,城乡之间关系的发展演变受到的政策影响是非常显著的。新中国成立初期,快速推进工业化、单一公有制、计划经济体制、严格的户籍制度、统筹统销制度、人民公社制度等政策制度使得城乡二元结构凸显;改革开放后,农村包产到户、包干到户以及家庭联产承包责任制的推行,人民公社制度与统购统销制度的废止以及户籍制度的松动,使得城乡关系得以缓解;新农村建设以及新型城镇化战略提出以后,农村得到前所未有的发展机遇,城乡差距逐步缩小,城乡发展开始走向均衡;党的十九大以来,随着乡村振兴战略的推进以及新型城镇化的高质量发展,城乡走向融合发展态势,逐步形成城乡互促、工农互助的新局面。

第二,农村发展是缩小城乡差距的重要途径。总体来说,城镇化建设从始至终的发展相对平稳,对城镇一直采取支持、鼓励发展的政策,政策方向变化不大,而农村改革深刻地影响着城乡差距变化。新中国成立初期,城市偏向的发展政策严重限制了农村的发展,一系列制度安排严重束缚了农村生产力发展,使得城乡差距明显扩大。改革开放后,农村改革解放了农村生产力,调动了农民积极性,从而逐步实现了城乡差距的缩小。之后,

随着新农村建设、乡村振兴战略相继提出,农村实现跨越式发展,才使得城乡关系开始走向协调。

第三,户籍制度是影响城乡要素流动的关键因素。在影响城乡要素流动的因素中,户籍制度至关重要,户籍制度使得城乡之间的人口流动变形,我国的户籍制度限制了人口的永久性迁移,而只允许暂时性流动。人口的迁移流动主要受迁入地的拉力和迁出地的推力作用影响。城市与农村分别都有自己的拉力因素和推力因素,因此,城乡之间的人口流动应该既有迁移也有回流。但人为的户籍制度使得城市或农村人口流动的推拉因素失效。户籍制度不仅直接限制了城乡之间人口的自由流动,而且间接影响城乡之间的资金、土地、技术等的自由流动。因此,要想促进城乡之间要素的自由流动,户籍制度改革必须是第一位的。

二、乡村发展与城镇化耦合发展中存在的问题

综合来看,乡村发展与城镇化耦合发展中仍然存在的问题有以下四个:

第一,产业融合发展有待继续深化。虽然近年来农业发展取得了显著成绩,但城乡产业发展水平仍存在较大差距。首先,农业劳动生产率比较低,而且农产品有时相对过剩,有时也会出现短缺,短期内难以解决这种农业周期问题,同时形成带动作用的龙头企业较少。其次,农村新产业、新业态、新品牌发育不足,相应的产业规模小、品牌弱、生产标准化水平较低、发展极不规范。再次,也是最重要的,农业与二三产业融合发展度较低,农产品仓储物流业、农产品加工业发展水平滞后,严重影响了农业与旅游、销售、教育文化、健康养老等业态的融合。农业产业链条相对较短,附加值不高。最后,农业发展模式单一,没有突出地方特色,没有形成品牌效应,乡村产业质量和效益有待提升。

第二,空间载体建设不系统不完善。目前,我国的城乡发展空间结构仍然存在城乡空间规划不系统、基础设施建设不完善、基础设施运营管护不力等问题,与新时代国民经济发展的新需求存在差距。首先,城乡空间规划不系统,尤其是产业发展的空间载体建设不规范,现有的大多数农业产业园区规划比较粗糙,发展粗放,且同质化现象严重。而城镇的产业园区与乡村联系较弱,产业关联度弱,农民参与度很低,城镇工业园区对农村农民的带动作用较弱。其次,城乡基础设施建设不完善,且城乡差距显著。农村校舍硬件设施较落后,医疗设施条件也比较滞后,自来水普及率、卫生厕所普及率、生活污水处理率都有待提高,道路存在安全隐患较多等。最后,城乡基础设施运营管护有待加强。尤其是农村基础设施管护几乎处于无人负责状态。

第三,城乡之间要素体制性分割明显。无论是土地要素、资金要素、人口要素还是技术要素等在城乡之间的自由流动都受到了限制,城乡分割的土地制度、金融制度以及户籍制度等,形成城乡要素流动的体制性障碍。这些障碍一直从新中国成立持续到如今,只是在不同时期表现形式和阻碍程度不同。新中国刚成立时,城乡要素体制性分割因素较少,城乡之间的要素流动相对自由。但1953年以后,优先发展重工业战略的实施,使得农产品相对短缺,加上统购统销制度、人民公社制度以及户籍制度,严重阻碍了城乡之间要素的自由流动。改革开放后,随着户籍制度的松动以及市场经济的发展,城乡之间要素流动障碍减少,但大城市的落户仍然存在诸多限制。进城务工的农民群体形成了"农民工",但"农民工"与城镇居民的福利待遇、就业选择、劳动保障、享受的公共服务等权益还存在显著差距。即使十九大以后,虽然城乡关系得到一定改善,但城乡之间要素流动的体制性障碍仍然存在。

第四,相关制度供给建设有待加强。乡村振兴与新型城镇化耦合协调发展需要一系列相关的制度供给,包括但不限于农业支持保护机制、农民就业与增收机制、社会智慧治理机制、生态保护机制,等等。这些体制机制目前仍然存在较多问题,需要加强制度供给建设。例如,农业支持保护机制存在短期性问题以及重购销环节轻视生产环节、忽视农业保险扶持等问题。具体来说,首先,我国农业支持保护体系政策的制定多与当期国家制定的农村经济政策高度相关,而非财政预算的固定部分。农业补贴出现安排不固定、补贴利益分配不公等随意性问题,补贴效率较低,农民对国家的农业支持保护体系缺乏长期稳定的预期。其次,我国农业支持保护体系向来重视农产品的流通,而轻视农产品的生产环节,忽视了对农民直接收入的补贴。最后,现有的农业支持保护体系忽视了对农业保险的扶持,农业保险覆盖范围较窄,农业保险险种增加缓慢,不足以很好地符合实际需要。农业保险业务急需扩展。

总之,乡村振兴与新型城镇化的耦合发展经历了一个漫长的历史过程,积累了大量实践经验,也存在各种各样的问题,需要在今后的发展过程中努力攻坚克难,实现二者良好的耦合互动发展。

第四章
乡村振兴与新型城镇化耦合水平评价

第一节
乡村振兴水平与新型城镇化水平评价

一、指标体系构建、评价方法选择与权重计算

1.指标体系构建

（1）指标体系构建原则与依据

多指标综合评价的指标体系构建应该至少遵循科学性、全面性、可比性、可操作性等原则。其中，科学性是指评价指标体系要科学合理地反映评价对象的内涵，能够反映评价对象的客观现实。具体到本书的研究内容，乡村振兴评价指标体系要科学地反映乡村振兴的内涵，要能够客观地描述清楚乡村振兴发展的实际情况；新型城镇化评价指标体系要能够科学地反映新型城镇化的内涵，要能够客观体现新型城镇化的发展情况。全面性是指评价指标体系要全面反映评价对象的具体内容，能够全面地反映评价对象的发展情况。例如，乡村振兴评价指标体系要全面反映乡村振兴的具体内容，新型城镇化评价指标体系要全面综合地反映新型城镇化的具体内容。可比性就是评价指标体系要能够使得评价结果横向、纵向可以相互比较，指标口径要一致，保证指标体系在横截面维度和历史发展维度可对比。也就是说,乡村振兴评价指标体系或新型城镇化评价指标体系构建要使所有指标口径统一,算出来的乡村振兴指数和新型城镇化指数以及二者耦合协调发展度都能够实现横向和纵向比较。可操作性,就是指评价指标体系构建的指标数据具有可获得性和精确性,在经济上和技术上是可行的,并且数据具有可综合性,取得数据的经济成本要在可承受范围内,此外,取得数据的手段或工具要明细化和量态化,如此,指标体系才具有可操作性。

乡村振兴与新型城镇化耦合水平判定的指标体系构建要详细参考理论依据、现实依据和技术依据等。其中,理论依据是指乡村振兴与新型城镇化耦合水平判定的指标体系要严格依据乡村振兴与新型城镇化的理论内涵、乡村振兴与新型城镇化耦合发展的理论内涵来构建。乡村振兴与新型城镇化耦合发展的表现、依据、机理等内容已经在第二章详细介绍过,此处不再赘述。乡村振兴与新型城镇化耦合水平评价的指标体系要严格按照二者耦合的内涵、表现、依据和机理来构建,不能脱离理论框架。现实依据是指乡村振兴与新型城镇化耦合水平评价指标体系构建要依据乡村振兴与新型城镇化实际情况,能够准确反映社会客观现实,根据实地调研情况,构建能够反映二者实际耦合水平的指标体系。技术依据是指构建指标体系的时候要综合考虑评价方法的有效性以及数据可得性,要考虑指标体系与评价方法的适用性和数据可获取性。

乡村振兴与新型城镇化耦合水平评价指标体系构建可以综合运用理论分析法、文献研究法、专家咨询法等方法。首先,本书指标体系严格按照对乡村振兴与新型城镇化耦合分析的理论框架来构建,通过理论分析法理清乡村振兴与新型城镇化评价的准则层指标。其次,通过阅读大量文献,从中找出文献中相关指标体系构建的共同点和差异,科学分析,从而初步选取具体指标。最后,咨询城乡发展方面的专家学者,完善初步构建出来的指标体系。

(2)指标体系构建结果

根据第一章对乡村振兴与新型城镇化内涵的界定可知,乡村振兴至少包含五个方面的内容,即产业兴旺、生态宜居、乡风文明、治理有效和生活富裕,具体反映每个方面的指标如表4-1所示。其中,产业兴旺是乡村振兴的关键,是农村农民农业发展的基础,其内涵不仅包括农业总体发展水平的提高,还包括农业现代化程度的提高、农业生产效率和水利情况的改善,因此其衡量也要包含粮食综合生产能力、农业机械现代化程度、农业劳动生产率、土地生产率、农林牧渔产值指数和节水灌溉耕地面积占比。生态宜居是农村居民生活质量提高的体现,其衡量要体现农村生活环境的改善、对农村环境污染的控制和森林覆盖情况。因此,反映生态宜居的指标包括农村卫生厕所普及率、单位耕地化肥使用量、单位耕地塑料薄膜使用量和森林覆盖率。乡风文明是乡村振兴的精神保障,其衡量要体现乡村居民的娱乐支出情况、受教育程度等,采取农村居民教育文化娱乐支出比、农村居民高中及以上学历占比两个指标来反映其基本情况。治理有效是乡村振兴政治建设的基础,其衡量不仅要体现乡村的基层治理体系情况,还要体现乡村治理的效果,包括村党组织书记兼任村委会主任的村占比、村民委员会中党员比例、村民委员会中本科及以上学历普及率和村民选举投票率。生活富裕是乡村振兴的根本目标,农村消除贫困、生活水平和质量提高,并且城乡差距得到缩小是生活富裕的根本体现,因此选取农村贫困发生率、农村居民家庭恩格尔系数、城乡居民消费比、城乡居民收入比来反映其基本情况。

新型城镇化是以"人的城镇化"为核心,以城乡统筹、产业互动、节约集约、环境友好、经济高效、社会和谐为基本特征的城镇化,具体可以通过人口城镇化、经济城镇化、社会城镇化、空间城镇化和生态城镇化等准则层来反映,各准则层的具体指标如表4-1所示。其中,人口城镇化要体现人口城镇化率和就业结构,因此可通过城镇化率和二三产业从业人员比重来反映;经济城镇化要体现经济总量、产业结构、财政支出结构、投资和城镇居民收入与消费,因此可通过人均GDP、二三产业产值占GDP比重、人均公共服务财政支出、城镇固定资产投资额、城镇居民人均可支配收入和城镇居民人均消费性支出来反映;社会城镇化要体现教育、医疗、社保及公共基础设施和服务,因此可通过万人在校大学生人数、万人拥有公共图书馆馆藏量、千人医疗机构卫生床位数、千人医疗机构卫生技术人员数、城镇养老保险参保比重、城市万人拥有公交车辆数、城市万人拥有公共厕所数量来反映;空间城镇化不仅要体现空间的大小还要体现空间密度,因此可通过城市人均拥有道路面积和城市人口密度来反映;生态城镇化全面体现城镇的生态环境和污染治理,因此可通过建成区绿化覆盖率、城市人均公园绿地面积、城市生活垃圾无公害处理率、城市生活污水处理率来反映。

表4-1 中国乡村振兴和新型城镇化耦合协调度评价指标体系

总目标层	次目标层	准则层	指标层	计算公式(单位)	属性
乡村振兴与新型城镇化耦合协调度	乡村振兴	产业兴旺	粮食综合生产能力	粮食产量/总人口(千克/人)	正
			农业机械现代化程度	机械总动力/耕地面积(千瓦/公顷)	正
			农业劳动生产率	第一产业总产值/乡村从业人员(万元/人)	正
			土地生产率	第一产业增加值/耕地面积	正
			农林牧渔产值指数	(%)	正
			节水灌溉耕地面积占比	节水灌溉面积/耕地面积(%)	正
		生态宜居	农村卫生厕所普及率	(%)	正
			单位耕地化肥使用量	化肥使用量/耕地面积(吨/公顷)	负
			单位耕地塑料薄膜使用量	塑料薄膜使用量/耕地面积(吨/公顷)	负
			森林覆盖率	林业面积/总面积(%)	正
		乡风文明	农村居民教育文化娱乐支出比	农村居民教育文化娱乐支出/总支出(%)	正
			农村居民高中及以上学历占比	农村居民平均每百个劳动力中高中以上学历之和(%)	正
		治理有效	村党组织书记兼任村委会主任的村占比	主任、书记"一肩挑"村委会数/村民委员会数	正
			村民委员会中党员比例	村民委员会中党员数/村民委员会成员数(%)	正
			村民委员会中本科及以上学历普及率	村民委员会成员中本科及以上人员数/村民委员会成员数(%)	正
			村民选举投票率	村民参加投票人数/登记选民数(%)	正
		生活富裕	农村贫困发生率	(%)	负
			农村居民家庭恩格尔系数	(%)	负
			城乡居民消费比	城镇居民消费水平/农村居民消费水平	负
			城乡居民收入比	城镇居民家庭可支配收入/农村常住居民人均可支配收入	负

续表

总目标层	次目标层	准则层	指标层	计算公式（单位）	属性
乡村振兴与新型城镇化耦合协调度	新型城镇化	人口城镇化	城镇化率	（%）	正
			二三产业从业人员比重	（第二产业从业人员+第三产业从业人员）/总从业人员	正
		经济城镇化	人均GDP	（元）	正
			二三产业产值占GDP比重	（第二产业生产总值+第三产业生产总值）/GDP	正
			人均公共服务财政支出	一般公共服务支出/常住人口（万元/人）	正
			城镇固定资产投资额	（万元）	正
			城镇居民人均可支配收入	（元）	正
			城镇居民人均消费性支出	（元）	正
		社会城镇化	万人在校大学生人数	（人）	正
			万人拥有公共图书馆藏量	（册）	正
			千人医疗机构卫生床位数	（张）	正
			千人医疗机构卫生技术人员数	（人）	正
			城镇养老保险参保比重	（%）	正
			城市万人拥有公交车辆数	（标台）	正
			城市万人拥有公共厕所数量	（座）	正
		空间城镇化	城市人均拥有道路面积	（平方米）	正
			城市人口密度	（人/平方公里）	正
		生态城镇化	建成区绿化覆盖率	（%）	正
			城市人均公园绿地面积	（平方米）	正
			城市生活垃圾无公害处理率	（%）	正
			城市生活污水处理率	（%）	正

2.评价方法选择

多指标综合评价方法有很多种，大体来说分为两大类，即主观赋权方法和客观赋权方法。主观赋权方法包括专家打分法、层次分析法、均权法等。客观赋权方法包括主成分分析方法、熵值法、均方差决策法等。主观赋权方法能够体现研究人员对研究主体中各指标重要程度的认识,客观赋权方法能够体现数据本身的变异信息。

本书采用熵值法与均权法相结合的赋权方法。具体来说,指标层到准则层的赋权方法采用熵值法赋权,准则层到目标层的赋权方法为均权法。这是因为指标层到准则层的权重需要尊重数据的客观特征,采用熵值法可以充分利用数据自身信息,而准则层到目标层的权重设定则相对主观,根据相关文件指示,新型城镇化五个准则层对新型城镇化水平的作用应该是相同的,乡村振兴五个准则层对乡村振兴水平的作用也应该是相同的,因此采用均权法,即每个准则层均赋权0.2。

3.权重计算

本书研究采用的数据均来源于2008—2021年的《中国统计年鉴》《中国人口和就业统计年鉴》《中国城市统计年鉴》《中国投资领域统计年鉴》《中国环境统计年鉴》《中国农村统计年鉴》《中国民政统计年鉴》《中国农村贫困监测统计年鉴》以及各省市统计年鉴和CNKI统计数据库,部分缺失数据进行线性插值法补全。

由于原始数据指标方向不一致,计量单位也不一致,因此先要做标准化处理,本书的处理方式采取以下公式:

$$\text{正指标}: X'_{ij} = \frac{X_{ij} - \min\{X_j\}}{\max\{X_j\} - \min\{X_j\}} + 0.01 \quad (4.1)$$

$$\text{负指标}: X'_{ij} = \frac{\max\{X_j\} - X_{ij}}{\max\{X_j\} - \min\{X_j\}} + 0.01 \quad (4.2)$$

其次,对数据进行归一化处理,处理公式如下:

$$Y_{ij} = \frac{X'_{ij}}{\sum_{i=1}^{m} X'_{ij}} \quad (4.3)$$

最后,采用熵值法对预处理之后数据进行赋权,计算方法如下:

第一步,信息熵计算:

$$e_j = -K \sum_{i=1}^{m} (Y_{ij} * \ln Y_{ij}) \quad (4.4)$$

$$\text{其中 } K = \frac{1}{\ln m} \quad (4.5)$$

第二步,信息熵冗余度计算：
$$d_j = 1 - e_j \tag{4.6}$$

第三步,指标权重计算：
$$w_j = \frac{d_j}{\sum_{j=1}^{n} d_j} \tag{4.7}$$

根据以上步骤,计算得到的新型城镇化指标权重和乡村振兴指标权重如表 4-2 所示。

表 4-2　中国乡村振兴和新型城镇化水平评价指标权重

总目标层	次目标层	准则层	指标层	指标层到准则层的权重	指标层到目标层的权重
乡村振兴与新型城镇化耦合协调度（F）	乡村振兴（R）	产业兴旺（0.2）	粮食综合生产能力	0.162	0.032
			农业机械现代化程度	0.160	0.032
			农业劳动生产率	0.107	0.021
			土地生产率	0.377	0.075
			农林牧渔产值指数	0.011	0.002
			节水灌溉耕地面积占比	0.182	0.036
		生态宜居（0.2）	农村卫生厕所普及率	0.299	0.060
			单位耕地化肥使用量	0.661	0.132
			单位耕地塑料薄膜使用量	0.012	0.002
			森林覆盖率	0.029	0.006
		乡风文明（0.2）	农村居民教育文化娱乐支出比	0.409	0.082
			农村居民高中及以上学历占比	0.591	0.118
		治理有效（0.2）	村党组织书记兼任村委会主任的村占比	0.331	0.066
			村民委员会中党员比例	0.044	0.009
			村民委员会中本科及以上学历普及率	0.607	0.121
			村民选举投票率	0.017	0.003
		生活富裕（0.2）	农村贫困发生率	0.131	0.026
			农村居民家庭恩格尔系数	0.383	0.077
			城乡居民消费比	0.218	0.044
			城乡居民收入比	0.268	0.054

续表

总目标层	次目标层	准则层	指标层	指标层到准则层的权重	指标层到目标层的权重
乡村振兴与新型城镇化耦合协调度（F）	新型城镇化（U）	人口城镇化（0.2）	城镇化率	0.500	0.100
			二三产业从业人员比重	0.500	0.100
		经济城镇化（0.2）	人均GDP	0.115	0.023
			二三产业产值占GDP比重	0.013	0.003
			人均公共服务财政支出	0.189	0.038
			城镇固定资产投资额	0.449	0.090
			城镇居民人均可支配收入	0.117	0.023
			城镇居民人均消费性支出	0.117	0.023
		社会城镇化（0.2）	万人在校大学生人数	0.108	0.022
			万人拥有公共图书馆馆藏量	0.254	0.051
			千人医疗机构卫生床位数	0.276	0.055
			千人医疗机构卫生技术人员数	0.094	0.019
			城镇养老保险参保比重	0.084	0.017
			城市万人拥有公交车辆数	0.098	0.020
			城市万人拥有公共厕所数量	0.086	0.017
		空间城镇化（0.2）	城市人均拥有道路面积	0.434	0.087
			城市人口密度	0.566	0.113
		生态城镇化（0.2）	建成区绿化覆盖率	0.119	0.024
			城市人均公园绿地面积	0.501	0.100
			城市生活垃圾无公害处理率	0.208	0.042
			城市生活污水处理率	0.172	0.034

从乡村振兴各指标权重来看，对乡村振兴水平影响最大的几个指标为单位耕地化肥使用量、村民委员会中本科及以上学历普及率、农村居民高中及以上学历占比、农村居民家庭恩格尔系数和土地生产率，对乡村振兴的权重分别为0.132、0.121、0.118、0.077和0.075。其中，单位耕地化肥使用量权重最大，说明生态宜居中耕地保护的区域差异较大，有的省份单位耕地化肥使用量仍然较大，需要注意改善。而从村民委员会中本科及以上学历普及率指标层，可见乡村治理中村民委员会成员的学历对乡村振兴作用显著，本科及以上学历普及率越高，对乡村振兴的提振作用越大。同理，

乡风文明中农村居民高中及以上学历占比的权重也较大,对乡村振兴发挥的作用不可小觑。可见,文化水平的提高不仅可以从治理有效角度提高乡村振兴水平,而且有利于改善乡风文明,从而提高乡村振兴水平。最后,生活富裕准则层中的农村居民家庭恩格尔系数和产业兴旺中的土地生产率权重也较高,可见,农村居民生活水平的提高和农业生产效率的提高对乡村振兴的促进作用是显著的。

从新型城镇化各指标权重来看,对新型城镇化影响最大的几个指标为城市人口密度、城市人均公园绿地面积、城镇化率、二三产业从业人员比重和城镇固定资产投资额,对新型城镇化的权重分别为 0.113、0.100、0.100、0.100 和 0.09。首先,城市人口密度权重最大,为 0.113,可见,空间城镇化中各省份的城市人口密度差异较大,对新型城镇化建设影响显著。其次,生态城镇化中城市人均公园绿地面积权重也较大,城市生态环境的改善对新型城镇化的作用明显。再次,人口城镇化中的两个指标,城镇化率和二三产业从业人员比重权重都比较大,对新型城镇化的影响仍然十分显著,可见,无论是单纯的城镇化率,还是城镇就业比重,对新型城镇化的促进作用还是相当明显的。最后,经济城镇化中城镇固定资产投资额的权重也不小,说明城镇投资也还是城镇化建设的一个抓手。

二、乡村振兴水平评价分析与区域差异分解

将标准化后的指标数据与以上所得权重进行加权求和计算得到的 2008—2020 年中国乡村振兴指数如图 4-1 所示,各准则层指数见表 4-3。

由图 4-1 可知,中国 2008—2020 年乡村振兴指数逐年上升,且增速逐步放缓。2008 年中国乡村振兴指数为 0.288,2009 年增长至 0.308,2012 年乡村振兴指数增速明显上升,但在 2014 年之后增速显著降低,从 2014 年到 2022 年,8 年时间仅增长了 0.035。2020 年乡村振兴指数为 0.411。

从乡村振兴的准则层来看,中国生活富裕指数、产业兴旺指数和生态宜居指数都呈现逐年递增趋势,但是生活富裕指数水平较高,且增速最快。产业兴旺指数一直处于最低水平,增速居中,可见,产业兴旺有极大的发展空间。生态宜居指数比较平稳,一直保持在居中水平。治理有效指数出现轻微下降,有可能是农村人才流失所致。乡风文明指数波动变化,发展不

稳定,有待改善(表4-3)。

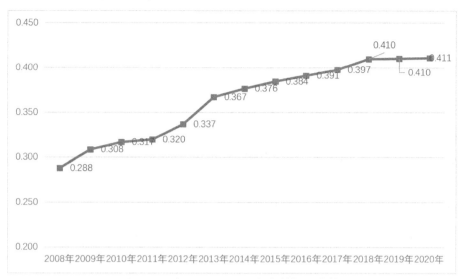

图4-1 中国2008-2020年乡村振兴指数

表4-3 中国乡村振兴各准则层指数

时间	产业兴旺指数	生态宜居指数	乡风文明指数	治理有效指数	生活富裕指数
2008年	0.080	0.348	0.360	0.232	0.419
2009年	0.078	0.377	0.368	0.250	0.468
2010年	0.084	0.396	0.374	0.249	0.480
2011年	0.092	0.404	0.328	0.245	0.530
2012年	0.099	0.415	0.383	0.237	0.551
2013年	0.100	0.425	0.453	0.235	0.622
2014年	0.104	0.448	0.403	0.236	0.691
2015年	0.109	0.458	0.411	0.234	0.711
2016年	0.111	0.466	0.467	0.192	0.719
2017年	0.114	0.473	0.470	0.182	0.749
2018年	0.117	0.473	0.481	0.196	0.782
2019年	0.125	0.473	0.436	0.213	0.804
2020年	0.139	0.473	0.396	0.246	0.801

下面分析中国各省份的乡村振兴水平。各省的乡村振兴指数测度结果如表4-4所示。从时间维度看,绝大部分省份乡村振兴指数呈现波动

上升趋势。2008年,所有省份的乡村振兴指数均在0.5以下,2009年只有北京的乡村振兴指数超过0.5。2010年,浙江的乡村振兴指数首次达到0.5以上。2011年同2010年一致,只有北京和浙江的乡村振兴指数超过0.5,但浙江的乡村振兴指数在2012年显著降低至0.5以下,2013年又涨回0.5以上。2014—2016年,仍然只有北京和浙江的乡村振兴指数在0.5以上。2017年绝大部分省份的乡村振兴指数在0.3~0.5之间,只有西藏的指数低于0.3,北京、浙江、湖北、广东、海南的指数高于0.5。2018年,福建、湖南、江西、广西的乡村振兴指数首次超过0.5,2019年北京的乡村振兴指数开始高于0.6,黑龙江的乡村振兴指数高于0.5。2020年,大部分省份的乡村振兴指数与2019年相差不大。

从空间维度来看,乡村振兴指数的空间差异大于新型城镇化指数,也可以明显看出,东部地区的乡村振兴指数大于中部地区,中部地区的乡村振兴指数大于西部地区,但是地区间差异呈现逐步缩小趋势。北京的乡村振兴指数一直领先于其他省市。

表4-4 2008—2020年中国各省乡村振兴指数

省份	2008	2009	2010	2011	2012	2013	2014	2015	2016	2017	2018	2019	2020
北京市	0.495	0.519	0.544	0.547	0.545	0.557	0.560	0.562	0.548	0.548	0.589	0.616	0.620
天津市	0.338	0.347	0.360	0.365	0.361	0.385	0.393	0.405	0.388	0.392	0.437	0.449	0.422
河北省	0.299	0.319	0.328	0.324	0.335	0.357	0.369	0.400	0.414	0.421	0.444	0.444	0.435
山西省	0.303	0.317	0.323	0.325	0.339	0.396	0.386	0.391	0.395	0.386	0.383	0.385	0.374
内蒙古	0.263	0.269	0.278	0.304	0.308	0.359	0.376	0.388	0.406	0.415	0.432	0.425	0.438
辽宁省	0.352	0.375	0.382	0.392	0.374	0.429	0.429	0.434	0.435	0.439	0.437	0.434	0.436
吉林省	0.363	0.388	0.400	0.400	0.401	0.442	0.447	0.429	0.452	0.455	0.460	0.457	0.443
黑龙江	0.377	0.409	0.417	0.407	0.392	0.436	0.451	0.459	0.458	0.455	0.462	0.529	0.453
上海市	0.410	0.453	0.460	0.418	0.449	0.435	0.431	0.456	0.401	0.428	0.475	0.478	0.473
江苏省	0.355	0.382	0.405	0.392	0.380	0.436	0.439	0.443	0.434	0.438	0.452	0.453	0.440
浙江省	0.479	0.491	0.505	0.500	0.430	0.540	0.558	0.564	0.570	0.575	0.510	0.520	0.595
安徽省	0.280	0.291	0.315	0.303	0.306	0.337	0.352	0.357	0.369	0.388	0.421	0.419	0.417

续表

省份	2008	2009	2010	2011	2012	2013	2014	2015	2016	2017	2018	2019	2020
福建省	0.375	0.385	0.396	0.395	0.395	0.465	0.455	0.463	0.477	0.482	0.512	0.523	0.522
江西省	0.359	0.360	0.377	0.380	0.392	0.427	0.431	0.452	0.466	0.476	0.513	0.485	0.497
山东省	0.402	0.419	0.425	0.432	0.432	0.466	0.471	0.480	0.470	0.472	0.461	0.461	0.463
河南省	0.319	0.341	0.345	0.354	0.363	0.404	0.409	0.421	0.422	0.422	0.439	0.436	0.449
湖北省	0.327	0.354	0.357	0.374	0.383	0.451	0.469	0.477	0.490	0.502	0.514	0.512	0.506
湖南省	0.327	0.359	0.368	0.367	0.374	0.433	0.447	0.468	0.486	0.494	0.503	0.489	0.596
广东省	0.378	0.386	0.400	0.383	0.381	0.420	0.478	0.475	0.484	0.506	0.526	0.525	0.504
广西	0.261	0.310	0.316	0.323	0.341	0.417	0.413	0.431	0.469	0.485	0.501	0.496	0.488
海南省	0.374	0.386	0.397	0.376	0.395	0.446	0.461	0.456	0.494	0.502	0.528	0.499	0.507
重庆市	0.224	0.245	0.270	0.287	0.298	0.349	0.339	0.361	0.371	0.400	0.420	0.426	0.415
四川省	0.236	0.288	0.290	0.296	0.304	0.352	0.350	0.359	0.362	0.373	0.387	0.386	0.398
贵州省	0.162	0.192	0.212	0.198	0.216	0.297	0.295	0.315	0.375	0.398	0.397	0.401	0.385
云南省	0.239	0.265	0.285	0.297	0.283	0.362	0.371	0.382	0.401	0.420	0.438	0.425	0.433
西藏	0.132	0.142	0.150	0.152	0.181	0.162	0.177	0.182	0.180	0.206	0.224	0.223	0.218
陕西省	0.265	0.287	0.309	0.317	0.318	0.375	0.372	0.386	0.403	0.396	0.418	0.439	0.424
甘肃省	0.196	0.218	0.223	0.243	0.240	0.305	0.297	0.311	0.329	0.329	0.346	0.342	0.390
青海省	0.174	0.312	0.214	0.316	0.251	0.282	0.282	0.299	0.321	0.318	0.316	0.309	0.315
宁夏	0.206	0.231	0.258	0.269	0.264	0.324	0.343	0.357	0.356	0.367	0.379	0.389	0.374
新疆	0.205	0.240	0.277	0.279	0.289	0.330	0.340	0.342	0.350	0.350	0.357	0.355	0.364

在此基础上,我们可以分析乡村振兴水平的区域差异。为了测算乡村振兴水平的地区差异,我们引入两个最常用的指标,一个是变异系数,一个是锡尔指数。其中,变异系数反映单位间的离散程度,可以用来测度省份之间的乡村振兴水平的整体差异,锡尔指数可以对省份和区域之间的差异进行分解。

令 Y_{it} 表示 i 省份 t 年的乡村振兴水平,$E(Y_t)$ 为第 t 年所有省份或各区域的均值,σ_t 为对应第 t 年的标准差,则变异系数计算公式为:

$$V = \frac{\sigma_t}{E(Y_t)} \tag{4.8}$$

参照段娟等(2006)、周江燕等(2014)的做法,锡尔指数 T 的计算公式如下:

首先,$S_{it} = \frac{Y_{it}}{\sum Y_{it}}$,表示 i 省份 t 年乡村振兴水平占全国的份额,n 表示省份的个数。T_{dt}、T_{zt}、T_{xt}、T_{bt} 分别表示东部地区、中部地区、西部地区和东北地区 t 年的锡尔指数,n_d、n_z、n_x、n_b 分别表示东、中、西和东北地区省份的个数,则 S_{dt}、S_{zt}、S_{xt}、S_{bt} 分别表示各地区乡村振兴水平值的份额,则有:

$$S_{dt} = \frac{\sum_{i=1}^{n_d} Y_{it}}{\sum_{i=1}^{n} Y_{it}} \tag{4.9}$$

$$S_{zt} = \frac{\sum_{i=1}^{n_z} Y_{it}}{\sum_{i=1}^{n} Y_{it}} \tag{4.10}$$

$$S_{xt} = \frac{\sum_{i=1}^{n_x} Y_{it}}{\sum_{i=1}^{n} Y_{it}} \tag{4.11}$$

$$S_{bt} = \frac{\sum_{i=1}^{n_b} Y_{it}}{\sum_{i=1}^{n} Y_{it}} \tag{4.12}$$

那么,各地区的锡尔指数的计算公式则为:

$$T_{dt} = \sum_{i=1}^{n_d} \left(\frac{S_{it}}{S_{dt}}\right) Ln\left(\frac{n_d S_{it}}{S_{dt}}\right) \tag{4.13}$$

$$T_{zt} = \sum_{i=1}^{n_z} \left(\frac{S_{it}}{S_{zt}}\right) Ln\left(\frac{n_z S_{it}}{S_{zt}}\right) \tag{4.14}$$

$$T_{xt} = \sum_{i=1}^{n_x} (S_{it}/S_{xt}) Ln(n_x S_{it}/S_{xt}) \tag{4.15}$$

$$T_{bt} = \sum_{i=1}^{n_b} \left(\frac{S_{it}}{S_{bt}}\right) Ln\left(\frac{n_b \, S_{it}}{S_{bt}}\right) \qquad (4.16)$$

设 T_j 分别表示东、中、西和东北地区的区间差异，则有：

$$T_j = S_{dt}Ln\left(S_{dt}\frac{n}{n_d}\right) + S_{zt}Ln\left(S_{zt}\frac{n}{n_z}\right) + S_{xt}Ln\left(S_{xt}\frac{n}{n_x}\right) + S_{bt}Ln(S_{bt}\frac{n}{n_b}) \qquad (4.17)$$

全国的锡尔指数 T_t 为东、中、西、东北地区的锡尔指数之和加四个区域的区间差异，即：

$$T_t = T_{dt} + T_{zt} + T_{xt} + T_{bt} + T_j \qquad (4.18)$$

根据以上计算方法，得到全国乡村振兴水平的变异系数、锡尔指数及各地区锡尔指数如图 4-2 所示。

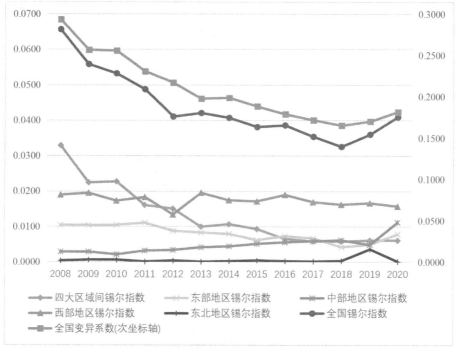

图 4-2 中国乡村振兴水平的区域差异

由图 4-2 可见，中国乡村振兴水平的区域差异大致呈逐渐递减趋势，全国的变异系数和全国锡尔指数趋势一致，2018 年及以前一直连续递减，2018 后轻微反弹。2008 年四大区域间的锡尔指数水平最高，且四大区域间的锡尔指数变动趋势与全国变异系数和锡尔指数大致相同，呈现逐年递减趋势。在四大区域中,西部地区锡尔指数呈现较高水平,且从 2008 年至 2020 年变化较小,大致呈现平稳态势,其次为东部地区,锡尔指数属于中等水平,呈现轻微下降趋势,中部地区的锡尔指数轻微上升,东北地区的锡尔指数水平最低,且较为平稳。

表 4-5 列出了 2008—2020 年中国乡村振兴水平差异的地区分解。2008 年,全国的乡村振兴水平差异中最大的是四大区域间的锡尔指数,贡献率达到 50.2%,但随着时间发展,四大区域间的锡尔指数贡献率逐步缩小,到 2020 年仅为 14.8%。2008—2020 年,东部地区的锡尔指数贡献率相对稳定,均在 10%—20% 之间。中部地区的地区差异逐步扩大,贡献率也逐年递增,但数值不高。西部地区的锡尔指数贡献率呈现较高水平,2008 年最低,为 28.9%,最高的是 2018 年的 49.7%。东北地区的锡尔指数水平一直最低,贡献率也很小。因此,中国乡村振兴水平的地区差异主要体现在四大区域间、西部地区之间以及东部地区之间的差异。

表 4-5 2008—2020 年中国乡村振兴水平差异的地区分解

年份	全国锡尔指数	东部地区		中部地区		西部地区		东北地区		四大区域间	
		锡尔指数	贡献率(%)	锡尔指数	贡献率(%)	锡尔指数	贡献率(%)	锡尔指数	贡献率(%)	锡尔指数	贡献率(%)
2008	0.0656	0.0104	15.9	0.0029	4.4	0.0190	28.9	0.0004	0.6	0.0329	50.2
2009	0.0558	0.0104	18.6	0.0029	5.2	0.0195	34.9	0.0006	1.1	0.0224	40.2
2010	0.0532	0.0105	19.7	0.0021	4.0	0.0173	32.5	0.0006	1.2	0.0227	42.7
2011	0.0488	0.0111	22.7	0.0032	6.5	0.0183	37.6	0.0001	0.2	0.0160	32.9
2012	0.0410	0.0088	21.4	0.0034	8.2	0.0134	32.6	0.0004	1.0	0.0150	36.7
2013	0.0420	0.0083	19.8	0.0041	9.9	0.0195	46.4	0.0001	0.2	0.0100	23.7
2014	0.0407	0.0079	19.5	0.0044	10.8	0.0174	42.8	0.0002	0.6	0.0107	26.3
2015	0.0381	0.0061	16.1	0.0051	13.4	0.0171	44.9	0.0004	1.2	0.0093	24.4
2016	0.0386	0.0073	18.9	0.0056	14.4	0.0190	49.2	0.0002	0.6	0.0065	16.9
2017	0.0354	0.0067	18.8	0.0059	16.6	0.0169	47.7	0.0001	0.4	0.0058	16.4
2018	0.0326	0.0042	12.9	0.0061	18.8	0.0162	49.7	0.0003	1.0	0.0058	17.7
2019	0.0360	0.0049	13.5	0.0048	13.4	0.0166	46.1	0.0036	10.0	0.0061	16.9

续表

年份	全国锡尔指数	东部地区		中部地区		西部地区		东北地区		四大区域间	
		锡尔指数	贡献率(%)	锡尔指数	贡献率(%)	锡尔指数	贡献率(%)	锡尔指数	贡献率(%)	锡尔指数	贡献率(%)
2020	0.0409	0.0079	19.2	0.0112	27.3	0.0157	38.4	0.0001	0.3	0.0061	14.8

三、新型城镇化水平评价与区域差异分解

运用以上方法计算的2008—2020年中国新型城镇化指数如图4-3所示,各准则层指数如表4-6所示。

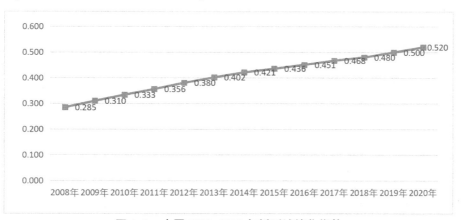

图4-3 中国2008-2020年新型城镇化指数

由图4-3可知,中国2008—2020年新型城镇化指数几乎呈匀速增长状态,从2008年的0.285增长至2020年的0.520。从新型城镇化的准则层来看,国家层面5个准则层均呈现增长趋势,其中,生态城镇化一直处于最高水平,其次为人口城镇化水平,空间城镇化处于中间水平,虽然经济城镇化在2008年最小,但增速快于社会城镇化水平,到2020年经济城镇化水平显著高于社会城镇化水平(表4-6)。

表 4-6 2008—2020 年中国各准则层指数

时间	人口城镇化	经济城镇化	社会城镇化	空间城镇化	生态城镇化
2008	0.423	0.094	0.137	0.328	0.441
2009	0.444	0.115	0.144	0.346	0.499
2010	0.466	0.148	0.143	0.361	0.550
2011	0.490	0.173	0.162	0.373	0.580
2012	0.508	0.206	0.174	0.394	0.618
2013	0.532	0.239	0.180	0.409	0.648
2014	0.554	0.268	0.188	0.423	0.673
2015	0.572	0.293	0.195	0.426	0.691
2016	0.586	0.320	0.205	0.431	0.714
2017	0.599	0.345	0.219	0.443	0.731
2018	0.614	0.363	0.221	0.463	0.741
2019	0.629	0.401	0.234	0.482	0.754
2020	0.664	0.407	0.245	0.512	0.773

表 4-7 显示了 2008—2020 年中国各省新型城镇化指数。从时间维度来看，绝大部分省份的新型城镇化指数是逐年递增的。2008—2012 年，中国 31 个省份的新型城镇化水平均在 0.5 以下，水平较低。2013 年，只有上海、北京、天津的新型城镇化指数突破 0.5，其余省份仍然在 0.5 以下，这主要得益于这三个城市的人口城镇化较高，不仅户籍城镇人口多，而且就业人口中二、三产业从业人员比重高。2014 年和 2015 年，江苏的新型城镇化指数也超过了 0.5，主要得益于城市生态环境的改善。2016 年，重庆新型城镇化指数首次突破 0.5，原因也在于人口城镇化率高和城市生态环境较好。因为同样的原因，2017 年，广东的新型城镇化指数也超过了 0.5。到 2020 年，约三分之一的省份新型城镇化指数超过 0.5。各省的新型城镇化指数增长显著。

表4-7 2008—2020年中国各省新型城镇化指数

省份	2008	2009	2010	2011	2012	2013	2014	2015	2016	2017	2018	2019	2020
北京市	0.423	0.460	0.449	0.462	0.477	0.503	0.523	0.520	0.532	0.547	0.552	0.564	0.566
天津市	0.423	0.427	0.442	0.472	0.486	0.501	0.496	0.502	0.515	0.543	0.526	0.533	0.556
河北省	0.271	0.295	0.342	0.354	0.366	0.378	0.389	0.402	0.412	0.425	0.443	0.447	0.481
山西省	0.252	0.273	0.297	0.317	0.335	0.365	0.380	0.388	0.400	0.399	0.419	0.434	0.477
内蒙古	0.238	0.274	0.298	0.323	0.362	0.393	0.425	0.448	0.467	0.478	0.471	0.480	0.504
辽宁省	0.299	0.308	0.330	0.349	0.364	0.379	0.390	0.394	0.385	0.406	0.415	0.423	0.448
吉林省	0.228	0.248	0.271	0.297	0.318	0.348	0.365	0.386	0.380	0.367	0.387	0.391	0.413
黑龙江	0.295	0.306	0.344	0.356	0.368	0.388	0.396	0.420	0.424	0.433	0.448	0.468	0.483
上海市	0.452	0.466	0.470	0.468	0.483	0.500	0.506	0.514	0.525	0.535	0.541	0.553	0.556
江苏省	0.394	0.409	0.424	0.441	0.456	0.471	0.487	0.500	0.515	0.529	0.537	0.551	0.562
浙江省	0.361	0.386	0.404	0.424	0.443	0.454	0.467	0.477	0.489	0.498	0.516	0.532	0.537
安徽省	0.303	0.271	0.296	0.330	0.352	0.370	0.388	0.398	0.413	0.428	0.441	0.455	0.475
福建省	0.311	0.333	0.350	0.374	0.394	0.407	0.418	0.430	0.440	0.470	0.506	0.525	0.535
江西省	0.319	0.350	0.375	0.388	0.406	0.412	0.423	0.437	0.444	0.468	0.484	0.484	0.510
山东省	0.338	0.361	0.380	0.398	0.416	0.433	0.444	0.456	0.465	0.476	0.483	0.489	0.501
河南省	0.296	0.297	0.313	0.328	0.338	0.353	0.368	0.381	0.397	0.418	0.438	0.454	0.483
湖北省	0.247	0.261	0.279	0.298	0.320	0.350	0.366	0.373	0.385	0.399	0.418	0.435	0.463
湖南省	0.256	0.272	0.287	0.303	0.319	0.336	0.354	0.363	0.383	0.391	0.407	0.429	0.474
广东省	0.339	0.359	0.384	0.409	0.439	0.450	0.457	0.479	0.495	0.506	0.520	0.536	0.550
广西	0.205	0.231	0.247	0.263	0.286	0.293	0.303	0.317	0.331	0.347	0.367	0.389	0.421
海南省	0.251	0.264	0.287	0.346	0.354	0.357	0.364	0.364	0.370	0.384	0.386	0.403	0.424
重庆市	0.261	0.290	0.316	0.366	0.382	0.392	0.396	0.406	0.508	0.431	0.442	0.447	0.465
四川省	0.247	0.267	0.286	0.306	0.324	0.340	0.350	0.340	0.374	0.386	0.404	0.429	0.452
贵州省	0.145	0.159	0.199	0.216	0.241	0.277	0.278	0.296	0.319	0.337	0.358	0.374	0.440
云南省	0.222	0.239	0.265	0.278	0.302	0.280	0.320	0.312	0.337	0.342	0.367	0.380	0.402
西藏	0.156	0.178	0.154	0.175	0.213	0.223	0.270	0.330	0.322	0.297	0.327	0.361	0.406
陕西省	0.322	0.342	0.370	0.407	0.383	0.400	0.416	0.400	0.409	0.424	0.438	0.474	0.497

续表

省份	2008	2009	2010	2011	2012	2013	2014	2015	2016	2017	2018	2019	2020
甘肃省	0.192	0.203	0.215	0.233	0.264	0.287	0.313	0.323	0.351	0.387	0.379	0.400	0.432
青海省	0.241	0.246	0.258	0.297	0.312	0.312	0.322	0.325	0.353	0.376	0.399	0.424	0.452
宁夏	0.258	0.277	0.332	0.328	0.340	0.378	0.408	0.414	0.431	0.446	0.463	0.524	0.556
新疆	0.292	0.303	0.318	0.333	0.342	0.356	0.373	0.351	0.368	0.390	0.414	0.457	0.480

从空间维度来看，整体上各年东部地区省份的新型城镇化指数显著高于中部地区省份，西北地区省份新型城镇化指数最低，但区域间的差距在逐步缩小。2008年，北京、天津、上海、江苏、浙江等省份新型城镇化指数较高，在0.4左右；贵州、甘肃、西藏的数值最小，在0.1—0.2之间，东西部差距较大。2013年，仍然是东部沿海地区的新型城镇化指数最高，且东部地区内部省份的差距也比2008年的小很多，其次为东北地区省份，最低的省份集中在西部地区。2020年，全国31个省份的新型城镇化指数均在较高水平，区域、省份之间的差距较小，但仍然呈现由东向西递减状态。

同样，我们可以用变异系数和锡尔指数分析新型城镇化水平的地区差异。全国新型城镇化水平的变异系数、锡尔指数及各地区锡尔指数如图5-4所示。

扫码显示彩图

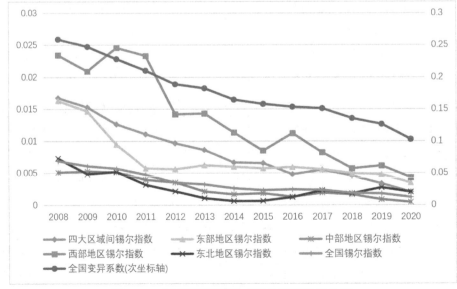

图4-4 中国新型城镇化水平的区域差异分析

由图 4-4 可知,2008—2020 年全国新型城镇化水平的区域差异显著缩小,全国的变异系数和锡尔指数均呈现逐年递减趋势,且变异系数的下降趋势更加明显。在四大区域和区间差异之间,西部地区的锡尔指数水平最高,呈现波动下降趋势,其次为四大区域间的锡尔指数,与全国锡尔指数变化趋势相似,逐年递减。东部地区的锡尔指数与四大区域间锡尔指数相差不大,2011 年下降幅度较大。东北地区的新型城镇化水平的区域差异最小,且在 2008—2020 年期间变化幅度较小。

表 4-8 列出了 2008—2020 年中国新型城镇化水平差异的地区分解。从贡献率来看,在全国的区域差异中,西部地区锡尔指数贡献率一直呈现最高水平,贡献率在 30%—50% 之间。其次为东部地区和四大区域间的区域差异,贡献率大致在 20% 左右。东部地区和东北地区的地区差异锡尔指数贡献率绝大多数年份不超过 10%。可见,新型城镇化的区域差异的贡献率变化幅度较小。全国区域差异、西部地区区域差异、四大区域间差异、中部地区区域差异均呈现递减趋势。

表 4-8　2008—2020 年中国新型城镇化水平差异的地区分解

年份	全国锡尔指数	东部地区		中部地区		西部地区		东北地区		四大区域间	
		锡尔指数	贡献率(%)	锡尔指数	贡献率(%)	锡尔指数	贡献率(%)	锡尔指数	贡献率(%)	锡尔指数	贡献率(%)
2008	0.0688	0.0163	23.7	0.0051	7.4	0.0234	34.0	0.0073	10.6	0.0167	24.3
2009	0.0608	0.0146	24.0	0.0052	8.6	0.0209	34.4	0.0048	7.9	0.0153	25.1
2010	0.0569	0.0095	16.6	0.0051	9.0	0.0245	43.1	0.0052	9.1	0.0126	22.2
2011	0.0472	0.0057	12.1	0.0040	8.4	0.0233	49.4	0.0032	6.7	0.0110	23.4
2012	0.0351	0.0056	15.9	0.0035	10.1	0.0142	40.4	0.0021	6.1	0.0097	27.5
2013	0.0323	0.0062	19.2	0.0021	6.6	0.0143	44.2	0.0011	3.3	0.0086	26.7
2014	0.0262	0.0060	22.8	0.0017	6.4	0.0113	43.2	0.0006	2.4	0.0066	25.3
2015	0.0232	0.0057	24.6	0.0018	7.8	0.0085	36.6	0.0007	2.8	0.0065	28.2
2016	0.0244	0.0059	24.2	0.0013	5.3	0.0112	45.9	0.0012	5.0	0.0048	19.6
2017	0.0234	0.0056	23.7	0.0019	8.1	0.0082	35.1	0.0023	9.7	0.0055	23.3
2018	0.0186	0.0049	26.5	0.0016	8.8	0.0057	30.6	0.0018	9.6	0.0045	24.4

续表

年份	全国锡尔指数	东部地区		中部地区		西部地区		东北地区		四大区域间	
		锡尔指数	贡献率(%)	锡尔指数	贡献率(%)	锡尔指数	贡献率(%)	锡尔指数	贡献率(%)	锡尔指数	贡献率(%)
2019	0.0178	0.0048	26.7	0.0009	4.8	0.0061	34.4	0.0027	15.3	0.0033	18.8
2020	0.0123	0.0035	28.3	0.0005	3.7	0.0043	34.9	0.0020	16.6	0.0020	16.6

四、省际乡村振兴和新型城镇化水平各准则层指数分析

为了验证第二章提出的乡村振兴与新型城镇化耦合机理，即乡村振兴与新型城镇化在经济维度、生态维度、社会维度、空间维度和人口维度等具有紧密关联性，本节利用省际乡村振兴与新型城镇化水平的各准则层数据做相关分析。

中国31个省份2008—2020年乡村振兴与新型城镇化各准则层指数即产业兴旺指数(ind)、生态宜居指数(ecol)、乡风文明指数(cus)、治理有效指数(gov)、生活富裕指数(lif)、人口城镇化指数(pop)、经济城镇化指数(econ)、社会城镇化指数(soc)、空间城镇化指数(spa)和生态城镇化指数(ecolu)的测算结果见附录。将此数据带入Stata软件中，进行相关性分析，得到产业兴旺与经济城镇化、生态宜居与生态城镇化、乡风文明与社会城镇化、治理有效与空间城镇化，以及生活富裕与人口城镇化的相关系数如表4-9所示。

表4-9 省际乡村振兴各准则层与新型城镇化对应准则层的相关性

维度	相关系数	显著性水平
经济维度(产业兴旺与经济城镇化)	0.314	1%
生态维度(生态宜居与生态城镇化)	0.331	1%
社会维度(乡风文明与社会城镇化)	0.507	1%
空间维度(治理有效与空间城镇化)	−0.200	1%
人口维度(生活富裕与人口城镇化)	0.642	1%

表4-9显示五个维度的相关性均通过1%的显著性检验，可见各维度均具有强烈的相关关系。经济维度中，产业兴旺与经济城镇化的相关系数为0.314，说明产业兴旺与经济城镇化显著正相关，同样，生态宜居与生态

城镇化、乡风文明与社会城镇化,以及生活富裕与人口城镇化的相关性都显著为正,且人口维度的相关性最强,相关系数达到0.642,可预测人口维度的耦合协调水平会比较高,其次为社会维度,相关系数为0.507。与我们直观感觉相反的是空间维度,治理有效指数与空间城镇化指数的相关性为负,可以预测到二者耦合协调度水平会比较低,成为阻碍乡村振兴与新型城镇化耦合发展的重要原因。

第二节
乡村振兴与新型城镇化耦合协调度评价

一、耦合协调度模型简介

本书采用耦合协调度模型量化中国新型城镇化和乡村振兴水平之间的关系。首先,二者耦合度计算公式为:

$$C = 2 \times \sqrt{R \times U}/(R + U) \quad (4.19)$$

其中,R 为乡村振兴水平,U 为新型城镇化水平。

二者耦合协调度计算公式为:

$$D = \sqrt{C \times F} \quad (4.20)$$

$$F = \alpha R + \beta U \quad (4.21)$$

其中,F 为综合评价指数,反映新型城镇化和乡村振兴水平对耦合协调度的贡献,本书视新型城镇化和乡村振兴水平一样重要,所以 α、β 均取值0.5。

参考唐晓华等(2018)的研究,按照耦合协调指数大小的区间,我们将乡村振兴与新型城镇化水平二者的协调耦合度分为四种类型,即失调衰退型、勉强协调发展型、良好协调发展型和优质协调发展型,具体划分标准和每个类型的基本特征如表4-10所示。

表 4-10　耦合判别类型划分

指数区间	耦合类型	特征
0 <F≤0.4	失调衰退型	协调程度低,无协同效应
0.4 <F≤0.6	勉强协调发展型	基本协调,协同效应呈现
0.6 <F≤0.8	良好协调发展型	比较协调,协同效应良好
0.8 <F≤1	优质协调发展型	共同发展,协调共生

为了比较乡村振兴与新型城镇化耦合协调度中乡村振兴指数(R)与新型城镇化指数(U)的大小或者各准则层维度指数的大小,我们可以将各省分为城镇领先、城镇先行、二者同步、乡村先行、乡村领先几种类型,具体划分标准如表 4-11 所示。

表 4-11　乡村振兴指数与新型城镇化指数或各准则层维度指数大小的比较分类

指数比较	发展类型
$U - R > 0.1$	城镇领先
$0.05 < U - R \leq 0.1$	城镇先行
$|U - R| \leq 0.05$	二者同步
$0.05 < R - U \leq 0.1$	乡村先行
$R - U > 0.1$	乡村领先

二、中国乡村振兴与新型城镇化耦合协调度变化

通过以上方法测度的 2008—2020 年中国新型城镇化指数、乡村振兴指数以及二者的耦合协调度如图 4-5 所示。

图 4-5 显示 2008—2020 中国新型城镇化指数、乡村振兴指数和二者的耦合协调度均呈现逐年上升趋势。总体来看,新型城镇化指数增速快于乡村振兴指数和二者的耦合协调度。乡村振兴指数整体低于新型城镇化指数,增速缓慢。中国乡村振兴与新型城镇化耦合协调度一直处于较高水平,2008—2020 年的数值均大于 0.5,其中 2008—2012 年耦合协调度属于勉强协调发展型,后来年份耦合协调度均属于良好协调发展型,乡村振兴与新型城镇化发展比较协调,协同效应良好。

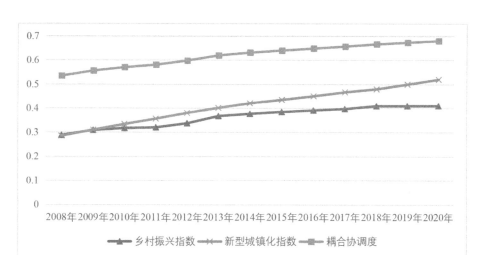

图 4-5　2008—2020 年中国乡村振兴与新型城镇化耦合协调度

依据乡村振兴与新型城镇化耦合机理，可以分析乡村振兴各维度与新型城镇化各维度的耦合情况，即从经济维度、生态维度、社会维度、空间维度和人口维度分别分析乡村振兴中产业兴旺与新型城镇化中经济城镇化的耦合度（经济维度耦合度）、生态宜居与生态城镇化的耦合度（生态维度耦合度）、乡风文明与社会城镇化的耦合度（社会维度耦合度）、治理有效与空间城镇化的耦合度（空间维度耦合度）以及生活富裕与人口城镇化的耦合度（人口维度耦合度）。各维度耦合度如表 4-12 所示。

表 4-12　2008—2020 年中国各维度耦合协调度

时间	经济维度耦合度	生态维度耦合度	社会维度耦合度	空间维度耦合度	人口维度耦合度
2008 年	0.294	0.626	0.471	0.525	0.649
2009 年	0.308	0.659	0.480	0.543	0.675
2010 年	0.334	0.683	0.481	0.547	0.688
2011 年	0.355	0.695	0.480	0.550	0.714
2012 年	0.377	0.712	0.508	0.553	0.727
2013 年	0.393	0.724	0.534	0.557	0.759
2014 年	0.408	0.741	0.525	0.562	0.787
2015 年	0.422	0.750	0.532	0.562	0.799
2016 年	0.434	0.759	0.556	0.536	0.806

续表

时间	经济维度耦合度	生态维度耦合度	社会维度耦合度	空间维度耦合度	人口维度耦合度
2017 年	0.445	0.767	0.567	0.533	0.819
2018 年	0.454	0.769	0.571	0.549	0.832
2019 年	0.474	0.773	0.565	0.566	0.843
2020 年	0.487	0.777	0.558	0.596	0.854

从分维度的耦合度来看，各维度耦合度大致呈现增长趋势，其中人口维度耦合度最高，且显著高于其他维度的耦合度，在 2008 年已经属于良好协调发展型，在 2016 年之后发展为优质协调发展型，也是唯一一个发展为优质协调发展型的维度。可见，全国层面，乡村振兴中的生活富裕与新型城镇化中的人口城镇化耦合度较高，这是因为生活富裕指数与人口城镇化指数发展水平和增长水平均相近。其次为生态维度耦合度，耦合度值在 0.626~0.777 之间，属于良好协调发展型。生态城镇化指数略高于生态宜居指数，前者增速也快于后者。再次为空间维度耦合度与社会维度耦合度，其中，空间维度耦合度发展最为平稳，耦合值均在 0.500~0.600 之间。说明空间维度即乡村振兴中的治理有效与新型城镇化中空间城镇化耦合关系变化不大，发展缓慢。社会维度耦合度从 2008—2020 年之间一直属于勉强协调发展型，但增长趋势是显著的。在五个维度中，耦合度最低的为经济维度耦合度，即乡村振兴中产业兴旺指数与经济城镇化指数的耦合度最低，从这两个指数看，经济城镇化指数显著高于产业兴旺指数，且经济城镇化指数的增长幅度也大于产业兴旺的增长幅度。城乡经济发展差距显著，产业结构不合理仍是制约乡村振兴与新型城镇化的重要因素。

三、省际层面乡村振兴与新型城镇化耦合协调度的时空演变

运用耦合协调度模型，测算 2008—2020 年各省乡村振兴与新型城镇化耦合协调度如表 4-13 所示。由表 4-13 可知，2008—2020 年除西藏和贵州个别年份外，各省的乡村振兴与新型城镇化耦合协调度数值均高于 0.4，属于失调衰退型的极少。从时间维度看，各省的耦合协调度均呈增长趋势，但增长速度较缓慢，增长幅度较低。2008 年除西部省份外，其他省

份的耦合协调度均高于 0.5,而且北京、天津、上海、江苏、浙江和山东的耦合协调度在 0.6 以上,属于良好协调发展型。2009 年,广东的耦合协调度首次高于 0.6,跻身良好协调发展型省份。2010 年,北京的耦合协调度开始高于 0.7,黑龙江、福建、江西的耦合协调度首次超过 0.6。2011 年,仍然只有北京高于 0.7,但指数超过 0.6 的省份新增了辽宁和海南。2012 年,除西藏外,所有省份的耦合协调度均高于 0.5。2013 年,浙江的耦合协调度首次高于 0.7,除西部省份和安徽之外,其余省份的耦合协调度均在 0.6 以上。2014 年,耦合协调度低于 0.6 的省份越来越少,只剩广西、四川、贵州、云南、西藏、甘肃、青海和新疆。2015 年与 2014 年的耦合协调度相比变化不大。2016 年,广东的耦合协调度开始高于 0.7,指数在 0.6 以下的省份只有贵州、西藏、甘肃、青海和新疆。2017 年,贵州和新疆的耦合协调度开始高于 0.6。2018 年,北京、上海、江苏、浙江、福建、江西、广东的耦合协调度均大于 0.7,只有西藏和青海的指数不高于 0.6。2019 年,天津、黑龙江耦合协调度首次高于 0.7,除西藏外,不存在低于 0.6 的省份。2020 年,湖南的耦合协调度也开始高于 0.7。

表 4-13 2008—2020 年各省乡村振兴与新型城镇化耦合协调度

省份	2008	2009	2010	2011	2012	2013	2014	2015	2016	2017	2018	2019	2020
北京市	0.677	0.699	0.703	0.709	0.714	0.727	0.736	0.735	0.734	0.740	0.755	0.768	0.770
天津市	0.615	0.621	0.632	0.644	0.647	0.663	0.665	0.671	0.669	0.679	0.693	0.700	0.696
河北省	0.533	0.554	0.579	0.582	0.592	0.606	0.616	0.633	0.642	0.650	0.666	0.667	0.676
山西省	0.526	0.542	0.557	0.567	0.581	0.617	0.619	0.624	0.630	0.626	0.633	0.639	0.650
内蒙古	0.500	0.521	0.536	0.560	0.578	0.613	0.632	0.646	0.660	0.667	0.672	0.672	0.685
辽宁省	0.570	0.583	0.596	0.608	0.607	0.635	0.640	0.643	0.640	0.649	0.652	0.655	0.665
吉林省	0.536	0.557	0.574	0.587	0.597	0.626	0.635	0.638	0.644	0.639	0.650	0.650	0.654
黑龙江	0.578	0.595	0.615	0.617	0.616	0.642	0.650	0.663	0.664	0.666	0.675	0.706	0.684
上海市	0.656	0.678	0.682	0.665	0.682	0.683	0.683	0.696	0.677	0.692	0.712	0.717	0.716
江苏省	0.611	0.629	0.644	0.645	0.645	0.673	0.680	0.686	0.688	0.694	0.702	0.707	0.706
浙江省	0.645	0.660	0.672	0.678	0.661	0.704	0.715	0.720	0.726	0.731	0.716	0.726	0.752

续表

省份	2008	2009	2010	2011	2012	2013	2014	2015	2016	2017	2018	2019	2020
安徽省	0.539	0.530	0.553	0.562	0.573	0.594	0.608	0.614	0.625	0.638	0.656	0.661	0.667
福建省	0.585	0.598	0.610	0.620	0.628	0.659	0.660	0.668	0.677	0.690	0.714	0.724	0.727
江西省	0.582	0.596	0.613	0.620	0.632	0.648	0.653	0.667	0.674	0.687	0.706	0.696	0.709
山东省	0.607	0.624	0.634	0.644	0.651	0.670	0.676	0.684	0.684	0.688	0.687	0.689	0.694
河南省	0.554	0.564	0.573	0.584	0.592	0.615	0.623	0.633	0.640	0.648	0.662	0.667	0.682
湖北省	0.533	0.551	0.562	0.578	0.592	0.630	0.644	0.650	0.659	0.669	0.681	0.687	0.696
湖南省	0.538	0.559	0.570	0.578	0.588	0.617	0.630	0.642	0.657	0.663	0.672	0.677	0.729
广东省	0.598	0.610	0.626	0.629	0.639	0.659	0.684	0.691	0.700	0.712	0.723	0.728	0.726
广西	0.481	0.517	0.529	0.540	0.559	0.591	0.595	0.608	0.628	0.640	0.655	0.663	0.673
海南省	0.554	0.565	0.581	0.601	0.612	0.632	0.640	0.639	0.654	0.662	0.672	0.669	0.681
重庆市	0.492	0.516	0.541	0.569	0.581	0.608	0.605	0.619	0.659	0.645	0.656	0.661	0.663
四川省	0.492	0.527	0.536	0.549	0.560	0.588	0.592	0.591	0.607	0.616	0.629	0.638	0.651
贵州省	0.391	0.418	0.453	0.455	0.477	0.536	0.535	0.552	0.588	0.605	0.614	0.622	0.642
云南省	0.480	0.502	0.524	0.536	0.540	0.564	0.587	0.588	0.606	0.616	0.633	0.634	0.646
西藏	0.379	0.399	0.390	0.404	0.443	0.436	0.467	0.495	0.490	0.497	0.520	0.533	0.545
陕西省	0.541	0.560	0.582	0.599	0.591	0.622	0.627	0.627	0.637	0.640	0.654	0.675	0.678
甘肃省	0.440	0.459	0.468	0.487	0.502	0.544	0.552	0.563	0.583	0.598	0.602	0.608	0.641
青海省	0.452	0.526	0.484	0.553	0.529	0.545	0.549	0.558	0.580	0.588	0.596	0.602	0.614
宁夏	0.480	0.503	0.541	0.545	0.548	0.592	0.611	0.620	0.626	0.636	0.647	0.672	0.675
新疆	0.494	0.519	0.545	0.552	0.561	0.585	0.597	0.589	0.599	0.608	0.620	0.635	0.646

从空间维度来看，乡村振兴与新型城镇化耦合协调度的区域差异没有新型城镇化和乡村振兴指数的区域差异大，而且随着时间变化，区域差异越来越小。2008年，还能明显看出东部区域的耦合协调度高于中部地区，中部地区高于西部地区，到2020年这些差异已经淡化。全国除了个别省份，乡村振兴与新型城镇化的耦合协调度都比较高。

为了详细分析乡村振兴与新型城镇化耦合协调度的时空分布，本书选取研究起始年份(2008)、中间年份(2014)和最末年份(2020)来分析乡村振兴与新型城镇化耦合协调度类型。总体的耦合协调度类型如表4-14所示。

表4-14 2008、2014、2020年各省乡村振兴与新型城镇化总体耦合协调度类型

时间	失调衰退型	勉强协调发展型	良好协调发展型	优质协调发展型
2008年	贵州、西藏	河北、山西、内蒙古、辽宁、吉林、黑龙江、安徽、福建、江西、河南、湖北、湖南、广东、广西、海南、重庆、四川、云南、陕西、甘肃、青海、宁夏、新疆(23)	北京、天津、上海、江苏、浙江、山东(6)	(0)
2014年	(0)	广西、四川、贵州、云南、西藏、甘肃、青海、新疆(8)	北京、天津、上海、江苏、浙江、河北、山西、内蒙古、辽宁、吉林、黑龙江、安徽、福建、江西、山东、河南、湖北、湖南、广东、海南、重庆、陕西、宁夏(23)	(0)
2020年	(0)	西藏(1)	除西藏外所有省份	(0)

时间	城镇领先	城镇先行	二者同步	乡村先行	乡村领先
2008年	(0)	天津、陕西、青海、宁夏、新疆(5)	河北、内蒙古、上海、江苏、安徽、江西、河南、广东、重庆、四川、贵州、云南、西藏、甘肃(14)	北京、山西、辽宁、黑龙江、福建、山东、湖北、湖南、广西(9)	吉林、浙江、海南(3)
2014年	天津(1)	上海、重庆、西藏、宁夏(4)	北京、河北、山西、内蒙古、辽宁、江苏、安徽、福建、江西、山东、河南、广东、四川、贵州、陕西、甘肃、青海、新疆(18)	吉林、黑龙江、浙江、湖南、海南、云南(6)	湖北、广西(2)

续表

2020年	天津、陕西、江苏、西藏、青海、宁夏、新疆(7)	内蒙古、上海、安徽、四川、贵州、陕西(6)	河北、辽宁、吉林、黑龙江、福建、江西、山东、河南、湖北、广东、重庆、云南、甘肃(13)	北京、浙江、广西、海南(4)	湖南(1)

从乡村振兴与新型城镇化耦合协调度类型来看,2008年,仅有贵州、西藏属于失调衰退型,23个省份属于勉强协调发展型,北京、天津、上海、江苏、浙江、山东等6个省份属于良好协调发展型。可见,仍然是东部沿海地区走在乡村振兴与新型城镇化耦合发展的前列。2014年,广西、四川、贵州、云南、西藏、甘肃、青海、新疆等8个省份属于勉强协调发展型,其余23个省份属于良好协调发展型。此时,已经不存在失调衰退型。到2020年,仅有西藏属于勉强协调发展型,剩余省份均升级为良好协调发展型。

从各省份的乡村振兴指数与新型城镇化指数对比分析中可以看到,2008年,天津、陕西、青海、宁夏、新疆5个省份属于城镇先行发展型,暂没有城镇领先发展型。属于乡村振兴与新型城镇化同步发展类型的省份较多,有14个,分别是河北、内蒙古、上海、江苏、安徽、江西、河南、广东、重庆、四川、贵州、云南、西藏、甘肃。属于乡村先行的省份有北京、山西、辽宁、黑龙江、福建、山东、湖北、湖南、广西。吉林、浙江、海南属于乡村领先型。2014年,天津属于城镇领先型,仍然是城乡发展较协调的省份居多,乡村先行和乡村领先的省份数量均在减少,乡村领先的省份只有湖北和广西。2020年,城镇领先的省份增加到7个,城镇先行的省份增加到6个,二者同步的省份数量基本稳定,乡村先行和乡村领先的省份依然在减少,而且乡村先行和乡村领先的省份大多属于东部地区。总之,城镇领先和先行的省份数量在增加,而乡村先行和乡村领先的省份数量在减少,二者同步的省份基本稳定。可见,乡村的发展仍然落后于城市发展,成为乡村振兴与新型城镇化耦合发展的障碍。

采用同样的类型划分标准,下面分析经济维度、生态维度、社会维度、空间维度和人口维度的耦合类型。

在经济维度耦合度中,不仅可以划分经济维度耦合度的类型,还可以比较产业兴旺与经济城镇化指数,也将省份分类为城镇领先型、城镇先行型、二者同步型、乡村先行型、乡村领先型五种类型,分类标准仍然如表4-11所示。如此,得到经济维度的类型划分如表4-15所示。

表4-15 经济耦合度的类型划分

时间	失调衰退型	勉强协调发展型	良好协调发展型	优质协调发展型
2008年	除浙江外所有省份(30)	浙江(1)	(0)	(0)
2014年	除北京、上海、江苏、浙江外所有省份(27)	北京、上海、江苏、浙江(4)	(0)	(0)
2020年	山西、辽宁、安徽、江西、湖北、广西、贵州、云南、陕西、甘肃、青海、宁夏(12)	北京、天津、河北、内蒙古、吉林、黑龙江、上海、江苏、浙江、福建、山东、河南、广东、海南、重庆、四川、西藏、新疆(18)	湖南(1)	(0)

时间	城镇领先	城镇先行	二者同步	乡村先行	乡村领先
2008年	(0)	(0)	剩余省份(22)	河北、内蒙古、吉林、黑龙江、河南、湖北、湖南、新疆(8)	浙江(1)
2014年	北京、天津、上海(3)	辽宁、江苏、广东、重庆、西藏(5)	剩余省份(20)	新疆(1)	黑龙江、浙江(2)
2020年	北京、天津、上海、浙江、广东、西藏(6)	山西、江苏、湖北、重庆、云南、甘肃、青海(7)	剩余省份(16)	(0)	黑龙江、湖南(2)

由表4-15可知,整体来说经济耦合度不太理想,2008年,只有浙江属于勉强协调发展型,其余省份均为失调衰退型,经济耦合度指数低于0.4。2014年,只有东部地区的北京、上海、江苏、浙江四个省份属于勉强协调发展型,其余27个省份仍属于失调衰退型。2020年,虽然属于勉强协调发

展型的省份明显增多,达到18个,但属于失调衰退型的仍然有中部和西部的12个省份,只有湖南1省的经济耦合达到良好协调发展型。一直不存在优质协调发展型的省份,可见,经济维度产业兴旺和经济城镇化的耦合关系有待增强。从产业兴旺和经济城镇化指数对比关系来看,绝大部分省份依旧属于二者同步发展型。但城镇先行的一般是北京、天津、上海等大城市,乡村领先的一般是黑龙江、湖南等农业大省,或是民营经济比较发达的浙江。具体来看,2008年,没有省份属于城镇领先和城镇先行,有河北、内蒙古、吉林、黑龙江等8个农业大省属于乡村先行类型,浙江属于乡村领先型。2014年,北京、天津、上海属于城镇领先,是由于大城市经济的快速发展,使得城市的经济城镇化水平显著高于乡村的产业兴旺。属于城镇先行的省份有辽宁、江苏、广东、重庆和西藏,新疆属于乡村先行,黑龙江和浙江属于乡村领先型。2020年,城镇领先的省份明显增多,达到6个,城镇先行的省份有7个,也比2014年的多,二者同步的省份轻微减少,但变化不大,乡村先行和乡村领先的省份个数总体在下降,可见,经济维度的经济城镇化发展速度仍然快于乡村振兴中产业兴旺的发展速度。

同理,我们可以分析生态维度的乡村振兴与新型城镇化的耦合类型划分,如表5-16所示。

表4-16 生态耦合度的类型划分

时间	失调衰退型	勉强协调发展型	良好协调发展型	优质协调发展型
2008年	新疆(1)	河北、山西、内蒙古、贵州、西藏、甘肃、青海、宁夏(8)	其余省份(20)	浙江、福建(2)
2014年	(0)	西藏、青海(2)	其余省份(21)	北京、浙江、福建、江西、广东、广西、海南、重庆(8)
2020年	(0)	(0)	天津、河北、山西、内蒙古、上海、江苏、安徽、山东、河南、西藏、陕西、甘肃、青海、宁夏、新疆(15)	北京、辽宁、吉林、黑龙江、浙江、福建、江西、湖北、湖南、广东、广西、海南、重庆、四川、贵州、云南(16)

续表

时间	城镇领先	城镇先行	二者同步	乡村先行	乡村领先
2008年	天津、河北、内蒙古、上海、江苏、山东、青海、宁夏、新疆(9)	山西、河南、重庆(3)	安徽、四川、西藏、陕西、甘肃(5)	北京、辽宁、湖北(3)	吉林、黑龙江、浙江、福建、江西、湖南、广东、广西、海南、贵州、云南(11)
2014年	天津、河北、山西、内蒙古、上海、江苏、安徽、山东、河南、重庆、贵州、西藏、陕西、甘肃、青海、宁夏、新疆(17)	北京、辽宁(2)	湖北、四川(2)	吉林、湖南、云南(3)	黑龙江、浙江、福建、江西、广东、广西、海南(7)
2020年	天津、河北、山西、内蒙古、上海、江苏、安徽、山东、河南、重庆、四川、贵州、西藏、陕西、甘肃、青海、宁夏、新疆(18)	北京、辽宁、湖北(3)	吉林、黑龙江、湖南、广东(4)	云南(1)	浙江、福建、江西、广西、海南(5)

由表4-16可以看出,省级层面的生态耦合度水平随时间增长显著,失调衰退型和勉强协调发展型的省份个数逐渐减少,优质协调发展型的省份个数在增加。2008年和2014年大部分省份的生态耦合度属于良好协调发展型。2020年属于优质协调发展型的省份个数增加到16个,多于良好协调发展型省份个数。而且,省级层面生态耦合度整体高于乡村振兴与新型城镇化耦合协调度水平以及经济耦合度。从生态宜居水平与生态城镇化水平对比的类型分布中可以看出,属于城镇领先型的省份个数随时间增加。2014年和2020年属于该类型的省份个数占比超过50%。可见,绝大多数省份在2020年的生态城镇化指数要高于生态宜居水平,并且属于乡村领先型省份个数呈现减少趋势,绝大多数省份的乡村生态环境质量仍

然有待提高。

　　社会耦合度的类型划分如表 4-17 所示。首先从社会耦合度的大小分类来看,社会耦合度指数相对其他维度偏低,2008 年属于失调衰退型的省份数高达 6 个,而且绝大部分省份属于勉强协调发展型,仅有北京和上海属于良好协调发展型,没有属于优质协调发展型的省份。2014 年西藏属于失调衰退型,有 28 个省份属于勉强协调发展型,同样只有北京和上海属于良好协调发展型,不存在属于优质协调发展型的省份。2020 年,除了江苏、浙江从勉强协调发展型晋升为良好协调发展型之外,其余省份情况和 2014 年完全一致。可见,乡村振兴中的乡风文明与新型城镇化中的社会城镇化耦合协调水平有待提高。从乡风文明指数与社会城镇化指数的对比类型来看,在社会维度,乡村振兴的乡风文明指数明显高于社会城镇化指数,从 2008 年和 2014 年属于乡村领先(即乡风文明指数比社会城镇化指数高 0.1 以上)的省份多达 26 个,2020 年也有 20 个省份属于乡村领先型,占比超过了 64%。属于乡村先行类型的省份 2008 年有宁夏和新疆;2014 年有四川、青海和新疆;2020 年,数量增多,有吉林、江苏、浙江、四川、青海、宁夏。只有个别省份的乡风文明和社会城镇化指数呈现同步发展的特征,例如 2008 年的安徽、青海,2014 年的上海和 2020 年的天津、辽宁、黑龙江、上海。而社会城镇化指数高于乡风文明指数的只有西藏。可见,社会城镇化水平亟待提高。

表 4-17　社会耦合度的类型划分

时间	失调衰退型	勉强协调发展型	良好协调发展型	优质协调发展型
2008 年	广西、重庆、四川、贵州、云南、西藏(6)	其余省份(23)	北京、上海(2)	(0)
2014 年	西藏(1)	其余省份(28)	北京、上海(2)	(0)
2020 年	西藏(1)	其余省份(26)	北京、上海、江苏、浙江(4)	(0)

时间	城镇领先	城镇先行	二者同步	乡村先行	乡村领先
2008 年	(0)	西藏(1)	安徽、青海(2)	宁夏、新疆(2)	其余省份(26)

续表

| 2014 年 | (0) | 西藏(1) | 上海(1) | 四川、青海、新疆(3) | 其余省份(26) |
| 2020 年 | 西藏(1) | (0) | 天津、辽宁、黑龙江、上海(4) | 吉林、江苏、浙江、四川、青海、宁夏(6) | 其余省份(20) |

空间耦合度的类型划分如表 4-18 所示。同社会维度类似,省级层面空间耦合度水平也不高。大部分省份仍然属于勉强协调发展型,且存在失调衰退型的省份,比如 2008 年的内蒙古、福建、重庆和贵州,2014 年的福建。空间耦合度属于良好协调发展型的省份个数比社会耦合度的要多,2008 年有 4 个,2014 年为 9 个,2020 年为 13 个,而且能看到明显的增长态势,说明,空间耦合度水平在向好发展。但遗憾的是,属于优质协调发展型的省份也没有。从乡村振兴的治理有效与新型城镇化的空间城镇化指数对比来看,属于城镇领先的省份在 2008 年、2014 年和 2020 年分别高达 18、27 和 28 个。超过一半的省份均属于城镇领先型。2008 年有 5 个省份(山西、内蒙古、广东、广西和西藏)属于城镇先行类型。2008 年属于二者同步发展类型的省份有辽宁、吉林、湖北、海南、宁夏。2014 年属于二者同步发展类型的仅有辽宁和山东两省,2020 年只有浙江属于二者同步发展类型。属于乡村先行和乡村领先的省份极少。2008 年只有上海和山东属于乡村先行型,北京属于乡村领先型。2014 年和 2020 年北京和上海属于乡村领先型,没有乡村先行型的省份。可见,乡村治理有效水平严重落后于空间城镇化水平,是阻碍乡村振兴与新型城镇化耦合发展的重要维度。

表 4-18 空间耦合度的类型划分

时间	失调衰退型	勉强协调发展型	良好协调发展型	优质协调发展型
2008 年	内蒙古、福建、重庆、贵州(4)	其余省份(23)	山东、河南、海南、新疆(4)	(0)
2014 年	福建(1)	其余省份(21)	山西、上海、江苏、山东、河南、湖北、广东、海南、新疆(9)	(0)

续表

2020年	(0)	其余省份(18)	天津、河北、上海、江苏、浙江、安徽、山东、河南、湖北、广东、海南、甘肃、新疆(13)		(0)

时间	城镇领先	城镇先行	二者同步	乡村先行	乡村领先
2008年	其余省份(18)	山西、内蒙古、广东、广西、西藏(5)	辽宁、吉林、湖北、海南、宁夏(5)	上海、山东(2)	北京(1)
2014年	其余省份(27)	(0)	辽宁、山东(2)	(0)	北京、上海(2)
2020年	其余省份(28)	(0)	浙江(1)	(0)	北京、上海(2)

人口维度的耦合度类型见表4-19。从人口耦合度大小的分类来看，人口耦合度的水平整体较高。2008年只有贵州、云南、西藏三个省份属于失调衰退型，广西、海南、重庆、四川、甘肃、青海和新疆7个省份属于勉强协调发展型，超过一半的省份(17个)属于良好协调发展型，且有北京、天津、上海和浙江4个省份属于优质协调发展型。到2014年没有省份属于失调衰退型，且仅有贵州、西藏2个省份属于勉强协调发展型，良好协调发展型的省份有18个，属于优质协调发展型的省份个数高达11个。2020年的人口耦合度水平更高，5个省份属于良好协调发展型，其余省份均为优质协调发展型。可见，人口耦合度不仅整体水平高，而且增长趋势还显著。从乡村振兴的生活富裕指数与人口城镇化指数对比来看，2008年属于城镇领先型的省份有北京、天津、上海、广东和重庆，属于城镇先行的省份个数为零，二者发展水平相差不大的有12个省份，乡村先行和乡村领先的省份个数分别为6和8。2014年，属于城镇领先的省份明显减少，仅剩北京和上海，二者同步的省份也仅剩天津、广东、重庆3个了，乡村先行的有福建和西藏，乡村领先的省份居多，为24个，占到全国省份数量的77%。2020情况与2014年类似，城镇领先的省份和二者同步的极少，乡村先行省份也不多，最多的仍然是乡村领先省份。可见，在人口维度，乡村振兴中的生活富裕指数水平大部分情况高于人口城镇化水平。

表 4-19 人口耦合度的类型划分

时间	失调衰退型	勉强协调发展型	良好协调发展型	优质协调发展型
2008 年	贵州、云南、西藏(3)	广西、海南、重庆、四川、甘肃、青海、新疆(7)	其余省份(17)	北京、天津、上海、浙江(4)
2014 年	(0)	贵州、西藏(2)	其余省份(18)	北京、天津、辽宁、吉林、黑龙江、上海、江苏、浙江、福建、山东、广东(11)
2020 年	(0)	(0)	海南、贵州、云南、西藏、甘肃(5)	其余省份(26)

时间	城镇领先	城镇先行	二者同步	乡村先行	乡村领先
2008 年	北京、天津、上海、广东、重庆(5)	(0)	辽宁、福建、湖南、广西、海南、四川、贵州、云南、西藏、陕西、青海、宁夏(12)	山西、内蒙古、江苏、浙江、甘肃、新疆(6)	河北、吉林、黑龙江、安徽、江西、山东、河南、湖北(8)
2014 年	北京、上海(2)	(0)	天津、广东、重庆(3)	福建、西藏(2)	其余省份(24)
2020 年	北京、上海、广东(3)	(0)	天津(1)	江苏、浙江、福建、重庆(4)	其余省份(23)

四、乡村振兴与新型城镇化耦合协调度的区域差异分析

以上分析是基于省份数据的直观感受,为了定量分析乡村振兴与新型城镇化耦合协调度的区域差异,本书采用以下两种分析方法分析,分别是不平衡指数和空间相关性分析。

1.不平衡指数

不平衡指数是定量分析区域差异程度的一种方法,采用洛伦兹曲线的方式计算省级乡村振兴与新型城镇化耦合协调度的区域差异。不平衡指

数 S 的计算公式如下：

$$S = \frac{\sum_{i=1}^{m} G_i - 50(m+1)}{100m - 50(m+1)} \qquad (4.22)$$

其中，G_i 表示第 i 个省份的规模等级，是将各省份占全部省份乡村振兴与新型城镇化耦合协调度总量的比重百分比从大到小进行排序后，第 i 个省份与之前所有省份比重百分比相加所得结果，即第 i 级的累积百分比。在本研究中，$m = 31$，即样本包含省份的个数。若耦合协调度分布平衡，在各个省份之间不存在差异，则 $S = 0$；若分布极端不平衡，则 $S = 1$。S 分布在 $[0,1]$ 区间，S 越大，代表耦合协调度分布越不平衡。将上文计算得到的省级乡村振兴与新型城镇化耦合协调度代入计算得到不平衡指数。如图 5-6 所示，2008—2020 年乡村振兴与新型城镇化耦合协调度的省级不平衡指数一直递减，空间差异逐步缩小。

采取同样的计算方法，我们可以分析 2008—2020 年省级层面乡村振兴与新型城镇化在经济维度、生态维度、社会维度、空间维度和人口维度准则层指标的耦合水平的不平衡程度，即经济耦合度、生态耦合度、社会耦合度、空间耦合度和人口耦合度的不平衡指数，结果见表 4-20 和图 4-7。

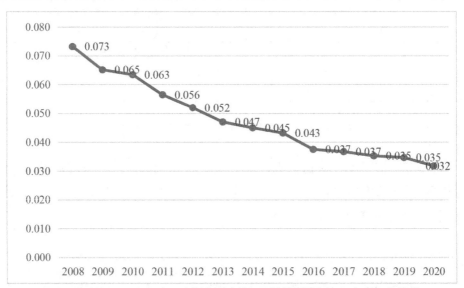

图 4-6　2008-2020 年省际乡村振兴与新型城镇化耦合协调度不平衡指数

表4-20　2008—2020年省际乡村振兴与新型城镇化各维度耦合协调度的不平衡指数

时间	经济维度不平衡指数	生态维度不平衡指数	社会维度不平衡指数	空间维度不平衡指数	人口维度不平衡指数
2008	0.103	0.100	0.113	0.094	0.131
2009	0.096	0.093	0.110	0.097	0.117
2010	0.092	0.085	0.102	0.091	0.108
2011	0.086	0.083	0.103	0.093	0.095
2012	0.056	0.080	0.089	0.084	0.089
2013	0.083	0.077	0.073	0.084	0.079
2014	0.080	0.073	0.073	0.086	0.072
2015	0.078	0.070	0.070	0.087	0.067
2016	0.080	0.069	0.063	0.083	0.062
2017	0.076	0.067	0.057	0.083	0.058
2018	0.062	0.066	0.054	0.087	0.053
2019	0.068	0.065	0.057	0.084	0.050
2020	0.072	0.061	0.055	0.062	0.042

由表4-20可知,省际乡村振兴与新型城镇化各维度耦合协调度的不平衡指数比乡村振兴与新型城镇化耦合协调度的不平衡指数要高,说明各维度耦合度水平的区域差异要大于总体耦合度的区域差异。由图4-7可知,五个维度的变动趋势整体呈现下降趋势,这与总体耦合协调度是一致的。但五个维度的不平衡指数的具体变动趋势不尽相同。2008年,不平衡指数最高的为人口维度不平衡指数,但人口维度不平衡指数下降幅度最快,且呈现持续匀速下降趋势,到2020年,人口维度的不平衡指数已经降到0.042。2008年社会维度不平衡指数略低于人口维度不平衡指数,且下降幅度较小,在2011年还出现比上年不平衡指数高的现象。2012年和2013年社会维度不平衡指数下降速度较快,2014年之后,降速放缓,2019年还轻微增长。可见,社会维度不平衡指数变动不太稳定。经济维度不平衡指数波动也比较显著。2008年,经济维度不平衡指数处于较低水平,2011年之间呈现大致匀速下降态势,但2012年骤然下跌至0.056,之后2013年又回升至0.083,再之后稳定在0.8左右,直至2018年突然下降到

0.062,最后两年呈现上升趋势。可见,经济维度的耦合协调度水平的区域差异呈现先减少后增加的趋势。生态维度不平衡指数发展较为稳定,大致呈现匀速下降趋势,但下降幅度较小,2008 年为 0.1,2020 年下降至 0.061。最后,空间维度不平衡指数在 2008 年为最低水平,仅为 0.094。但之后变动幅度较小,基本维持在 0.09 左右,除了最后一年骤然降至 0.062。

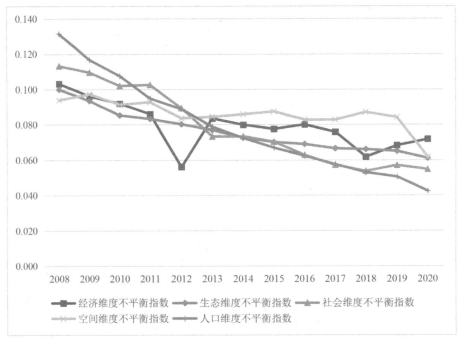

图 4-7 2008—2020 年省际乡村振兴与新型城镇化各维度耦合协调度的不平衡指数变动情况

从经济、生态、社会、空间和人口维度来看,可见,大多数时候各维度的区域差异都在下降,但下降幅度不同。人口维度的区域差异缩小最为明显。其次为社会维度的区域差异,剩余维度的区域差异下降趋势不稳定,且下降幅度小。

2.空间相关性分析

第一,全局空间自相关分析。本书采用距离带构建空间距离权重矩阵,利用 Geoda 软件测算中国 31 省份乡村振兴与新型城镇化耦合协调度的空间全局莫兰指数(表 4-21)。结果显示,2008—2020 年,乡村振兴与新型城镇化耦合协调度的全局莫兰指数均通过了 5% 的显著性检验,Z 值大于1.96,且莫兰指数均在0.4左右,表明31省份乡村振兴与新型城镇化耦合协调度具有显著的正空间相关性,距离越近的省份耦合协调度越接近。具体来看,2008—2011年,我国31省份的全局莫兰指数从0.417下降到0.295,空间相关性呈现下降趋势。这一趋势在2013年之后得到彻底扭转,2013—2014年,全局莫兰指数均大于0.4,且呈增长趋势,空间相关性逐步增强。

表4-21 中国31省份乡村振兴与新型城镇化耦合协调度的全局空间自相关分析结果

年份	2008	2009	2010	2011	2012	2013	2014	2015	2016	2017	2018	2019	2020
莫兰指数	0.417	0.312	0.375	0.295	0.374	0.416	0.419	0.486	0.466	0.477	0.479	0.403	0.423
p	0.010	0.010	0.010	0.010	0.010	0.010	0.010	0.010	0.010	0.010	0.010	0.010	0.010
z	5.207	3.939	4.667	3.649	4.522	5.113	4.998	5.611	5.609	5.955	6.054	5.060	5.498

同理,将中国31省份的经济维度耦合度指数、生态维度耦合度指数、社会维度耦合度指数、空间维度耦合度指数以及人口维度耦合度指数分别带入Geoda软件中,测算各自的空间全局莫兰指数(表4-22)。结果显示,2008—2020年,乡村振兴与新型城镇化的经济耦合度除了最后两年外均通过了5%的显著性检验,2008—2015年莫兰指数在0.2左右,31省份的经济耦合度在大部分年度具有显著的正相关性,即距离越近的省份经济耦合度越接近,但莫兰指数在逐步降低,到2019年和2020年甚至不显著,可见,经济耦合度空间相关性在减弱。生态维度,2008—2020年的全局莫兰指数均通过了1%的显著性检验,空间相关性显著,莫兰指数均在0.5左右,空间相关性比较稳定。社会维度所有年度的全局莫兰指数通过了5%的显著性检验,空间相关性显著,但莫兰指数呈现降低趋势,空间相关性在减弱。空间维度的空间相关性几乎没有通过1%和5%显著性检验的年份,且莫兰指数大部分为负或零,空间几乎不存在相关性。人口维度的空间相关性检验均通过1%的显著性检验,莫兰指数在0.4左右,空间相关性显著。

表 4-22 中国 31 省份分维度耦合度的全局空间自相关分析结果

年份		2008	2009	2010	2011	2012	2013	2014	2015	2016	2017	2018	2019	2020
经济维度	莫兰指数	0.21	0.19	0.20	0.18	0.24	0.23	0.22	0.22	0.05	0.17	0.20	0.10	0.03
	p	0.03	0.04	0.04	0.05	0.01	0.02	0.03	0.02	0.20	0.03	0.02	0.08	0.28
	z	2.40	2.19	2.21	2.17	2.84	2.86	2.81	2.87	0.90	2.44	2.41	1.41	0.70
生态维度	莫兰指数	0.50	0.49	0.50	0.45	0.48	0.54	0.51	0.52	0.56	0.57	0.54	0.54	0.52
	p	0.01	0.01	0.01	0.01	0.01	0.01	0.01	0.01	0.01	0.01	0.01	0.01	0.01
	z	5.74	5.53	5.87	5.11	5.49	6.28	5.75	6.05	6.36	6.47	5.87	5.81	5.53
社会维度	莫兰指数	0.31	0.24	0.26	0.20	0.16	0.18	0.19	0.18	0.15	0.19	0.15	0.19	0.19
	p	0.01	0.02	0.02	0.02	0.05	0.04	0.03	0.03	0.04	0.02	0.04	0.01	0.01
	z	3.94	2.95	3.05	2.62	2.12	2.48	2.58	2.48	2.17	2.59	2.09	2.54	2.57
空间维度	莫兰指数	-0.1	-0.2	-0.2	-0.2	-0.7	0.0	0.0	0.0	-0.1	-0.1	0.1	-0.1	0.1
	p	0.23	0.12	0.08	0.01	0.50	0.36	0.35	0.37	0.45	0.44	0.03	0.40	0.18
	z	-0.8	-1.3	-1.4	-1.9	-0.1	0.3	0.2	0.3	-0.1	-0.3	2.3	-0.4	1.1
人口维度	莫兰指数	0.41	0.40	0.39	0.37	0.36	0.36	0.37	0.38	0.37	0.36	0.37	0.36	0.34
	p	0.01	0.01	0.01	0.01	0.01	0.01	0.01	0.01	0.01	0.01	0.01	0.01	0.01
	z	4.55	4.35	4.26	4.09	4.04	4.09	4.14	4.22	4.15	4.01	4.16	4.11	3.98

第二，局部空间自相关分析。为了分析各省份乡村振兴与新型城镇化耦合协调度局部区域内空间结构特征，采用 Geoda 软件进行单变量局部空间自相关分析，可以得到乡村振兴与新型城镇化耦合协调度的莫兰指数聚类图，本书选取了具有代表性的研究开始年份、中间年份和结束年份，即 2008、2014 和 2020 年的莫兰指数聚类，聚类结果如表 4-23 所示。

表4-23　乡村振兴与新型城镇化耦合协调度局部莫兰指数集聚分析

集聚模式	2008年	2014年	2020年
高-高集聚	辽宁、天津、山东、河南、安徽、浙江、江苏、上海、福建(9个)	辽宁、天津、山东、江苏、上海、浙江、福建、湖北(8个)	山东、河南、湖北、江苏、上海、浙江、福建、广东、江西(9个)
低-低集聚	新疆、青海、四川、云南(4个)	新疆、青海、四川(3个)	新疆、青海、西藏(3个)
低-高集聚	内蒙古、河北、湖北(3个)	河北、河南、安徽(3个)	辽宁、山西、安徽(3个)
高-低集聚	(0个)	(0个)	(0个)
不显著	余下省份(15个)	余下省份(17个)	余下省份(16个)

由表4-23可知,乡村振兴与新型城镇化耦合协调度具有明显的空间集聚特征。其中大部分东部沿海省份位于第一象限内,属于高-高集聚,即这些省份与相邻省份的耦合协调度均较高,西部省份位于第三象限内,属于低-低集聚,即这些省份与相邻省份的耦合协调度均较低。中部少部分省份位于第二象限内,属于低-高集聚,即这些省份自身的耦合协调低,相邻省份耦合协调度较高。分析年份均不存在高-低集聚现象。从动态角度来看,几年内区域耦合协调度的关联状态较为稳定,但高值区的辐射带动作用有待增强。

第三节
乡村振兴与新型城镇化耦合协调度贡献度分析

运用地理探测器模型,将各省乡村振兴与新型城镇化的准则层指标作为自变量,即将产业兴旺、生态宜居、乡风文明、治理有效、生活富裕、人口城镇化、经济城镇化、社会城镇化、空间城镇化和生态城镇化采用等分法离散化处理后作为自变量,各省乡村振兴与新型城镇化耦合协调度作为因变量,定量分析乡村振兴与新型城镇化耦合协调度中各因素的贡献度。

地理探测器模型是探索空间分异性,揭示其背后驱动力的一种统计分析模型。地理探测器一共有4个探测器,包括因子探测器、交互作用探测器、风险区探测器和生态探测器。其中,因子探测器用来探测因变量Y的空间分异性,以及探测因子X在多大程度上解释了Y的空间分异,用q值来衡量,表达式为:

$$q = 1 - \frac{\sum_{h=1}^{L} N_h \sigma_h^2}{N \sigma^2} = 1 - \frac{SSW}{SST} \tag{4.23}$$

其中,

$$SSW = \sum_{h=1}^{L} N_h \sigma_h^2 \tag{4.24}$$

$$SST = N \sigma^2 \tag{4.25}$$

$h = 1, \cdots, L$ 为变量Y或因子X的分层,N_h 和 N 分别为层 h 和全区的单元数,σ_h^2 和 σ^2 分别为层 h 和全区的Y值的方差。q取值范围在[0,1]之间,q值越大表明因子X对Y的解释力越强。

将乡村振兴与新型城镇化的10个准则层指标和乡村振兴与新型城镇化耦合协调度代入地理探测器模型中,得到结果见表4-24。

表4-24 乡村振兴与新型城镇化耦合协调度影响因素地理探测结果(q值)

年份	产业兴旺	生态宜居	乡风文明	治理有效	生活富裕	人口城镇化	经济城镇化	社会城镇化	空间城镇化	生态城镇化
2008	0.6999**	0.6684	0.6862**	0.2492	0.7919***	0.8182***	0.5528	0.4504	0.1900	0.4318
2009	0.5498	0.4009	0.6847**	0.3406**	0.7008	0.8223***	0.6030	0.6243	0.3671	0.6143
2010	0.3845	0.4095	0.6469*	0.3760*	0.6629	0.7928***	0.5258	0.4637	0.1341	0.5198
2011	0.5120	0.4298	0.6427	0.2281	0.6476	0.8084***	0.4920	0.6750*	0.2090	0.3131
2012	0.1107	0.4156	0.6591*	0.4728	0.6264	0.8321***	0.3949	0.6330	0.3249	0.3395
2013	0.4535	0.4291	0.4680	0.3738	0.4801	0.7602**	0.2096	0.5571	0.2009	0.3397
2014	0.3710	0.4125	0.5824	0.5801	0.5817	0.7584**	0.2947	0.5900	0.2562	0.3215
2015	0.3405	0.5627	0.5314	0.4003	0.5338	0.7324***	0.2665	0.5911	0.1723	0.2734
2016	0.3405	0.5627	0.5314	0.4003	0.5338	0.7324***	0.2665	0.5911	0.1723	0.2734
2017	0.2970	0.5011	0.5047	0.4360	0.6006	0.7144*	0.3071	0.5671	0.0817	0.3024

续表

年份	产业兴旺	生态宜居	乡风文明	治理有效	生活富裕	人口城镇化	经济城镇化	社会城镇化	空间城镇化	生态城镇化
2018	0.2876	0.6076	0.4187	0.3677	0.6129	0.7001*	0.3383	0.6338	0.1468	0.2687
2019	0.4866	0.5092	0.4260	0.3734	0.3791	0.7337*	0.3179	0.5400	0.1431	0.1524
2020	0.3732	0.6243	0.5202	0.6084	0.3005	0.5769	0.2680	0.5348	0.1883	0.2281
均值	0.4005	0.5026	0.5617	0.4005	0.5732	0.7525	0.3721	0.5732	0.1990	0.3368

注：＊＊＊、＊＊、＊分别表示在0.01、0.05和0.1的水平上显著。

表4-24显示，人口城镇化(0.7525)、生活富裕(0.5732)、社会城镇化(0.5732)、乡风文明(0.5617)对乡村振兴与新型城镇化耦合协调度贡献度较大，可以确定为乡村振兴与新型城镇化耦合协调度的主要贡献因素。其中，人口城镇化除2020年外均通过了显著性检验，乡风文明、生活富裕和社会城镇化通过了个别年份的显著性检验。这进一步说明了这些因素对耦合协调度的重要影响，尤其是人口城镇化。可见，目前的耦合协调度水平的地区差异还比较依赖传统城镇化的影响，新型城镇化中其他因素还需要持续发力。乡村振兴中，乡风文明和生活富裕影响也大，说明良好的乡风建设和农村居民生活水平的提高会极大地促进乡村振兴与新型城镇化的耦合协调度。

比较来说，空间城镇化对乡村振兴与新型城镇化耦合协调度作用最小，q值均值仅为0.1990，主要是因为空间城镇化进程不太理想，城市还比较拥挤，人口密度较高、人均拥有道路面积较少，不利于耦合协调度的提高。生态城镇化的作用也比较小，q值均值为0.3368，说明城镇的生态建设还有很大的提升余地来促进乡村振兴与新型城镇化的耦合协调度的提高。此外，经济城镇化、产业兴旺和治理有效也需要进一步提升。

第四节
乡村振兴与新型城镇化耦合协调度影响因素分析

一、模型构建与数据说明

为验证第三章提出的乡村振兴与新型城镇化耦合协调度的影响因素，本书运用2012—2020年中国省级面板数据，采用固定效应模型，考察各因素对乡村振兴与新型城镇化耦合协调度的影响。构建以下基准回归模型：

$$F_{it} = \beta_0 + \beta_1 X_{it} + \beta_2 C_{it} + \mu_i + \gamma_t + \varepsilon_{it} \tag{4.26}$$

式中，i 和 t 分别表示省份和年份，F_{it} 为乡村振兴与新型城镇化耦合协调度；X 为自变量，具体包括反映产业结构的产业升级指数（upi）、交通路网密度（tnd）、要素市场发育（fac）、非国有经济发展（nse）、土地市场化程度（lmd）、科技创新（paa）、数字普惠金融指数（dig）；C 为控制变量；借鉴相关文献，采用开放程度（open）和人口密度（den）作为控制变量；μ_i 为省份固定效应；γ_t 为年份固定效应；ε_{it} 为随机扰动项。各自变量和控制变量的计算方法如下：

产业升级指数（upi）借鉴李俊杰、梁辉（2022）的算法，采用如下公式计算：

$$upi = q_1 + q_2 \times 2 + q_3 \times 3 \tag{4.27}$$

其中，q_1、q_2、q_3 分别表示第一、二、三产业产值占 GDP 的比重。

交通路网密度（tnd），采用公路里程除以土地面积得到。

要素市场发育（fac），直接采用《中国分省份各市场化指数报告》中各地区要素市场发育得分来表示，该要素市场发育程度得分由"金融业的市场化""人力资源供应条件"和"技术成果市场化"三个分项指数构成。要素市场发育得分越高，要素市场发育越好。因为这里的要素市场发育指数与土地市场无关，因此后文需要加土地市场化程度，以全面反映要素市场。

同样，非国有经济发展（nse）也直接采用《中国分省份各市场化指数报告》中的非国有经济发展得分来表示。

土地市场化程度（lmd），借鉴张合林等（2020）的做法，用招拍挂出让收入除以土地出让总收入来表示。

科技创新用专利申请数（paa）作代理变量。

数字普惠金融指数（dig）直接采用"北京大学数字普惠金融指数"[①]。

开放程度（open）用进出口总额除以 GDP 计算得到。

人口密度（den）采用单位面积人口数来衡量。

所需数据均来源于《中国统计年鉴》《中国国土资源统计年鉴》《中国分省份各市场化指数报告》《北京大学数字普惠金融指数（2011—2020）》以及各省统计年鉴。

为了避免量纲和单位对数据的影响，对以上自变量和控制变量取对数。表 4-25 显示了各变量做描述性统计结果。

表 4-25 变量描述性统计

变量	样本量	均值	标准差.	最小值	最大值
F	279	0.641	0.056	0.436	0.77
lnupi	279	0.869	0.055	0.78	1.237
lntnd	279	−0.323	0.868	−2.936	0.791
lnfac	279	2.129	0.423	−0.273	2.816
lnnse	279	2.238	0.278	1.068	2.545
lnlmd	279	−0.054	0.065	−0.581	0
lnpaa	279	9.074	1.762	2.197	12.63
lndig	279	5.392	0.402	4.119	6.068
lnfin	279	−0.827	0.47	−2.368	−0.071
lnopen	279	−2.101	1.13	−5.242	0.051
lnden	279	5.336	1.49	0.919	8.281

二、实证结果

本书选择固定效应模型进行回归。回归结果见表 4-26。表中列

---

① "北京大学数字普惠金融指数"由包括数字金融覆盖广度、数字金融使用深度和普惠金融数字化程度三个大类 33 个具体指标合成。

(1)—(7)分别汇报了产业升级指数、交通路网密度、要素市场发育、非国有经济发展、土地市场化程度、专利申请数、数字普惠金融指数与控制变量对乡村振兴与新型城镇化耦合协调度的影响。列(8)汇报了所有变量的综合影响。

表4-26 模型估计结果

模型	(1) F	(2) F	(3) F	(4) F	(5) F	(6) F	(7) F	(8) F
lnupi	0.379***							−0.012
	(0.136)							(0.029)
lntnd		0.226***						0.037***
		(0.036)						(0.013)
lnfac			0.061***					0.003
			(0.016)					(0.006)
lnnse				0.094***				−0.002
				(0.024)				(0.013)
lnlmd					0.065			0.020*
					(0.043)			(0.011)
lnpaa						0.053***		0.015***
						(0.007)		(0.004)
lndig							0.063***	0.044***
							(0.004)	(0.004)
lnopen	0.016***	0.014**	0.018***	0.02***	0.021***	0.014***	0.004*	0.005**
	(0.006)	(0.005)	(0.006)	(0.005)	(0.007)	(0.004)	(0.002)	(0.002)
lnden	0.315***	0.145**	0.289***	0.382***	0.447***	0.177***	0.073**	0.056
	(0.107)	(0.063)	(0.084)	(0.081)	(0.106)	(0.052)	(0.035)	(0.034)
_cons	−1.335**	−0.032	−1.007**	−1.563***	−1.695***	−0.756***	−0.081	−0.050
	(0.537)	(0.341)	(0.451)	(0.422)	(0.572)	(0.247)	(0.176)	(0.165)
bservations	279	279	279	279	279	279	279	279
R-squared	0.551	0.681	0.554	0.537	0.403	0.739	0.863	0.891

注：***、**、*分别表示P<0.01,P<0.05,P<0.1,括号内为稳健标准误,下同。

表 4-26 显示,单独来看,产业升级指数、交通路网密度、要素市场发育、非国有经济发展、专利申请数、数字普惠金融指数对乡村振兴与新型城镇化耦合协调度的影响是显著为正的,系数分别为 0.379、0.226、0.061、0.094、0.053、0.063,且均通过了 0.01 的显著性检验。这与我们预期的结果是一致的。但是土地市场化的影响不显著。

将所有变量一起回归,综合看来,结果仍然显著的变量有交通路网密度、专利申请数、数字普惠金融指数,而且显著为正,说明这几个变量显著影响了乡村振兴与新型城镇化耦合发展。其中,数字普惠金融指数的系数最大,为 0.044,对乡村振兴与新型城镇化耦合协调度的影响最大。可见,数字经济发展在乡村振兴与新型城镇化耦合协调发展中的重要作用。其次,为交通路网密度,交通路网密度每提高 1%,乡村振兴与新型城镇化耦合协调度会提高 0.037%,说明交通情况的改善还是乡村振兴与新型城镇化耦合发展的重要路径。最后,专利申请数的系数显著为 0.015,表明科技创新对乡村振兴与新型城镇化的影响较大。

三、稳健性检验

为了检验以上回归结果是否稳健,本书进行了以下稳健性检验(表 4-27),第(1)列替换被解释变量,用均权法分别计算乡村振兴指数与新型城镇化指数,然后用耦合协调模型计算得到乡村振兴与新型城镇化的耦合协调指数 f2,将原被解释变量替换为 f2,第(2)列将解释变量产业升级指数替换为产业结构系数(ind),用第二产业增加值除以第一产业增加值,并对其结果取对数(lnind),第(3)列将解释变量专利申请数替换为规模以上工业企业研究与试验发展(R&D)经费支出(rd),并将其取对数(lnrd)代入回归分析中。

表 4-27 稳健性检验

	(1) f2	(2) F	(3) F
lnind		−0.008	
		(0.005)	
lntnd	0.041***	0.033**	0.042**

续表

	(1) f2	(2) F	(3) F
	(0.011)	(0.014)	(0.019)
lnfac	0.008	0.003	0.006
	(0.006)	(0.006)	(0.006)
lnlmd	−0.004	−0.003	0.006
	(0.013)	(0.012)	(0.011)
lnnse	0.017**	0.021*	0.021**
	(0.008)	(0.011)	(0.010)
lnpaa	0.017***	0.015***	
	(0.004)	(0.004)	
lndig	0.036***	0.043***	0.046***
	(0.004)	(0.004)	(0.003)
lnopen	0.004*	0.005**	0.003
	(0.002)	(0.002)	(0.002)
lnden	0.009	0.071*	0.032
	(0.027)	(0.035)	(0.029)
lnupi	0.030*		−0.012
	(0.016)		(0.029)
lnrd			0.017***
			(0.005)
_cons	0.212	−0.125	0.437**
	(0.140)	(0.178)	(0.187)
Observations	279	279	279
R-squared	0.916	0.892	0.890

结果显示，替换被解释变量和替换解释变量后，交通路网密度、非国有经济发展、科技创新情况（专利申请数或 R&D 经费支出）、数字经济发展对乡村振兴与新型城镇化的耦合发展的影响系数仍然显著为正，回归结果是稳健的。

四、异质性分析

考虑到乡村振兴与新型城镇化耦合的影响因素对于不同地区可能存在差异,分别对不同地区的样本进行回归。将全部样本分为东、中、西①进行分样本回归,回归结果见表4-28。

表4-28 异质性分析

	东部地区 F	中部地区 F	西部地区 F
lnupi	0.157	−0.052	−0.006
	(0.120)	(0.117)	(0.035)
lntnd	0.020	0.034	0.061*
	(0.016)	(0.023)	(0.028)
lnfac	−0.026*	−0.008	0.011
	(0.012)	(0.010)	(0.010)
lnnse	0.016	0.010**	−0.060
	(0.071)	(0.004)	(0.065)
lnlmd	0.049	0.021	0.008
	(0.029)	(0.015)	(0.011)
lnpaa	0.026***	0.010**	0.024***
	(0.007)	(0.004)	(0.007)
lndig	0.035***	0.047***	0.042***
	(0.01)	(0.006)	(0.010)
lnopen	0.003	0.013***	0.004
	(0.005)	(0.002)	(0.003)
lnden	0.018	0.062	−0.084
	(0.021)	(0.044)	(0.144)

① 东部地区包括北京、天津、河北、辽宁、上海、江苏、浙江、福建、山东、广东、广西、海南12个省、自治区、直辖市;中部地区包括山西、内蒙古、吉林、黑龙江、安徽、江西、河南、湖北、湖南9个省、自治区;西部地区包括四川、重庆、贵州、云南、西藏、陕西、甘肃、宁夏、青海、新疆10个省、自治区、直辖市。

续表

	东部地区 F	中部地区 F	西部地区 F
_cons	−0.088	0.036	0.562
	(0.186)	(0.205)	(0.604)
servations	108	81	90
R-squared	0.884	0.932	0.909

由表4-28可知，专利申请数和数字经济发展指数的回归系数无论在东部地区、中部地区、西部地区还是全国都呈现显著为正，对乡村振兴与新型城镇化耦合发展的作用不会因不同区域而发生变化。但东部地区的要素市场发育情况系数是显著的，中部地区的非国有经济发展是显著的，西部地区的交通路网密度是显著的。总的来说，各个影响因素对乡村振兴与新型城镇化耦合协调发展度的影响得到验证。

第五章
乡村振兴与新型城镇化耦合发展的路径

　　乡村振兴与新型城镇化耦合发展是实现我国社会主义现代化的应有之义。探索乡村振兴与新型城镇化耦合发展的路径既是破解新时代社会主要矛盾的关键抓手,又是拓展发展空间,实现中国式现代化的必然要求。2022年10月在党的第二十次全国代表大会上,习近平总书记鲜明地指出,一方面,全面建设社会主义现代化国家,最为困难和沉重的工作仍是农村,把农村农业放在优先发展的战略地位,坚持城乡融合,疏通城乡要素流动,全面实现乡村振兴;同时要统筹区域经济发展,促进形成合理分工和协作的新格局,推动工业化、信息化、城镇化、市场化、国际化同步发展。另一方面要稳步推进新型城镇化战略的实施,优化主要生产力布局,加快推进农业转移人口市民化,城市群、都市圈是支撑,构建大中小城市协调发展的格局,以县城为重要载体,推进城镇化建设。可见,乡村振兴与新型城镇化建设都十分重要,二者耦合发展的路径参照上文的影响因素分析,可以从产业融合发展路径、空间载体打造路径、要素自由流动路径和制度供给建设路径展开,如图5-1所示。

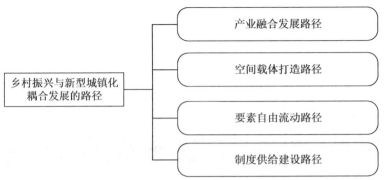

图 5-1　乡村振兴与新型城镇化耦合发展路径

第一节
产业融合发展路径

产业作为经济发展之本,是乡村振兴与新型城镇化建设之主要载体。推进乡村振兴与新型城镇化耦合发展的首要任务在培育城乡有机结合、融合互动的产业体系。《中华人民共和国乡村振兴促进法》第二章明确指出,"各级人民政府应当坚持以农民为主体,以乡村优势特色资源为依托,支持、促进农村一二三产业融合发展,推动建立现代农业产业体系、生产体系和经营体系,推进数字乡村建设,培育新产业、新业态、新模式和新型农业经营主体,促进小农户和现代农业发展有机衔接"。同时,《国务院关于深入推进新型城镇化建设的若干意见》也明确指出,"要带动农村一二三产业融合发展,以县级行政区为基础,以建制镇为支点,搭建多层次、宽领域、广覆盖的农村一二三产业融合发展服务平台,完善利益联结机制,促进农业产业链延伸,推进农业与旅游、教育、文化、健康养老等产业深度融合,大力发展农业新型业态"。这为乡村振兴与新型城镇化的产业融合发展路径指明了方向。

乡村振兴与新型城镇化的产业融合发展路径首先要遵循以下原则(图 5-2):第一,因地制宜,突出特色。必须依靠本地的种养业,绿水青山、田园风光与乡土文化的关系等,发展优势显著、各具特色的乡村产业等,更好地凸显地域特色、乡村价值,反映乡土气息。第二,市场导向,政策支持。发挥市场配置资源的决定作用和激活因素,通过培育市场主体、创新商业模式、完善服务体系等途径,促进农业产业化发展。还要更好地发挥政府的作用,指导形成农民为主,企业拉动、社会参与相结合的乡村产业发展模式。第三,融合发展,联农带农。应积极加速全产业链的发展、健全产业价值链,完善利益联结机制,依靠农业和农村资源发展二三产业,尽可能向农村倾斜,将农业产业链增值收益、就业岗位等努力为农民保留。第四,绿色引领,创新驱动。始终贯彻"绿水青山就是金山银山",严守耕地与生态保护红线,节约资源,保护环境,推动农村生产生活和生态发展的和谐统一。推进农业绿色转型升级,加快形成人与自然和谐共生格局。推进科技创新、业态创新与模式创新等,提升乡村产业的质量与效率。

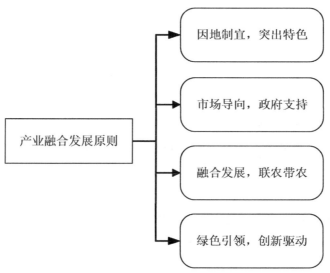

图 5-2 乡村振兴与新型城镇化的产业融合发展路径原则

具体而言,乡村振兴与新型城镇化的产业融合发展可以从以下几方面着手(图 5-3):

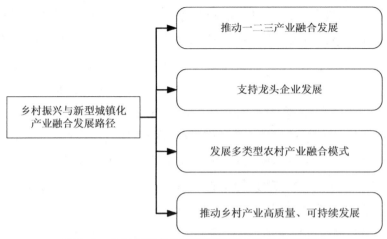

图 5-3 乡村振兴与新型城镇化产业融合发展路径

首先,推动一二三产业融合发展。一二三产业实现融合发展有助于形成城乡有机结合、融合互动的产业体系。一方面,一二三产业融合发展有利于城市企业和产业带动引领农村企业和产业;另一方面,一二三产业融合发展有利于促进乡村经济快速发展和就业结构优化,拓宽农民增收渠道,激发农村内生发展动力。因此,要结合城市群都市圈发展规划,借鉴国外发展经验,积极创新财政、税收、金融、产业、区域等支持政策,引导优化农村一二三产业融合的空间布局,加强区域协调合作,积极发挥城市对农村产业的引领带动作用。同时,要统筹处理好市民与农民、富裕城市与乡村、增强农村发展活力与增加农民收入、推进乡村振兴战略与新型城镇化战略之间的关系。此外,还要鼓励科技人才和创新人才向农村产业融合企业家转型,增加产业融合发展的人才支撑。

其次,支持龙头企业发展。龙头企业的发展有利于带动跨区域、跨产业的融合与合作,是城乡产业发展的重要力量。因此,要鼓励龙头企业通过品牌嫁接、资本经营和产业链延伸等方式主导当地产业发展。引导龙头企业重点发展当地特色产业,包括但不限于农产品加工流通、农村电子商务、农业社会化服务等。通过龙头企业发展,建立现代物流体系,健全农产品销售网络,完善企业与农户的利益联结机制。同时,积极引导龙头企业与专业种养大户、家庭农场或者合作社进行有效对接,实现各类农业经营主体深度融合,完善从田间地头到餐桌的全过程产业链条。

再次,发展多类型农村产业融合模式。多样化的农村产业融合模式有助于促进农民就业增收和满足人们多样化需求。积极鼓励新型农业经营主体发展"互联网+现代农业""旅游+现代农业""养老产业+现代农业""生态产业+现代农业"等多种新型业态和商业模式,依托资源生态优势,推进农业与旅游、教育、文化、健康等产业深度融合。可以开展农村产业融合试点示范工作,形成可复制、可推广的产业融合发展路径和经验。

最后,推动乡村产业高质量、可持续发展。以增产提质增效、绿色发展为引领,转变农村农业粗放发展方式。在增产方面,要积极满足城乡居民对"品种丰富、营养丰富、特色个性"食物的多元化需求。在提质方面,要加大与农业产前、产中、产后相关联的基础配套设施建设,完善品种、种子、化肥、农膜、农药等投入品的管控措施,加强对食品安全质量的监管。在增效方面,以科技创新为支撑,完善产学研一体化应用机制,积极探索以科技、资本相结合增效的农业发展方式,对不同地区的产业实施特色化、差异化、精细化、品牌化战略,提高劳动生产率,同时统筹好国内国际两个市场,参与国内国际双循环,倒逼产品提高质量,增加效益。在可持续发展方面,要坚持绿色发展的理念。在农业生产上,对农业发展的土壤、水、环境等进行系统评估、修复和治理,发展绿色农业和生态农业。在乡村产业体系上,推进产业生态化、生态产业化的发展思路,建立绿色发展基金,建立乡村产业绿色发展准入制度和负面清单制度,以及耕地补偿和生态补偿制度,完善绿色发展补贴政策。

第二节
空间载体打造路径

系统、完善、有力的空间结构和载体是城乡经济发展和社会进步的重要支撑。打造城乡融合的空间载体,实行城乡规划融合,是乡村振兴战略与新型城镇化战略耦合发展的内在要求。打造城乡融合的空间载体,要以习近平新时代中国特色社会主义思想为指导,整体性地规划布局建设城乡空间结构,兼顾城镇和农村的发展需要,合理配置社会资源,实现统筹兼顾、全域规划。打造城乡融合的空间载体,要以统一的城乡空间规划为基础,优化城乡统一的功能布局、人口布局、产业与企业布局。

乡村振兴与新型城镇化耦合发展的空间载体打造要遵循以下原则(如图5-4所示):

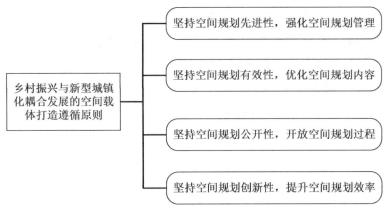

图5-4 乡村振兴与新型城镇化耦合发展的空间载体打造遵循原则

第一,坚持空间规划先进性,强化空间规划管理。新时代推进乡村振兴与新型城镇化耦合发展,在空间规划上必须要有新理念新思想,加强城乡空间规划引领工作,明确空间规划目的,健全空间规划体系。统筹规划工业化、信息化、城镇化和乡村振兴的历史大走向,统筹考虑生活功能与生产功能、生态功能的空间布局,实行分类分区分期规划,建立城乡一体、错位竞争、功能组团的城乡空间发展格局。明确城乡基础设施建设和城乡公共服务发展的范围边界和途径。

第二,坚持空间规划有效性,优化空间规划内容。新时代推进乡村振兴与新型城镇化耦合发展,在空间规划上要重视有效性,即以解决城乡空间结构中存在的一些关键问题为目的,杜绝形式主义和官僚主义。围绕乡村振兴和新型城镇化战略,以现实具体问题为导向,建立分类解决问题的路线和机制,丰富空间规划要素,优化解决问题的规划内容。

第三,坚持空间规划公开性,开放空间规划过程。新时代推进乡村振兴与新型城镇化耦合发展,在空间规划上要重视公开性,确保规划过程公开透明,按照公共政策制定实施流程进行规范操作,多渠道广泛征求不同人员、不同部门和不同区域对乡村振兴与新型城镇化耦合发展的意见和需求,结合地方实际,因地制宜,深入完善城乡功能区规划,做到规划过程有自上而下的监督与指导,也有自下而上的支持与反馈,还要有社会互动参与。

第四,坚持空间规划创新性,提升空间规划效率。新时代推进乡村振兴与新型城镇化耦合发展,在空间规划上要重视创新性,规划效率的提升更大程度上依赖于贯彻实施过程和机制的创新,需要深入考虑乡村振兴与新型城镇化空间规划实施过程中的责任与权利以及人、财、物的关系。

具体来说,乡村振兴与新型城镇化耦合发展的空间载体打造可以从以下几方面着手(图5-5):

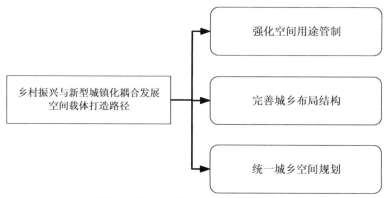

图 5-5　乡村振兴与新型城镇化耦合发展的空间载体打造路径

首先,强化空间用途管制。以创新、协调、绿色、开放、共享的新发展理念为引导,坚持国土开发与承载力相匹配、节约开发与高效利用相统一,重视区域统筹,落实区域发展战略和主体功能区战略,设置"生存线""生态线"和"保障线",确定国土开发强度、国土空间保护力度、自然资源利用效率等,以水土条件和资源生态环境的专项评价为依据,结合资源环境限制性因素,优化不同区域空间开发的规模、结构和布局。

其次,完善城乡布局结构。积极鼓励培育中小城市和特色小城镇,以城市群为主体构建大中小城市和小城镇协调发展的城镇化格局。充分发挥大城市的聚集效应、规模经济效应、辐射效应,同时地级市等中等城市也要发挥自身优势,积极吸引大城市产业转移,小城市和小城镇依靠成本优势,大力发展配套产业和休闲、康养、教育产业等特色产业。此外,布局城乡一体的公共服务体系,建成以镇或村或社区为节点的"15分钟就业社保服务圈""15分钟健康服务圈""15分钟体育健身圈""15分钟文化圈""15

分钟管理服务圈"等。

最后,统一城乡空间规划。统筹考虑乡村与城镇发展,通盘谋划基础设施、公共服务、资源能源、生态环境等布局结构,依托城乡各自特色,形成协调发展城乡空间布局。根据农村居民生产生活半径,科学安排乡村布局、资源利用、设施配套和村庄风貌整治,强化村庄规划管理。规划要注意突出重点,分类施策。重点建设中心村、中心镇、小城镇和粮食生产区、重要农产品生产保护区、现代产业园区、农村产业融合示范园、农业科技园、电商产业园、田园综合体等,并将这些村镇与园区的规划作为推进乡村振兴的战略节点,科学规划、注重质量、从容推进,充分发挥城乡空间规划的引领作用。

第三节
要素自由流动路径

乡村振兴与新型城镇化耦合发展的关键在于实现要素的双向自由流动,在乡村与城市之间形成人才、土地、资金、产业、信息、数据等的良性循环,可以为乡村振兴与新型城镇化注入新动能。乡村振兴与新型城镇化耦合发展体现在城乡自然要素、经济要素、空间要素和人员要素的优化组合,体现在城市与乡村两种空间、业态和生态系统的相互渗透、功能互补、互利共享。党的第二十次全国代表大会明确指出,要"构建全国统一大市场,深化要素市场化改革,建设高标准市场体系","坚持城乡融合,畅通城乡要素流动"。乡村振兴与新型城镇化耦合发展需要城乡土地、人口、资金、技术等要素的自由流动,具体如图5-6所示。

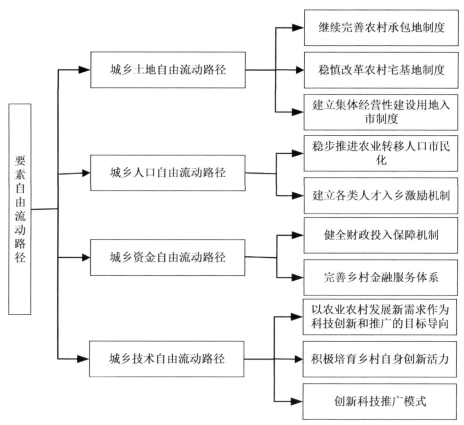

图 5-6　乡村振兴与新型城镇化耦合发展的要素自由流动路径

一、城乡土地自由流动路径

新中国成立以后,我国逐渐形成了城乡二元土地制度,即城市土地的所有权归国家所有,产权是完整的;农村土地归集体所有,产权天然不是完整的,主要体现在土地收益权和使用权的二元性,即集体土地产权的不完整也主要体现在集体土地使用权和受益权的不完整。城市土地国家所有和农村土地集体所有决定了两种不同的使用制度、受益主体和收益分配机制。从土地使用权来看,《中华人民共和国土地管理法》明确规定:"任何单位和个人进行建设,需要使用土地的,必须依法申请使用国有土地","农民集体所有的土地的使用权不得出让、转让或者出租用于非农业建设"。而《中华人民共和国城市房地产管理法》规定:"城市规划区内的集体所有的土地,已经征收为国有土地后,该幅国有土地的使用权方可有偿转让"。这些规定鲜明地体现出国有土地使用权可以转让,是完整的,而集体土地必须经过征收变为国家所有后才可转让,集体土地的使用权是不完整的。从土地收益权来看,国有土地的收益权完整地归国家、全民所有,而集体土地的收益权要归集体和国家分享,是不完整的。城乡二元的土地制度严重影响乡村振兴与新型城镇化的耦合协调发展。城乡要素自由流动与平等交换需要城乡二元土地制度的统一。只有实现城乡土地要素的自由流动,才有助于促进城乡房屋、人口、资金要素的自由流动,才能降低土地成本,降低城市生活成本和入城门槛,有利于实现乡村振兴与新型城镇化的耦合发展。促进城乡土地自由流动应从以下三个方面着手:

一是继续完善农村承包地制度。农村承包地如今正处于所有权、承包权和经营权"三权分置"阶段。农村承包地按使用类型包括耕地、林地、园地、草地、养殖水面等。农村承包地改革应该继续旨在推动流转集中,扩大经营规模,进一步完善农村承包地制度,并且进一步拓展农用地产权结构开放,要按照"三权分置、差别赋权、先内后外、宜长则长、促进利用、防止荒废"的思路持续推进。其中,"三权分置、差别赋权"就是指农村承包地的所有权、承包权、经营权在对非本集体经济组织人员的转让中,给予了他们不一样的权利和能力。"先内后外、宜长则长"是指在流转承包地时优先考虑本集体内部人员,有利于本集体组织成员扩大经营规模;同时,流转的期限应尽可能延长,有利于受让人进行长期投资,提供土地资源利用效率。"促进利用、防止荒废"是指要对各项权能积极赋权,不拘泥于狭隘的"产权保护",充分利用农地资源,增强农业竞争力。在集体所有权保持稳定的前提下,一方面,积极探索承包权在组织内部的互换和转让,鼓励农用地"小块并大块"。要通过政策引导、制度创新和法律规范等手段,使农村土地使用权能够得到合理有序流转。同时探索建立承包权退出激励机制,避免因承包权能过大而引起地租上涨,或者陷入流转僵局。另外还需要对承包权实现途径进行探讨,例如确权确股,不确权。另一方面,完善土地经营权流转机制,鼓励经营权集中对外转让,多样化经营权对外人员转让渠道,包括承包人可通过"出租(转包)和参股"的形式,实现将土地经营权转让给他人;承包地之土地经营权可作为融资担保,受让方可对土地经营权进行再次转让,等等。同时也应该注意到,由于土地经营权流转具有复杂性，所以需要制定专门的法律加以规范。在此，首先，应尽快进行经营权跨承包期流转，我国多数土地第二轮承包期于2027年左右届满，因此有必要对第二轮和第三轮承包衔接措施加以明确，允许将本轮承包期与下轮承包期并轨，以实现长期流转。其次，要允许承包方以入股方式参与新一轮承包期内土地经营权的再流转。再次，要厘清土地经营权再流转需要满足的条件，以承包方统一调度为主，发包方归档和支付流转期内应向承包方支付流转价款。最后，是对工商资本作为受让人的宽容，可向受让人提出农业经营能力或者资格等条件，而不从身份、组织形式等角度进行限制。

二是稳慎改革农村宅基地制度。目前，农村宅基地产权结构开放性相对较差，缺少集体经济组织成员向外迁移退出渠道，非本集体经济组织对外迁入渠道不畅通。这导致了农村宅基地的低效利用，造成资源浪费。所以，有必要对其加以改造，但应该稳健谨慎，采取的思路可以是"三权分置、差别赋权、立足存量、先房后地、保障居住、避免投机"。其中"三权分置，差别赋权"就是指宅基地集体所有权的实施过程中、在确保组织成员使用权前提下，逐步放活宅基地转让使用权，给予集体所有权、成员使用权，流转使用权流转空间各不相同。所谓"立足存量、先房后地"，是指提高宅基地存量的使用效率，停止新宅基地福利发放，优先拓展既有农民住房财产权向外转移的空间，然后考虑宅基地使用权对外转让问题。"以租代征、租购同权"是对宅基地制度改革的新探索。"保障居住、避免投机"是拓展宅基地产权开放性应遵循的基本原则与基本出发点，满足外来非本集体经济组织工作人员实际住房需求，切忌资本圈地，游资炒作。其中，承包地的集体所有权可以通过置换等途径流转，可以实现不同行政村之间的宅基地置换。宅基地的成员使用权只能在集体经济组织内部流转，但可以进行一些铺垫性改革。可以对超占的宅基地进行清退或有偿使用。同时不再申请免费，可选择改制的时点，做一次性了断，符合一户一宅条件但未分到宅基地的社员，给予赔偿。在确定产权归属和流转方式上，要坚持自愿原则。同时要明确使用期限。对于集体建设用地使用权不能在同一时期内转让的问题，要按照国家规定的标准分期支付土地补偿费和安置补助费，并将其作为农村集体经济组织成员资格确认依据之一。可考虑从改制试点开始，明确规定社员使用权期限为70年。期满，还在实际生活中的，可顺延；无社员实际生活的，可有偿退出，也可继续支付土地使用费，让其他继承者续持使用。在此基础上，允许农民集体将闲置的宅基地用于出租和抵押。宅基地流转使用权可从多方面拓展开放性。在集体建设用地使用权转让时，应根据不同情况进行区分对待。首先，关于受让对象，可根据县农村集体经济组织的成员情况、县以外的农村集体经济组织的成员，回乡创业、下乡居住次序，逐渐列入受让人的范围，并对受让面积进行严格的限制，杜绝炒作行为。另外，对符合条件的转让人进行登记备案并提供相应证明材料，允许在村集体内部流转。其次，在流转用途方面，应以满足外来人口的生活为主，大力发展农村的休闲、旅游、养老、养生及其他行业，禁止建造大别墅、私人会馆和其他建筑。同时，应根据不同情况制定合理的流转条件，不能一哄而上，搞一刀切。再次，在流转主体上，可以有会员单独流转的，亦可组建农民住房合作社，由其统一流转。此外，还可以通过土地入股、租赁房屋等途径实现农户向集体的流转。最后，在流转方式上，积极鼓励农房长租或者短租等，可整体出租，还可分割出租。同时，鼓励村集体经济组织自营或出租空闲农房和宅基地，也可以与外商资本合作、联营，发展旅游观光休闲养老产业等。允许农民住房财产权抵押、继承。

三是建立集体经营性建设用地入市制度。现行的《中华人民共和国土地管理法》规定，集体经营性建设用地只能由本集体经济组织直接使用或者以土地使用权入股、联营与外来资本共同兴办企业。只有建立好集体经营性建设用地入市制度才能提高土地的资源配置效率。应该按照"规划管控、直接入市、用途管制、利益平衡，统一市场、权能平等"的思路，进一步积极放开集体经营性建设用地的产权结构。这是对现行集体经营性建设用地产权制度改革的一种探索，也是当前我国深化土地改革中一个值得重视的问题。"规划管控、直接入市"是积极进行土地利用规划，并以满足土地国家规划为条件的，可不经国家征收，直接采取转让、出租、入股等方式出让集体经营性建设用地使用权，达到直接进入市场的目的。"用途管制、利益平衡"是要明确集体经营性建设用地所有权主体和使用权人，要合理规划集体经营性建设用地的用途，并对集体土地所有者直接入市与土地征收所获得的利益进行权衡，均衡各土地间入市收益向所有者与政府的分配关系，同时要明确集体土地所有权主体和权利人，并对集体土地进行有效监管,使其成为真正的市场主体。所谓"统一市场、权能平等"是指建立城乡统一的建设用地市场,给予集体经营性建设用地和国有建设用地以不动产登记、转让的年限、抵押担保和其他方面的同样权利。这意味着我国农村集体经济组织可以利用集体经营性建设用地来发展经济、增加收入、解决就业问题。具体可从如下几个方面进行探究:第一,可考虑按县,在区位条件、配套条件较好的地区,设立产业集聚区,采用不同面积等量置换,使零散存量建设用地高度集中,实现异地进入产业集聚区市场。同时要注意避免将城镇非农用地转为非农建设用地的现象,防止造成城市发展空间被挤占的风险。第二,积极拓展土地使用权入市范围,既有工矿仓储,又有商业服务,还可建租赁住房,共有产权房。允许企业利用闲置土地进行技术改造、再开发,从而达到节约集约使用建设用地的目的。第三,探索集体公益性建设用地进入市场的途径,盘活集体公益性土地资源。第四,鼓励发展经营性建设用地进入市场,并对其进行严格规范管理。此外,还应对增量集体建设用地入市方式进行探索,主要有整租和分租两种方式,入股等各种手段。

二、城乡人口自由流动路径

城乡人口的自由双向流动是乡村振兴和新型城镇化耦合协调发展的内在要求。一方面,新型城镇化建设使得大量人口从农村流向城市,这是城镇化的基本趋势。1949—2021年,我国的城镇化率从10.64%上涨至64.7%,年均增长2.54个百分点,城镇人口增长了8.566亿人。在农村人口涌入城镇的同时,城镇人口返乡的现象也同时发生。这或许是因为城镇生活门槛仍较高使得农民工被动回流,或许是因为产业梯度向中西部转移使得农民返乡创业,或许是因为农村休闲农业、会展农业、智慧农业、智慧养生养老产业等新型业态的发展使得农村增加了不少就业机会引发人口回流,亦或是乡村情结使得农民回流。总之,人口在城乡之间的双向流动是不争的事实。同时,人口的自由双向流动对于改善要素配置效率、促进城乡产业融合、提高农民收入、先进制度扩散等具有重要战略意义。尽管党的十八大以来,国家高度重视城乡人口流动,出台了一系列政策,也取得了一定积极成效,但整体来看,城乡人口的两个流向还不够通畅,存在很多体制机制障碍。一方面,城市户籍门槛仍然不低,多数进城务工的农民仍然处于家庭分离状态,农民工子女随迁就读的比例仍然比较低,农民工社会保障水平也与城市居民存在巨大差距,农民工获得城市住房的难度仍较大。另一方面,返乡群体下乡创业存在信贷困难、建设用地困难、人事管理困难和公共服务障碍,返乡就业创业难度较大。因此,可以着力从以下两方面切实畅通人口自由流动路径。

一是稳步推进农业转移人口市民化。农民工市民化和高校毕业人口市民化是农村人口向城市流动的主要途径。首先,要深化户籍制度改革,除超大和特大城市以外,其他城市均实行"无门槛落户",取消以前落户需要的学历、住房、社保等条件。同时,完善居住证制度,使得农民工子女凭居住证实现随迁就读。其次,根据人口流动情况,配置财政、用地指标等资源,实现资源与人口数量挂钩。最后,加快耕地、宅基地产权保护,实现"三权分置",明确进城落户农民可长期保有土地承包权、宅基地使用权,同时建立宅基地退出和转让机制,减少地和房对人的限制。

二是建立各类人才入乡激励机制。农民工返乡、农村知识人才返乡和其他人才下乡是人口从城市流向农村的主要途径。要畅通人口从城市向农村的流动,就需要建立各类人才激励机制。首先,持续推进人事制度改革,促进乡村人才振兴。可以实行更为宽松的科研人员管理办法,允许高校、研究所的人才采用停薪留职、技术入股等方式参与农业企业,保护其知识产权,同时,职务晋升、职称评定时优先考虑农村地区科技人才。积极鼓励返乡企业家、毕业大学生和各类科技人才参与乡村治理,为乡村振兴贡献力量。其次,加大农村基础设施建设和公共服务建设,使得农村生活生产更加便利。不仅要改善农村水、电、网、路、电子商务设施等硬件设施,而且要改善乡村生态环境,推进厕所改革、污水处理和垃圾处理,以美丽宜居吸引人才返乡,还要提升教育、医疗、社保、养老等公共服务水平,满足返乡人才的基本需要。最后,完善涉农信贷、用地政策,支持各类人才在农村创业。提高人才下乡的信贷额度,适度扩大抵押物范围,鼓励担保机构发展,满足各类人才在农村创业的资金需要。同时,在法律允许范围之内,合理放宽用地限制,满足合理的农村创业用地需求。

三、城乡资金自由流动路径

在我国长期以来的城乡二元经济社会结构影响下,资金资源城乡配置不均尤为明显。而资金自身具有逐利性,流动性强,更是让农村资金源源不断地外流,加剧城乡间经费不平衡。现有的农村金融资金难以支持乡村振兴以及农村农业现代化发展,尤其是农村存贷资源分布不均、信贷资金供需不匹配、农村有效抵押资产与银行风险管控存在矛盾,使得资金向农村回流存在障碍。乡村振兴与新型城镇化的耦合协调发展亟须城乡资金的自由流动,尤其是农村金融体系的改革。可以考虑从以下两方面着手。

一是健全财政投入保障机制。单纯依靠市场可能只会让资金从农村单向流动至城市,因此要依靠政府作用,健全农村财政投入保障机制。健全乡村振兴财政投入保障机制,有利于调节收入分配、公共产品生产、引导资源优化配置、引导投资方向。要优化财政支农支出结构,转换财政投入方式,创新涉农资金运行方式。首先,建立合理的农业农村财政补贴机制,提升支农效能。推进专项转移支付预算编制环节综合改革,探索实行"任务清单"管理方式。创新推广政府与社会资本合作,探索以奖代补和贴息,支持建立风险补偿基金和担保机制,各级财政优先支持农村集体经济组织的项目。其次,要加大民生投入,特别是基本公共服务的投入,比如教育、医疗卫生、就业服务、养老、社会保障和生态环境等。各级政府财政预算优先安排基本公共服务,建立财政支持基础教育、职业教育、三级医疗体系、最低生活保障与医疗救助的长效机制。再次,增加农业基础设施投资,切实解决制约农村发展的公共问题。采用财政补贴和受益者承担一定费用相结合的方式,积极进行小范围的病虫害防治、小型水利灌溉工程、农业技术应用与推广,缩小城乡公共产品差别,还要完善农村沼气建管机制、农村危房改造、农房抗震改造和农村信息基础设施建设。最后,强化财政对农业的支持与保护,推进农业现代化建设。不断加大财政支持农业的投资力度,使得国家财力长期坚持向农业倾斜,还可以从土地出让收益和国有资本运营收益中建立农业发展专项基金。同时,优化财政支出结构,大力支持传统农业的转型升级,投资有竞争力的农业产品和项目,加大财政对"种子工程"、畜牧良种、特色农产品、农业龙头企业等方面的支持。

二是完善乡村金融服务体系。我国农村的金融需求按需求主体分类可以分为传统农户金融需求、农民专业合作社金融需求、农业产业化龙头企业金融需求、居民住房消费金融需求和农业基础设施建设金融需求。对应地,我国农村存在合作金融、商业金融、政策金融、开发性金融供给。其中,传统农户金融需求、农民专业合作社金融需求基本对应的是合作金融供给;农业产业化龙头企业金融需求、居民住房金融需求,具有一定的规模效应,基本属于商业金融的供给范围;农业基础设施建设的金融需求对应的则是政策金融供给;农业农村中的中长期信贷则需要开发性金融供给。目前,农村金融供给中的商业金融、政策金融和合作金融都普遍存在供给不足现象。这表现在正规金融功能弱化,农村自有资金大量外流,同时非金融机构长期受到压制,发展没有突破,农村金融供求不对称,因此,需要完善乡村金融服务体系。首先,强化政策性银行的引导作用,确立其"农村基本公共服务设施的保障者、农村金融方向和服务创新的引导者、农村新产业开发的组织者、政策与市场的结合者"的战略使命。支持政策性银行多元化筹资,提高其资金供给能力。加大政策性银行"三农"特别债发行力度,同时政策性银行可以通过资金富余金融机构的委托贷款、同业借款和购买债券的方式,实现资金多渠道搜集,扩大存款来源。促进政策性银行向政策性信贷机制的供给者的提升,确立各种政策性信贷资金的供给方式,它由政策性批发贷款,委托贷款,抵押贷款和联合贷款组成。通过创新农村金融服务方式,降低农业保险风险损失。以低成本的供给资金,引导农村其他金融机构拓展农村贷款业务,扶持农村新型经营主体开展长期投资。进一步完善农村合作金融机构、村镇银行和新型农村金融机构等机构法人治理结构。增强政策性金融引导投资、组织投资功能,积极培育和发掘农村农业新的增长点,大力支持农业新技术、新创业和新业态的发展壮大。协调组织资源,以组团的方式进行投入、协同投资、重组整合等方式实现区域价值整体开发。其次,加强政策性激励,加大金融机构在农村信贷投放力度。强化涉农信贷指标未达标金融机构处罚。同时,落实金融机构分散差异化风险评价机制,放宽风险容忍度。农户及农村新型经营主体贷款风险权重可降低到小微企业贷款水平,对农村资产抵押和城市资产抵押的风险一视同仁。此外,可以建立对支农信贷的支持制度,建立涉农信贷保险制度等，涉农信贷风险救济基金可通过国家或者省级财政的方式设立。在此基础上，可设立专门负责涉农信贷业务的机构——农业政策性银行。农村生产经营性贷款，可免征增值税，加大支农再贷款、再贴现力度，积极扶持农村土地整治，现代设施建设，现代农业发展工程。最后，要规范农村合作金融，支持建立规范的农村资金互助社，明确村组织对其的监督责任，村委会可办理股金、贷款登记备案手续。资金互助社能够集合全村所有组织，所有人员对资金信贷的需求，从而向相关金融机构申请批发贷款，再发放到资金需求方，并积极负责贷款催还。在政府的主导下，成立专门的机构负责指导和支持相关领域的建设与发展。最终设立乡村振兴政府引导基金，起到投资引导作用。在政府资金的指导下，公开筹措社会资金。对于涉及农村的新产业、新业态与基础建设项目、重点生态文化保护项目的先导投资，可以在中央财政的领导下、各省市区视具体情况认缴不同的份额，同时，鼓励各地自主设立乡村振兴引导基金，且可和国家乡村振兴基金引导基金共同出资。

四、城乡技术自由流动路径

城乡之间的发展差距更深层次的原因在于城乡发展能力的差距，主要体现为各生产要素的差距及其形成生产力的差距。科技作为其中最主要的因素和第一生产力对发展的引领作用显著。为乡村振兴注入先进科技是弥补城乡差距、推动乡村振兴与新型城镇化耦合协调发展的重要支撑。在过去城乡二元分割的背景下，我国的科技资源严重向城市高度集中，科技创新主要集中在城市，并且城市的科技创新活动也主要立足于满足城市发展自身需求，一般脱离农村和农业生产的真实需求。虽然存在农业技术推广，科技传播呈现由城到乡的单向流动，但农村缺乏科技创新的资源与能力，只能被动地依赖城市知识供给，跟随城市发展路径，从而在城市偏向发展中处于依附地位。乡村振兴和新型城镇化耦合协调发展，为科技要素自由流动带来新需求。首先，农村新环节、新领域与三产融合发展，都要求技术不断延伸与升级。农业经营主体的农业科技需求已由种养技术向加工制造、储藏运输、营销宣传、旅游休闲等领域延伸，在服务管理这样一个新兴的领域。其次，农业提质增效，需要技术升级。清洁生产、有机种养、循环农业等成了人们对农业技术的新要求。农民对更美好生活的向往给人居环境、基础设施、公共服务提了更高的要求,这些改进提升,都需要技术来支撑,包括对硬件设施施工和维修的技术要求、日常生活的科技知识需求。因此,构建城乡科技自由流动的路径至关重要,可以从以下三个方面着手。

一是以农业农村发展新需求作为科技创新和推广的目标导向。根据农业消费升级和产业转型升级需要,积极探索现代新兴科技,开发新功能和新业态,创新农产品和服务。利用新兴技术推动三产融合,实现产业技术体系的集成创新和应用。同时,从乡村居民的居住需求出发,运用科学技术来改善乡村人居环境,提高居住质量,从而达到保护乡村环境的目的,并积极开展科技教育与科普活动。

二是积极培育乡村自身创新活力,为乡村发展注入新资源和新力量。依托新技术、新模式、新业态等创新力量与乡村自有资源相结合,提升乡村资源附加值。同时,依托乡村资源优势吸引创新主体和产业向乡村转移,吸引创新龙头企业。还可以积极鼓励新型经营主体实现创新发展,开展新品种或新技术试验,拓展产品和服务。

三是创新科技推广模式。首先,拓展科技推广范围,不仅要对农业推广绿色生态技术,还要对农村新产业推广相应的前沿技术,对环境改善推广使用先进技术。其次,拓宽科技推广主体范围,指导高校和科研院所开展工作,企事业单位以设立试验站、试验田、科研基地、科技小院等的方式把技术资源带到农村。与此同时,扮演好"农民技术员"、乡村"土专家"的角色,实现农户间科技资源的横向传播。最后,创新科技推广方式,既可由专家和农户面对面进行技术推广,也可通过线上培训进行科学技术的学习,还可进行技术应用等专业化社会服务,使新技术能够大规模标准化应用。

第四节
制度供给建设路径

乡村振兴与新型城镇化的耦合协调发展需要一系列的制度及体制机

制作保障。乡村振兴与新型城镇化相耦合、相协调的制度供给建设,需要在乡村振兴战略、新型城镇化战略的实施指导下进行,在加强乡村和城市制度供给、创新城乡融合发展体制机制支持下,转变对乡村经济社会发展不利的城市偏向政策机制,实现城乡均衡、融合发展。除了以上涉及的产业制度改革、土地制度改革、人口相关制度改革、金融制度改革和科学技术扩展制度改革外,乡村振兴与新型城镇化的耦合协调发展还需建立城乡基础设施一体化发展的体制机制,建立新型农业支持保护的体制机制,完善农民就业与增收的体制机制,完善社会智慧治理机制,建立生态保护建设制度等,如图5-7所示。

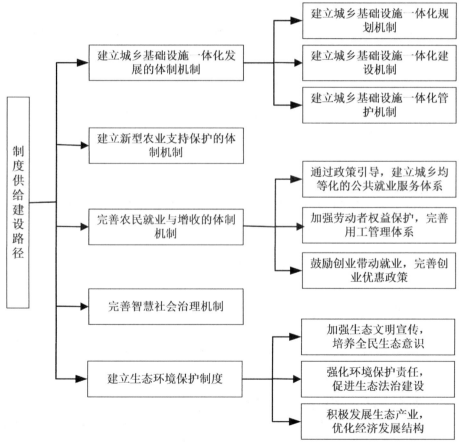

图5-7　乡村振兴与新型城镇化耦合发展的制度供给建设路径

一、建立城乡基础设施一体化发展的体制机制

加快推动乡村基础设施提档升级,建设城乡基础设施统一规划、统一建设、统一管护的体制机制。

一是建立城乡基础设施一体化规划机制。以县为单元,统筹城乡道路、供水、供电、信息、广播电视等基础设施建设、防洪设施、垃圾污水处理及其他基础设施。推进重要市政公用设施在城市郊区乡村、大城镇的普及。通畅城乡交通运输连接,做到城乡道路客运一体化,搞好公路的安全预防。统筹规划城乡污染物处置体系建设,包括城乡生活垃圾、生活污水处理体系等。强化城乡公共网络建设和运用,搞好技术规范和数据开放。

二是建立城乡基础设施一体化建设机制。对城乡基础设施公共产品进行界定,完善基础设施分级建设机制。乡村路、水、公交、邮政这些公益性较强的基础设施,主要是政府建设;乡村垃圾污水处理、农贸市场建设这些经济性较强的基础设施,主要是企业建设。为城乡基础设施建设项目的一体化发展提供支撑。

三是要建立城乡基础设施一体化管护机制。对公益性设施的管护和运营投入要列入一般公共财政预算。明晰城乡基础设施产权,产权所有者履行管护责任。同时通过政府购买服务的形式引进专业服务企业来提升基础设施管护市场化水平,构建基础设施管护企业化管理模式。

二、建立新型农业支持保护的体制机制

为切实提高农业质量效益与竞争力,促进农民增收,建立新型农业支持保护的体制机制至关重要。当前我国农业发展存在粮食安全困境、农产品质量安全困境、农业经营效益困境、农产品竞争力困境和生态保护困境等。为满足乡村振兴与新型城镇化耦合协调发展的需要与要求,确保粮食安全、质量安全、经济效益、产品竞争力和环境保护目标的实现,新型农业支持保护体制机制应采取内外围相结合的治理模式,内围主要是新型农业支持保护政策体系,外围主要是相应的协同配套体系。其中,新型农业支持保护政策体系包括产业政策、收入政策、市场调控政策、贸易促进政策和环境保护政策,协同配套体系包括基础设施建设、社会化服务体系、农地建设与人员培训等。具体而言,可以积极增强农业与农产品竞争力、深化农业市场化改革,创新农产品品牌,开展动植物品种保护工作,积极培训城市青年归农技能,鼓励农民专业合作社联社和农业产业化联合体的构建,注重保持农业环境等。

三、完善农民就业与增收的体制机制

就业与增收是重大的民生话题。实现城乡均等的就业机会、就业环境与就业服务是乡村振兴与新型城镇化耦合协调发展的内在要求。

一是通过政策引导,建立城乡均等化的公共就业服务体系。公共就业服务是指由政府提供的公益性就业服务,包括研究发布就业信息、提供就业咨询与帮助,改善劳动力市场的组织与运行等。首先,要加强公共服务组织队伍建设。建立覆盖城乡的人才服务网络,包括职业指导员、劳动保障协理员、职业信息分析师等人才队伍。其次,建立统一的公共就业服务信息系统,整合就业管理服务信息资源,建立就业信息数据库,同时建立就业信息监测体系,使就业管理服务实现信息化、标准化。最后,建立就业援助机制,落实各项扶持政策。积极组织实施专业化和个性化就业援助,提供职业指导、职业介绍、职业培训等服务,实现就业援助精细化、长效化。

二是加强劳动者权益保护,完善用工管理体系。首先,加大劳动法规宣传与劳动保障监察。通过电视、广播、报刊、现场活动等方式积极宣传劳动法规。同时,通过机关、企业、学校多主体进行劳动保障监察,确保监察工作认真负责。其次,利用工会积极维护劳动者权益,妥善处理劳动纠纷,畅通劳动仲裁和劳动保障监察渠道。最后,强化企业的社会责任,包括市场责任、用工责任、环境责任、公益责任等,建立企业社会责任评价体系,加大用工责任的比重,注重员工工资增长、职业健康、员工发展等权益。

三是鼓励创业带动就业,完善创业优惠政策。首先,强化创业政策扶持,开辟创业绿色通道,规范创业行政审批事项,简化创业行政审批手续,消除各类阻碍创业的壁垒。落实有利于创业的税收优惠、政府采购政策等。其次,加大创业培训,扩大创业培训范围,提高全民创业意识。同时,规范创业培训标准、提高培训师资水平、完善创业培训模式,切实提高培训质量,避免流于形式。最后,健全创业服务体系。积极推动创业咨询、创业

指导等专业服务体系的完善。提供从建立创业孵化基地、项目推荐到成功创业的全过程跟踪服务。根据创业者需求，积极组织项目开发、方案设计、开业指导、员工招聘、融资服务、风险评估等一条龙创业服务，并建立创业信息管理系统，提供创业后续服务与指导。

四、完善智慧社会治理机制

有效的社会治理不仅是乡村振兴的基本要求，也是不断推进社会主义现代化国家建设的基本要求。智慧社会建设也是加快建设创新型国家的重要内容，更是全面深化改革的重要体现。乡村智慧治理指的是各类乡村治理主体利用信息技术进行有关乡村公共事务治理实践，不仅要求建立多主体协同治理机制，而且要充分进行村民协商，搜集本地化信息，必须充分利用信息技术，使得乡村治理在"端—网—云"互动中实现数据驱动治理。如今的乡村治理面临的新问题是如何使流动的村民参与村庄事务治理。乡村人口的大量频繁流动使得人口与土地分离，与土地利益相关的人无法在场表达自己的意志。数字技术的发展为解决这个问题提供了答案。办公平台、社交平台、电商平台等技术的发展为联系不在场的人提供了路径和方案。利用智能手机的普及，实现村民、村组织共同参与乡村治理。同时，借用平台企业开发公益性数字平台和互联互通的数字乡村治理平台，适应快速变化的治理新需求。

此外，还要抓好乡村智慧社会治理的顶层设计，坚持人民主体地位，统筹协调好各相关主体部门，坚持问计于民、问需于民、问政于民。坚持以智慧化为引领，以法治化、专业化的手段推进乡村治理综合创新，以技术项目清单、应用场景清单、流程再造清单等为载体，积极建立智慧社会运行机制，深化乡村治理的全过程改革，包括参与、决策、执行、监督、评估、反馈等多个环节的深化改革。同时，做好技术应用培训，构建乡村智慧社会治理共同体，营造人人有责的共治氛围。

五、建立生态环境保护制度

生态文明是人类对工业文明进行深刻反思的成果。党的二十大报告指出："尊重自然、顺应自然、保护自然，是全面建设社会主义现代化国家的内在要求……必须站在人与自然和谐共生的高度谋划发展"。乡村振兴与新型城镇化的耦合协调发展要求实现城乡生态环境的有机结合,把人口、资源、环境与经济社会发展紧密结合起来,推动城乡经济社会发展,同时达到生态环境保护。构建生态环境保护制度,可以从以下三方面着手:

一是加强生态文明宣传,培养全民生态意识。生态文明建设人人有责。首先,政府应主张建设"生态型政府",追求生态效益、经济效益和社会效益的统一。作为生态保护的先行者,强化生态优先,追求"绿色GDP",将资源、环境、生态评估纳入政绩考核中。同时,耐心倾听社会公众对生态文明建设的需求,吸引生态专家进入决策监督体系。其次,企业要树立生态文明观,自觉承担生态文明建设的社会责任,致力于实现企业长期价值。再次,公众要主动参与生态文明建设。加大生态文明素质宣传教育,科普生态文明知识,通过生态文学、生态艺术作品感染社会大众。立足于基层民众,以相互影响、相互监督、相互鼓励的方式,使得公众争做"生态公民",共同参与生态文明建设。最后,鼓励各种环保非政府组织(NGO)的发展,支持其宣传生态文明知识和展开生态文明课题研究。

二是强化环境保护责任,促进生态法治建设。首先,创新生态立法理念,以人与生态的共同利益为核心,强调人与自然的和谐共生。构建涵盖国家立法、地方立法和部门规章制度在内的完善的生态法治结构层次,明确各个管理部门职责和权限,做好分工,并明确生态破坏赔偿责任。其次,严格生态执法,明确执法机关的执法权力和手段,加强执法机关的队伍建设,提高执法人员素质,严厉打击破坏生态环境的违法行为。强化环境责任追究制度,落实环保责任终身制,并使追责过程公开透明。最后,加强生态司法和法律监督,明确公众的环境保护权利与义务,使人们合理开发利用自然资源。

三是积极发展生态产业,优化经济发展结构。首先,促使企业积极落实节能减排任务,严格项目管理,清理违规在建和建成项目,完善节能公司准入条件,推行环境污染第三方治理。加快推进能源高效使用,推广使用清洁能源,并完善节能减排的计量、监测、核查体系,加强预警体系建设。其次,加强生态技术创新、推广。先进的生态技术创新包括管理模式创新与工程技术创新。建立起经济与生态相协调的管理模式,保证现有经济和生态资源的最优利用,同时积极开展资源、产品和工艺的创新,引进国外先进环保技术。最后,发展循环经济,建立完善的生态产业体系。以提高资源产出率为目标,鼓励企业、园区和产业进行循环化改造,重新梳理改造生产、流通、消费各环节,实现减量化、再利用和资源化,优化经济发展结构。

第六章
结论与展望

随着中国经济由高速增长转向高质量发展,城乡发展不平衡、农村经济社会发展不充分等问题逐渐突出,成为中国经济社会发展的重要矛盾之一。城乡融合既面临传统城镇化向新型城镇化转换的挑战,也面临着农村农业农民发展落后的难题。重塑城乡关系,走城乡融合发展之路的重要抓手就是乡村振兴战略与新型城镇化战略耦合协调推进。乡村振兴与新型城镇化的耦合发展是一个以政府为决策者、以城乡居民为主要经历者、社会力量广泛参与的过程,对解决新时代我国经济社会发展的主要矛盾、推进我国社会主义现代化国家建设进程、实现共同富裕意义重大。

本书聚焦乡村振兴与新型城镇化耦合发展的四个基本问题:耦合机理、耦合历史、耦合水平和耦合路径。下面从这四个基本问题对本书的主要内容进行总结。

第一节
乡村振兴与新型城镇化耦合发展的机理

本书从乡村与城镇的内涵与功能出发,界定了乡村振兴与新型城镇化的内涵与外延。明确了乡村振兴就是全面推进乡村产业、人才、文化、生态、组织振兴,充分发挥农业产品供给、生态屏障、文化传承等功能,新型城镇化就是以人为核心,以空间优化、生态文明、文化传承等为原则,通过充分发挥政府与市场作用,实现可持续发展的高质量的城镇化。乡村振兴与新型城镇化耦合的依据体现在本质一致、发展趋势相同且影响因素相通：从本质上讲，二者都是一个空间优化战略，目的都是为了属地居民生活水平和质量的提高；二者的发展趋势都是实现城乡经济繁荣、城乡社会和谐、城乡生态宜居、城乡文化传承；二者的影响因素都包括要素流动、产业发展、组织建设、生态环境等。乡村振兴与新型城镇化耦合关系表现在政策供给主体耦合（均是多主体参与、多系统协调）、政策供给目标耦合（都以共同富裕和提高城乡居民生活水平和质量为导向）、战略理念与原则耦合（均贯彻新发展理念，坚持因地制宜等原则）以及政策供给内容耦合（均涉及产业、空间、经济、社会、生态等维度）。

此外，乡村振兴与新型城镇化在经济维度、生态维度、社会维度、空间维度和人口维度都互相作用、互为因果，最终实现共荣共生。在经济维度，乡村振兴与新型城镇化的耦合集中体现在产业兴旺与经济城镇化之间的相互作用，具体通过"地—人—钱"三要素发生关联。在生态维度，乡村振兴与新型城镇化的耦合体现在乡村振兴中的生态宜居与新型城镇化中的生态城镇化目标相通，理念一致。在社会维度，乡村振兴与新型城镇化的耦合体现在乡风文明和社会城镇化的相互作用。在空间维度，乡村振兴与新型城镇化的耦合体现在治理有效和空间城镇化的相互作用。在人口维度，乡村振兴与新型城镇化的耦合体现在生活富裕和人口城镇化的相互作用。

第二节
乡村发展与城镇化耦合发展的历史考察

本书梳理了中国乡村发展与城镇化耦合关系的历史发展过程，将之划分为四个发展阶段：城乡二元经济社会体制逐步固化（1949—1978年）、乡村建设与城镇化建设分别推进（1978—2012年）、乡村建设与城镇化建设初步协调（2012—2018年）、乡村振兴与新型城镇化耦合发展（2018年至今）。从整个发展过程来看，农村经济由萧条到发展，经过农业经营体制改革、新农村建设到乡村振兴战略实施,城镇化建设由缓慢推进到快速推进,新型城镇化建设由初步探索到高质量推进,城乡工农关系由失调、二元结构转向工业反哺农业、二元分割制度解构,再到城乡融合发展,工农互促,乡村振兴与新型城镇化耦合协调发展。在这个过程中,我们发现政策变化是影响乡村发展和城镇化耦合发展的重要因素,农村发展是缩小城乡差距的重要途径,城乡之间的要素体制性分割仍然明显,户籍制度是影响城乡要素流动的关键因素。此外,乡村发展与城镇化耦合发展中仍然存在的问题有:产业融合发展有待继续深化、空间载体建设不系统不完善、城乡之间要素体制性分割明显、相关制度供给建设有待加强。

第三节
乡村振兴与新型城镇化耦合水平

本书分别测度了乡村振兴与新型城镇化水平以及二者的耦合协调度。首先,综合运用多种方法,构建了包含 10 个准则层 41 个具体指标层的指标体系。确定了熵值法和均权法相结合的评价方法,分别评价了中国及其 31 省份的乡村振兴水平和新型城镇化水平。结果表明,中国 2008—2020 年乡村振兴指数逐年上升,且增速逐步放缓。从准则层来看,中国生活富裕指数、产业兴旺指数和生态宜居指数都呈现逐年递增趋势,其中,生活富裕指数水平较高,且增速最快,产业兴旺指数一直处于最低水平,有极大的发展空间,生态宜居指数比较平稳,治理有效指数出现轻微下降,乡风文明指数波动变化,发展不稳定。中国 2008—2020 年新型城镇化指数几乎呈匀速增长状态,准则层中,生态城镇化一直处于最高水平,人口城镇化水平次之,空间城镇化处于中间水平,虽然经济城镇化在 2008 年最小,但增速快于社会城镇化水平。对 31 省份的评价结果显示,绝大部分省份乡村振兴指数呈现波动上升趋势,同时,东部地区的乡村振兴指数大于中部地区,中部地区的乡村振兴指数大于西部地区,但是地区间差异呈现逐步缩小趋势,且乡村振兴水平的地区差异主要体现在四大区域间、西部地区之间以及东部地区之间的差异。绝大部分省份的新型城镇化指数也是逐年递增的,整体上各年东部地区省份的新型城镇化指数显著高于中部地区省份,西北地区省份新型城镇化指数最低,但区域间的差距在逐步缩小。全国新型城镇化指数的变异系数和锡尔指数均呈现逐年递减趋势。在四大区域和区间差异之间,西部地区新型城镇化指数的锡尔指数水平最高,呈现波动下降趋势,四大区域间的锡尔指数次之,与全国锡尔指数变化趋势相似。东部地区的锡尔指数与四大区域间锡尔指数相差不大,东部地区和东北地区的新型城镇化水平的区域差异最小,而且变化幅度也较小。

其次,运用耦合协调度模型,分析了乡村振兴与新型城镇化耦合协调发展水平的时空变化。结果显示,全国层面2008—2012年耦合协调度属于勉强协调发展型,后来年份耦合协调度均属于良好协调发展型,乡村振兴与新型城镇化发展比较协调,协同效应良好。省级层面,2008—2020年除西藏和贵州个别年份外,各省的乡村振兴与新型城镇化耦合协调度数值均高于0.4,属于失调衰退型的极少,从时间维度看,各省的耦合协调度均呈增长趋势,但增长速度较缓慢,增长幅度较低。乡村振兴与新型城镇化耦合协调度的区域差异没有新型城镇化和乡村振兴指数的区域差异大,而且随着时间变化,区域差异越来越小,这点可以从不平衡指数和空间相关性的分析中得到验证。

再次,运用地理探测器模型,将各省乡村振兴与新型城镇化的准则层指标作为自变量,各省乡村振兴与新型城镇化耦合协调度作为因变量,定量分析了乡村振兴与新型城镇化耦合协调度的贡献度。结果显示,人口城镇化、生活富裕、社会城镇化、乡风文明对乡村振兴与新型城镇化耦合协调度贡献度较大,空间城镇化对乡村振兴与新型城镇化耦合协调度贡献度最小。

最后,运用固定效应模型,实证分析了乡村振兴与新型城镇化耦合发展的影响因素。研究发现,产业结构、交通路网密度、要素发育情况、土地市场化、非国有经济发展、科技创新、数字经济发展不同程度地显著促进了乡村振兴与新型城镇化耦合发展,且通过了稳健性检验和异质性检验。

第四节
乡村振兴与新型城镇化耦合发展的路径

探索乡村振兴与新型城镇化耦合发展的路径既是破解新时代社会主要矛盾的关键抓手，又是拓展发展空间、实现中国式现代化的必然要求。本书设计了四条具体路径，包括产业融合发展路径、空间载体打造路径、要素自由流动路径和制度供给建设路径。其中，产业融合发展路径要遵循因地制宜、突出特色，市场导向、政策支持，融合发展、联农带农，以及绿色引领、创新驱动的原则，具体可以从推动一二三产业融合发展、支持龙头企业发展、发展多类型农村产业融合模式、推动乡村产业高质量可持续发展几方面着手。空间载体打造路径要坚持空间规划的先进性、有效性、公开性和创新性，以实现空间载体打造的管理强化、内容优化、过程开放和效率提升。具体而言，可以强化空间用途管制、完善城乡布局结构、统一城乡空间规划。要素自由流动路径包括城乡土地、人口、资金、技术等要素的自由流动路径。其中，城乡土地自由流动路径的实现可以通过继续完善农村承包地制度、稳慎改革农村宅基地制度、建立集体经营性建设用地入市制度来实现。城乡人口自由流动路径的打造需要在稳步推进农业转移人口市民化的同时，建立各类人才入乡激励机制。城乡资金自由流动路径需要从两方面着手，一是健全财政投入保障机制，二是完善乡村金融服务体系。构建城乡科技自由流动路径需要以农业农村发展新需求作为科技创新和推广的目标导向、积极培育乡村自身创新活力，为乡村发展注入新资源、新力量和创新科技推广模式。制度供给建设方面，乡村振兴与新型城镇化的耦合协调发展还需建立城乡基础设施一体化发展的体制机制、建立新型农业支持保护的体制机制、完善农民就业与增收的体制机制、完善社会智慧治理机制、建立生态保护建设制度等。

本书的研究亦有可以继续改善或深入研究的地方。首先，乡村振兴与新型城镇化的关系有待深入研究。二者绝不仅仅是本书提出的耦合关系，因为乡村振兴与新型城镇化的内涵是十分丰富的,可以从更多的角度分析两大系统之间的相互作用,而且除耦合协调度模型之外,应该可以挖掘更适合分析乡村振兴与新型城镇化关系的模型和工具。其次,乡村振兴与新型城镇化耦合发展的路径有待创新。乡村振兴与新型城镇化的推进涉及多个主体,包括政府、企业、城乡居民等,利益关乎更多群体,而路径的设计更应该按照不同区域、不同主体分别设计,以符合各方利益、各个层面的诉求及选择。在新时代以及新矛盾背景下,乡村振兴与新型城镇化战略的推进策略也应该与时俱进,积极利用数字经济和人工智能发展的契机,切合时代发展需要。最后,如果时间和条件允许,可以展开充分的实地调研,总结乡村振兴与新型城镇化耦合发展的案例,从案例分析中寻找实践经验、研究乡村振兴与新型城镇化耦合发展中存在的问题可能更具有说服力,有助于提升研究的科学性。

附 录

中国 31 个省份 2008—2020 年乡村振兴与新型城镇化各准则层指数

province	year	ind	ecol	cus	gov	lif	pop	econ	soc	spa	ecolu
北京市	2008	0.143	0.573	0.712	0.278	0.770	0.943	0.133	0.409	0.121	0.508
北京市	2009	0.145	0.625	0.707	0.313	0.805	0.945	0.144	0.418	0.124	0.668
北京市	2010	0.148	0.654	0.709	0.371	0.835	0.954	0.160	0.366	0.129	0.637
北京市	2011	0.152	0.685	0.701	0.399	0.798	0.959	0.179	0.407	0.128	0.638
北京市	2012	0.054	0.696	0.715	0.443	0.817	0.961	0.198	0.386	0.176	0.663
北京市	2013	0.125	0.712	0.710	0.488	0.748	0.965	0.239	0.432	0.180	0.698
北京市	2014	0.120	0.727	0.694	0.501	0.758	0.968	0.255	0.400	0.180	0.814
北京市	2015	0.114	0.735	0.696	0.501	0.766	0.971	0.279	0.406	0.185	0.759
北京市	2016	0.110	0.749	0.743	0.354	0.764	0.972	0.306	0.416	0.144	0.823
北京市	2017	0.112	0.749	0.731	0.355	0.790	0.973	0.334	0.445	0.140	0.844
北京市	2018	0.116	0.755	0.764	0.506	0.806	0.975	0.373	0.420	0.142	0.850
北京市	2019	0.247	0.753	0.729	0.538	0.814	0.978	0.410	0.435	0.144	0.855
北京市	2020	0.252	0.757	0.697	0.567	0.829	0.992	0.402	0.436	0.144	0.857
天津市	2008	0.091	0.353	0.411	0.149	0.684	0.848	0.101	0.258	0.451	0.458
天津市	2009	0.095	0.368	0.418	0.194	0.662	0.858	0.114	0.264	0.424	0.476
天津市	2010	0.100	0.382	0.428	0.211	0.680	0.877	0.129	0.248	0.449	0.508
天津市	2011	0.103	0.370	0.367	0.184	0.800	0.888	0.151	0.265	0.479	0.577
天津市	2012	0.057	0.370	0.345	0.237	0.795	0.901	0.169	0.265	0.510	0.589
天津市	2013	0.087	0.387	0.372	0.226	0.853	0.909	0.180	0.288	0.532	0.598
天津市	2014	0.093	0.388	0.373	0.211	0.901	0.914	0.196	0.267	0.544	0.559
天津市	2015	0.098	0.389	0.395	0.209	0.931	0.919	0.211	0.263	0.548	0.568
天津市	2016	0.102	0.392	0.411	0.103	0.933	0.923	0.230	0.280	0.551	0.591
天津市	2017	0.104	0.387	0.417	0.100	0.954	0.924	0.244	0.288	0.552	0.707

续表

province	year	ind	ecol	cus	gov	lif	pop	econ	soc	spa	ecolu
天津市	2018	0.101	0.411	0.407	0.311	0.958	0.928	0.263	0.259	0.623	0.559
天津市	2019	0.126	0.410	0.385	0.368	0.957	0.932	0.252	0.271	0.640	0.572
天津市	2020	0.146	0.410	0.345	0.243	0.966	0.948	0.255	0.344	0.626	0.609
河北省	2008	0.107	0.264	0.404	0.145	0.573	0.384	0.037	0.104	0.403	0.427
河北省	2009	0.107	0.335	0.414	0.148	0.590	0.404	0.044	0.106	0.415	0.506
河北省	2010	0.112	0.377	0.404	0.131	0.615	0.417	0.053	0.121	0.455	0.662
河北省	2011	0.119	0.338	0.345	0.128	0.691	0.437	0.066	0.131	0.465	0.672
河北省	2012	0.090	0.350	0.405	0.120	0.709	0.456	0.077	0.140	0.470	0.685
河北省	2013	0.127	0.366	0.413	0.116	0.764	0.475	0.090	0.147	0.485	0.693
河北省	2014	0.130	0.384	0.402	0.110	0.819	0.486	0.098	0.145	0.496	0.719
河北省	2015	0.131	0.498	0.413	0.110	0.846	0.503	0.108	0.154	0.510	0.735
河北省	2016	0.132	0.528	0.454	0.093	0.862	0.520	0.124	0.155	0.517	0.743
河北省	2017	0.116	0.539	0.454	0.100	0.894	0.534	0.138	0.171	0.518	0.764
河北省	2018	0.133	0.475	0.475	0.232	0.906	0.545	0.148	0.178	0.590	0.755
河北省	2019	0.145	0.475	0.450	0.238	0.910	0.558	0.162	0.179	0.578	0.758
河北省	2020	0.168	0.475	0.401	0.240	0.889	0.646	0.166	0.195	0.602	0.796
山西省	2008	0.060	0.221	0.448	0.275	0.511	0.417	0.043	0.124	0.364	0.313
山西省	2009	0.059	0.244	0.476	0.272	0.537	0.426	0.048	0.127	0.375	0.388
山西省	2010	0.064	0.257	0.467	0.268	0.561	0.444	0.052	0.126	0.383	0.481
山西省	2011	0.068	0.244	0.418	0.306	0.590	0.459	0.068	0.133	0.402	0.523
山西省	2012	0.056	0.251	0.384	0.334	0.669	0.480	0.079	0.141	0.419	0.556
山西省	2013	0.074	0.296	0.541	0.338	0.732	0.495	0.089	0.154	0.491	0.596
山西省	2014	0.075	0.298	0.469	0.296	0.789	0.502	0.090	0.147	0.546	0.612
山西省	2015	0.074	0.308	0.489	0.288	0.798	0.511	0.097	0.147	0.544	0.638
山西省	2016	0.075	0.321	0.559	0.202	0.819	0.523	0.107	0.160	0.567	0.642
山西省	2017	0.072	0.331	0.544	0.146	0.836	0.533	0.115	0.151	0.542	0.652
山西省	2018	0.076	0.357	0.510	0.120	0.853	0.550	0.134	0.161	0.565	0.683
山西省	2019	0.084	0.357	0.460	0.158	0.867	0.548	0.144	0.174	0.603	0.701

续表

province	year	ind	ecol	cus	gov	lif	pop	econ	soc	spa	ecolu
山西省	2020	0.091	0.357	0.398	0.136	0.891	0.648	0.151	0.196	0.648	0.744
内蒙古	2008	0.120	0.202	0.414	0.112	0.469	0.380	0.060	0.136	0.191	0.421
内蒙古	2009	0.121	0.236	0.400	0.123	0.467	0.404	0.076	0.142	0.238	0.510
内蒙古	2010	0.134	0.245	0.366	0.131	0.511	0.424	0.085	0.135	0.266	0.578
内蒙古	2011	0.148	0.273	0.385	0.139	0.575	0.449	0.101	0.149	0.260	0.658
内蒙古	2012	0.127	0.286	0.384	0.147	0.597	0.466	0.136	0.157	0.324	0.726
内蒙古	2013	0.157	0.314	0.527	0.149	0.647	0.498	0.148	0.171	0.365	0.783
内蒙古	2014	0.161	0.327	0.482	0.149	0.761	0.519	0.146	0.178	0.416	0.867
内蒙古	2015	0.169	0.369	0.497	0.123	0.782	0.525	0.155	0.185	0.480	0.893
内蒙古	2016	0.169	0.408	0.546	0.113	0.792	0.525	0.175	0.201	0.516	0.918
内蒙古	2017	0.170	0.437	0.537	0.129	0.802	0.521	0.185	0.240	0.525	0.919
内蒙古	2018	0.184	0.449	0.554	0.151	0.825	0.516	0.187	0.257	0.506	0.889
内蒙古	2019	0.189	0.449	0.492	0.156	0.841	0.528	0.194	0.267	0.514	0.894
内蒙古	2020	0.217	0.449	0.440	0.215	0.867	0.603	0.199	0.280	0.529	0.911
辽宁省	2008	0.079	0.458	0.375	0.258	0.592	0.575	0.062	0.198	0.268	0.390
辽宁省	2009	0.076	0.499	0.384	0.266	0.647	0.587	0.072	0.198	0.278	0.406
辽宁省	2010	0.085	0.519	0.408	0.256	0.641	0.602	0.086	0.193	0.281	0.486
辽宁省	2011	0.096	0.502	0.313	0.395	0.655	0.621	0.105	0.202	0.272	0.545
辽宁省	2012	0.088	0.519	0.308	0.280	0.674	0.641	0.124	0.210	0.269	0.577
辽宁省	2013	0.100	0.564	0.445	0.284	0.752	0.657	0.144	0.215	0.283	0.595
辽宁省	2014	0.097	0.570	0.387	0.262	0.829	0.663	0.151	0.222	0.291	0.622
辽宁省	2015	0.106	0.590	0.379	0.252	0.842	0.653	0.152	0.227	0.301	0.638
辽宁省	2016	0.101	0.608	0.426	0.194	0.844	0.639	0.151	0.239	0.282	0.613
辽宁省	2017	0.105	0.619	0.410	0.197	0.863	0.635	0.157	0.243	0.324	0.669
辽宁省	2018	0.104	0.629	0.405	0.189	0.857	0.638	0.173	0.243	0.349	0.670
辽宁省	2019	0.112	0.630	0.367	0.191	0.870	0.649	0.180	0.259	0.355	0.673
辽宁省	2020	0.132	0.630	0.304	0.208	0.906	0.691	0.176	0.272	0.376	0.727
吉林省	2008	0.115	0.559	0.344	0.194	0.602	0.437	0.038	0.178	0.220	0.267

续表

province	year	ind	ecol	cus	gov	lif	pop	econ	soc	spa	ecolu
吉林省	2009	0.104	0.585	0.346	0.243	0.664	0.439	0.047	0.185	0.233	0.335
吉林省	2010	0.112	0.602	0.375	0.239	0.674	0.444	0.070	0.182	0.266	0.391
吉林省	2011	0.127	0.610	0.287	0.235	0.742	0.447	0.071	0.181	0.353	0.432
吉林省	2012	0.133	0.612	0.298	0.230	0.729	0.462	0.086	0.188	0.419	0.434
吉林省	2013	0.148	0.630	0.442	0.190	0.798	0.481	0.106	0.191	0.465	0.497
吉林省	2014	0.151	0.632	0.388	0.217	0.847	0.501	0.103	0.194	0.488	0.538
吉林省	2015	0.159	0.632	0.388	0.103	0.865	0.514	0.109	0.200	0.488	0.619
吉林省	2016	0.161	0.650	0.453	0.126	0.873	0.531	0.118	0.203	0.397	0.650
吉林省	2017	0.162	0.654	0.444	0.125	0.887	0.542	0.139	0.216	0.390	0.546
吉林省	2018	0.151	0.665	0.456	0.134	0.893	0.553	0.152	0.229	0.333	0.669
吉林省	2019	0.168	0.665	0.413	0.140	0.899	0.561	0.148	0.243	0.345	0.657
吉林省	2020	0.186	0.666	0.332	0.149	0.881	0.554	0.155	0.275	0.374	0.708
黑龙江	2008	0.129	0.548	0.356	0.120	0.733	0.458	0.037	0.197	0.522	0.260
黑龙江	2009	0.134	0.594	0.355	0.197	0.766	0.460	0.042	0.206	0.507	0.317
黑龙江	2010	0.155	0.610	0.385	0.187	0.749	0.475	0.051	0.199	0.614	0.380
黑龙江	2011	0.178	0.624	0.261	0.194	0.777	0.495	0.064	0.193	0.627	0.402
黑龙江	2012	0.174	0.627	0.246	0.170	0.745	0.512	0.074	0.197	0.630	0.429
黑龙江	2013	0.199	0.644	0.396	0.171	0.772	0.517	0.089	0.204	0.641	0.490
黑龙江	2014	0.211	0.652	0.356	0.166	0.872	0.524	0.094	0.209	0.647	0.505
黑龙江	2015	0.221	0.659	0.369	0.167	0.880	0.522	0.098	0.209	0.701	0.570
黑龙江	2016	0.223	0.678	0.410	0.090	0.886	0.529	0.106	0.210	0.685	0.587
黑龙江	2017	0.231	0.643	0.402	0.085	0.912	0.532	0.113	0.219	0.717	0.586
黑龙江	2018	0.238	0.649	0.396	0.082	0.943	0.538	0.125	0.226	0.731	0.621
黑龙江	2019	0.251	0.649	0.400	0.389	0.955	0.583	0.125	0.241	0.740	0.653
黑龙江	2020	0.298	0.649	0.297	0.148	0.872	0.583	0.129	0.268	0.748	0.685
上海市	2008	0.096	0.320	0.610	0.336	0.689	0.983	0.142	0.436	0.277	0.424
上海市	2009	0.102	0.387	0.641	0.389	0.748	0.984	0.153	0.451	0.279	0.462
上海市	2010	0.103	0.422	0.640	0.397	0.737	0.997	0.169	0.426	0.333	0.424

续表

province	year	ind	ecol	cus	gov	lif	pop	econ	soc	spa	ecolu
上海市	2011	0.107	0.392	0.468	0.395	0.727	0.998	0.190	0.441	0.341	0.369
上海市	2012	0.054	0.393	0.589	0.480	0.730	0.992	0.201	0.424	0.347	0.450
上海市	2013	0.109	0.409	0.448	0.482	0.725	0.997	0.232	0.454	0.353	0.462
上海市	2014	0.111	0.399	0.421	0.497	0.725	1.000	0.249	0.426	0.355	0.501
上海市	2015	0.108	0.409	0.431	0.603	0.730	0.985	0.270	0.440	0.356	0.518
上海市	2016	0.105	0.413	0.486	0.285	0.715	0.988	0.303	0.449	0.359	0.528
上海市	2017	0.105	0.471	0.496	0.314	0.755	0.988	0.316	0.466	0.361	0.542
上海市	2018	0.105	0.449	0.480	0.573	0.767	0.992	0.357	0.449	0.363	0.542
上海市	2019	0.113	0.448	0.466	0.582	0.781	0.993	0.390	0.460	0.367	0.554
上海市	2020	0.108	0.449	0.432	0.582	0.794	1.008	0.384	0.454	0.368	0.567
江苏省	2008	0.096	0.259	0.516	0.248	0.656	0.582	0.078	0.176	0.464	0.668
江苏省	2009	0.100	0.319	0.554	0.250	0.690	0.602	0.090	0.190	0.493	0.672
江苏省	2010	0.105	0.348	0.562	0.296	0.714	0.649	0.109	0.181	0.496	0.687
江苏省	2011	0.114	0.368	0.474	0.282	0.723	0.664	0.133	0.208	0.506	0.694
江苏省	2012	0.092	0.383	0.380	0.304	0.741	0.677	0.153	0.223	0.514	0.711
江苏省	2013	0.129	0.447	0.519	0.313	0.773	0.691	0.174	0.227	0.532	0.731
江苏省	2014	0.136	0.461	0.429	0.319	0.850	0.705	0.189	0.241	0.547	0.750
江苏省	2015	0.145	0.464	0.431	0.318	0.855	0.721	0.204	0.255	0.557	0.761
江苏省	2016	0.147	0.467	0.449	0.223	0.885	0.735	0.224	0.271	0.577	0.771
江苏省	2017	0.153	0.469	0.448	0.222	0.900	0.749	0.237	0.294	0.586	0.778
江苏省	2018	0.158	0.463	0.465	0.244	0.930	0.760	0.267	0.302	0.587	0.770
江苏省	2019	0.176	0.462	0.425	0.269	0.934	0.772	0.289	0.317	0.595	0.782
江苏省	2020	0.199	0.462	0.407	0.253	0.880	0.805	0.288	0.322	0.601	0.796
浙江省	2008	0.283	0.869	0.434	0.107	0.701	0.649	0.096	0.197	0.352	0.513
浙江省	2009	0.288	0.881	0.474	0.102	0.711	0.658	0.107	0.218	0.366	0.583
浙江省	2010	0.334	0.892	0.456	0.084	0.760	0.702	0.123	0.210	0.382	0.603
浙江省	2011	0.376	0.897	0.391	0.094	0.739	0.717	0.144	0.238	0.395	0.626
浙江省	2012	0.074	0.870	0.364	0.098	0.743	0.727	0.159	0.258	0.406	0.667

续表

province	year	ind	ecol	cus	gov	lif	pop	econ	soc	spa	ecolu
浙江省	2013	0.396	0.914	0.475	0.105	0.813	0.736	0.180	0.271	0.409	0.672
浙江省	2014	0.417	0.921	0.428	0.156	0.869	0.744	0.195	0.283	0.421	0.694
浙江省	2015	0.427	0.929	0.429	0.143	0.893	0.753	0.214	0.294	0.424	0.703
浙江省	2016	0.453	0.938	0.475	0.085	0.898	0.768	0.233	0.302	0.432	0.710
浙江省	2017	0.470	0.941	0.467	0.070	0.924	0.779	0.250	0.319	0.428	0.715
浙江省	2018	0.125	0.923	0.495	0.080	0.926	0.789	0.281	0.330	0.446	0.733
浙江省	2019	0.178	0.920	0.471	0.101	0.933	0.804	0.311	0.345	0.457	0.746
浙江省	2020	0.186	0.920	0.424	0.499	0.945	0.857	0.304	0.326	0.462	0.736
安徽省	2008	0.077	0.379	0.335	0.135	0.472	0.368	0.031	0.349	0.362	0.403
安徽省	2009	0.090	0.381	0.327	0.133	0.521	0.390	0.039	0.075	0.384	0.467
安徽省	2010	0.096	0.411	0.358	0.162	0.550	0.397	0.051	0.078	0.441	0.513
安徽省	2011	0.102	0.413	0.278	0.165	0.556	0.413	0.067	0.094	0.458	0.620
安徽省	2012	0.089	0.403	0.289	0.161	0.590	0.443	0.083	0.115	0.481	0.637
安徽省	2013	0.091	0.435	0.373	0.155	0.629	0.467	0.089	0.111	0.499	0.684
安徽省	2014	0.100	0.458	0.331	0.165	0.703	0.488	0.098	0.119	0.518	0.715
安徽省	2015	0.105	0.466	0.336	0.168	0.712	0.503	0.109	0.123	0.532	0.722
安徽省	2016	0.106	0.463	0.380	0.159	0.740	0.517	0.119	0.129	0.554	0.747
安徽省	2017	0.107	0.496	0.396	0.164	0.776	0.533	0.132	0.149	0.566	0.758
安徽省	2018	0.107	0.496	0.416	0.233	0.851	0.543	0.148	0.153	0.587	0.772
安徽省	2019	0.115	0.496	0.363	0.263	0.860	0.553	0.172	0.169	0.608	0.776
安徽省	2020	0.138	0.496	0.351	0.269	0.832	0.612	0.175	0.191	0.619	0.776
福建省	2008	0.099	0.825	0.383	0.048	0.522	0.529	0.065	0.104	0.323	0.535
福建省	2009	0.101	0.844	0.394	0.052	0.535	0.557	0.075	0.116	0.347	0.569
福建省	2010	0.100	0.875	0.407	0.060	0.536	0.579	0.089	0.128	0.357	0.597
福建省	2011	0.116	0.900	0.354	0.046	0.560	0.601	0.108	0.152	0.376	0.631
福建省	2012	0.096	0.913	0.335	0.055	0.577	0.622	0.126	0.175	0.397	0.652
福建省	2013	0.133	0.952	0.466	0.055	0.716	0.637	0.139	0.179	0.402	0.679
福建省	2014	0.141	0.957	0.384	0.055	0.738	0.651	0.151	0.188	0.412	0.687

续表

province	year	ind	ecol	cus	gov	lif	pop	econ	soc	spa	ecolu
福建省	2015	0.139	0.967	0.385	0.061	0.763	0.664	0.164	0.196	0.424	0.700
福建省	2016	0.150	0.966	0.434	0.074	0.763	0.673	0.180	0.202	0.441	0.706
福建省	2017	0.135	0.971	0.440	0.061	0.802	0.684	0.192	0.221	0.508	0.746
福建省	2018	0.155	0.980	0.461	0.158	0.807	0.697	0.220	0.238	0.609	0.769
福建省	2019	0.217	0.977	0.432	0.178	0.813	0.711	0.249	0.260	0.619	0.786
福建省	2020	0.255	0.978	0.380	0.175	0.825	0.764	0.248	0.269	0.607	0.788
江西省	2008	0.078	0.754	0.303	0.106	0.552	0.398	0.030	0.106	0.576	0.485
江西省	2009	0.081	0.800	0.315	0.103	0.501	0.418	0.037	0.105	0.604	0.585
江西省	2010	0.085	0.871	0.325	0.091	0.516	0.431	0.047	0.096	0.639	0.661
江西省	2011	0.093	0.836	0.302	0.083	0.586	0.451	0.060	0.114	0.624	0.691
江西省	2012	0.087	0.851	0.315	0.095	0.611	0.476	0.073	0.124	0.649	0.709
江西省	2013	0.090	0.879	0.429	0.090	0.649	0.494	0.084	0.122	0.642	0.715
江西省	2014	0.094	0.888	0.372	0.085	0.716	0.511	0.096	0.129	0.665	0.715
江西省	2015	0.098	0.922	0.400	0.098	0.744	0.527	0.110	0.132	0.697	0.719
江西省	2016	0.100	0.889	0.484	0.089	0.767	0.543	0.120	0.141	0.689	0.729
江西省	2017	0.102	0.910	0.486	0.083	0.799	0.560	0.133	0.167	0.713	0.765
江西省	2018	0.104	0.922	0.504	0.221	0.813	0.577	0.150	0.161	0.749	0.781
江西省	2019	0.118	0.922	0.447	0.137	0.802	0.594	0.170	0.181	0.699	0.774
江西省	2020	0.137	0.922	0.446	0.134	0.844	0.664	0.174	0.204	0.717	0.791
山东省	2008	0.103	0.344	0.482	0.491	0.592	0.444	0.058	0.125	0.400	0.662
山东省	2009	0.107	0.396	0.456	0.515	0.620	0.455	0.067	0.124	0.426	0.734
山东省	2010	0.112	0.414	0.453	0.533	0.614	0.473	0.080	0.129	0.448	0.770
山东省	2011	0.119	0.422	0.404	0.541	0.675	0.492	0.096	0.145	0.475	0.781
山东省	2012	0.099	0.433	0.376	0.540	0.711	0.510	0.111	0.156	0.491	0.813
山东省	2013	0.129	0.441	0.492	0.530	0.739	0.530	0.127	0.169	0.505	0.835
山东省	2014	0.134	0.448	0.461	0.501	0.809	0.547	0.134	0.172	0.520	0.847
山东省	2015	0.139	0.451	0.472	0.504	0.834	0.570	0.148	0.183	0.523	0.855
山东省	2016	0.136	0.451	0.510	0.421	0.833	0.588	0.164	0.195	0.506	0.873

续表

province	year	ind	ecol	cus	gov	lif	pop	econ	soc	spa	ecolu
山东省	2017	0.138	0.452	0.524	0.373	0.873	0.605	0.180	0.200	0.521	0.872
山东省	2018	0.142	0.460	0.543	0.292	0.867	0.613	0.199	0.207	0.531	0.865
山东省	2019	0.158	0.459	0.515	0.299	0.875	0.617	0.207	0.224	0.535	0.864
山东省	2020	0.176	0.460	0.487	0.308	0.884	0.648	0.214	0.234	0.542	0.868
河南省	2008	0.097	0.341	0.332	0.296	0.526	0.276	0.035	0.083	0.687	0.401
河南省	2009	0.094	0.387	0.335	0.323	0.567	0.305	0.042	0.093	0.586	0.457
河南省	2010	0.100	0.390	0.340	0.320	0.574	0.322	0.053	0.092	0.612	0.484
河南省	2011	0.103	0.396	0.327	0.316	0.629	0.351	0.067	0.104	0.618	0.500
河南省	2012	0.092	0.403	0.341	0.306	0.674	0.374	0.082	0.112	0.606	0.515
河南省	2013	0.106	0.424	0.470	0.306	0.715	0.396	0.094	0.115	0.617	0.545
河南省	2014	0.111	0.428	0.429	0.294	0.785	0.402	0.102	0.128	0.636	0.571
河南省	2015	0.116	0.455	0.442	0.289	0.803	0.427	0.112	0.136	0.645	0.587
河南省	2016	0.115	0.478	0.491	0.211	0.813	0.443	0.123	0.153	0.652	0.615
河南省	2017	0.117	0.458	0.497	0.201	0.840	0.466	0.134	0.168	0.650	0.671
河南省	2018	0.119	0.462	0.530	0.193	0.892	0.488	0.153	0.185	0.666	0.696
河南省	2019	0.129	0.454	0.496	0.193	0.908	0.504	0.169	0.196	0.673	0.730
河南省	2020	0.157	0.454	0.451	0.247	0.935	0.591	0.164	0.207	0.690	0.763
湖北省	2008	0.088	0.449	0.320	0.316	0.465	0.354	0.037	0.143	0.317	0.386
湖北省	2009	0.085	0.507	0.349	0.323	0.505	0.362	0.046	0.143	0.335	0.417
湖北省	2010	0.077	0.522	0.342	0.298	0.548	0.394	0.058	0.146	0.349	0.446
湖北省	2011	0.102	0.527	0.337	0.280	0.626	0.415	0.076	0.158	0.366	0.475
湖北省	2012	0.098	0.533	0.343	0.277	0.665	0.436	0.091	0.165	0.390	0.520
湖北省	2013	0.092	0.636	0.526	0.282	0.720	0.455	0.104	0.170	0.442	0.577
湖北省	2014	0.096	0.636	0.462	0.350	0.799	0.482	0.119	0.182	0.450	0.599
湖北省	2015	0.108	0.638	0.461	0.360	0.819	0.505	0.132	0.187	0.440	0.601
湖北省	2016	0.115	0.639	0.510	0.359	0.825	0.525	0.146	0.194	0.444	0.616
湖北省	2017	0.118	0.640	0.534	0.361	0.855	0.544	0.157	0.201	0.465	0.630
湖北省	2018	0.120	0.653	0.524	0.360	0.912	0.562	0.181	0.203	0.495	0.648

续表

province	year	ind	ecol	cus	gov	lif	pop	econ	soc	spa	ecolu
湖北省	2019	0.130	0.653	0.483	0.382	0.915	0.576	0.205	0.213	0.508	0.675
湖北省	2020	0.135	0.653	0.436	0.377	0.931	0.628	0.189	0.233	0.528	0.738
湖南省	2008	0.082	0.556	0.355	0.249	0.391	0.356	0.038	0.107	0.459	0.321
湖南省	2009	0.081	0.607	0.364	0.328	0.417	0.371	0.046	0.111	0.460	0.375
湖南省	2010	0.085	0.615	0.372	0.340	0.427	0.376	0.056	0.111	0.437	0.456
湖南省	2011	0.093	0.616	0.364	0.260	0.502	0.393	0.073	0.117	0.441	0.491
湖南省	2012	0.093	0.623	0.357	0.256	0.538	0.407	0.088	0.126	0.451	0.523
湖南省	2013	0.097	0.658	0.526	0.250	0.634	0.420	0.106	0.126	0.487	0.538
湖南省	2014	0.103	0.670	0.505	0.251	0.704	0.431	0.118	0.141	0.495	0.584
湖南省	2015	0.108	0.697	0.530	0.249	0.755	0.444	0.129	0.152	0.490	0.598
湖南省	2016	0.113	0.719	0.631	0.213	0.755	0.459	0.144	0.165	0.524	0.624
湖南省	2017	0.118	0.733	0.660	0.172	0.785	0.479	0.157	0.167	0.544	0.610
湖南省	2018	0.116	0.753	0.624	0.184	0.837	0.493	0.176	0.189	0.533	0.644
湖南省	2019	0.141	0.752	0.546	0.183	0.825	0.507	0.193	0.218	0.556	0.673
湖南省	2020	0.668	0.716	0.518	0.202	0.875	0.612	0.202	0.234	0.638	0.687
广东省	2008	0.060	0.808	0.337	0.294	0.388	0.629	0.104	0.120	0.348	0.493
广东省	2009	0.062	0.826	0.360	0.301	0.383	0.638	0.113	0.136	0.370	0.536
广东省	2010	0.066	0.843	0.370	0.315	0.405	0.675	0.111	0.141	0.374	0.620
广东省	2011	0.072	0.768	0.331	0.286	0.460	0.687	0.150	0.175	0.392	0.639
广东省	2012	0.075	0.776	0.334	0.256	0.465	0.699	0.146	0.182	0.439	0.726
广东省	2013	0.082	0.801	0.463	0.259	0.495	0.707	0.149	0.190	0.448	0.755
广东省	2014	0.087	0.883	0.425	0.321	0.673	0.713	0.164	0.197	0.443	0.769
广东省	2015	0.091	0.890	0.418	0.314	0.662	0.722	0.181	0.209	0.457	0.825
广东省	2016	0.096	0.898	0.459	0.296	0.673	0.731	0.201	0.224	0.460	0.857
广东省	2017	0.100	0.906	0.476	0.345	0.705	0.740	0.217	0.233	0.463	0.880
广东省	2018	0.108	0.901	0.504	0.372	0.745	0.752	0.240	0.222	0.495	0.891
广东省	2019	0.150	0.900	0.453	0.383	0.739	0.758	0.270	0.225	0.540	0.885
广东省	2020	0.150	0.849	0.408	0.410	0.703	0.831	0.265	0.227	0.538	0.888

续表

province	year	ind	ecol	cus	gov	lif	pop	econ	soc	spa	ecolu
广西	2008	0.064	0.521	0.303	0.200	0.219	0.250	0.032	0.067	0.257	0.419
广西	2009	0.066	0.661	0.348	0.202	0.271	0.256	0.039	0.082	0.291	0.485
广西	2010	0.071	0.685	0.335	0.205	0.284	0.266	0.049	0.082	0.308	0.531
广西	2011	0.079	0.703	0.261	0.167	0.403	0.286	0.062	0.100	0.316	0.553
广西	2012	0.081	0.742	0.273	0.170	0.436	0.297	0.080	0.113	0.320	0.621
广西	2013	0.085	0.806	0.478	0.171	0.548	0.309	0.088	0.114	0.336	0.615
广西	2014	0.088	0.828	0.393	0.143	0.614	0.327	0.095	0.127	0.355	0.613
广西	2015	0.092	0.838	0.417	0.141	0.664	0.344	0.103	0.124	0.380	0.634
广西	2016	0.097	0.898	0.522	0.133	0.694	0.355	0.115	0.140	0.401	0.645
广西	2017	0.099	0.924	0.523	0.130	0.746	0.366	0.123	0.149	0.417	0.678
广西	2018	0.104	0.926	0.520	0.129	0.829	0.377	0.138	0.156	0.460	0.704
广西	2019	0.131	0.926	0.458	0.131	0.837	0.388	0.150	0.165	0.516	0.728
广西	2020	0.154	0.901	0.436	0.137	0.811	0.518	0.148	0.171	0.558	0.711
海南省	2008	0.109	0.607	0.444	0.350	0.362	0.325	0.032	0.087	0.393	0.417
海南省	2009	0.114	0.673	0.431	0.348	0.365	0.341	0.038	0.106	0.399	0.437
海南省	2010	0.128	0.704	0.444	0.293	0.415	0.366	0.049	0.112	0.427	0.482
海南省	2011	0.143	0.704	0.289	0.295	0.449	0.381	0.068	0.150	0.505	0.625
海南省	2012	0.133	0.714	0.357	0.297	0.475	0.399	0.086	0.197	0.455	0.635
海南省	2013	0.114	0.793	0.488	0.290	0.547	0.439	0.100	0.153	0.439	0.652
海南省	2014	0.117	0.794	0.431	0.311	0.655	0.452	0.110	0.163	0.437	0.659
海南省	2015	0.121	0.807	0.439	0.287	0.628	0.470	0.118	0.160	0.423	0.649
海南省	2016	0.130	0.796	0.527	0.365	0.651	0.485	0.130	0.167	0.431	0.635
海南省	2017	0.110	0.825	0.531	0.353	0.690	0.500	0.136	0.183	0.442	0.659
海南省	2018	0.178	0.841	0.545	0.350	0.727	0.522	0.159	0.193	0.456	0.603
海南省	2019	0.180	0.838	0.479	0.299	0.698	0.525	0.175	0.214	0.472	0.628
海南省	2020	0.213	0.841	0.420	0.360	0.699	0.579	0.172	0.227	0.475	0.668
重庆市	2008	0.058	0.428	0.258	0.081	0.298	0.416	0.046	0.098	0.224	0.522
重庆市	2009	0.058	0.456	0.276	0.086	0.349	0.439	0.056	0.104	0.236	0.615

续表

province	year	ind	ecol	cus	gov	lif	pop	econ	soc	spa	ecolu
重庆市	2010	0.061	0.496	0.288	0.106	0.402	0.462	0.064	0.102	0.251	0.703
重庆市	2011	0.065	0.494	0.289	0.113	0.476	0.493	0.086	0.121	0.268	0.860
重庆市	2012	0.061	0.503	0.264	0.122	0.542	0.521	0.102	0.146	0.273	0.868
重庆市	2013	0.067	0.550	0.482	0.112	0.536	0.544	0.109	0.152	0.286	0.869
重庆市	2014	0.069	0.556	0.362	0.112	0.596	0.566	0.121	0.169	0.297	0.828
重庆市	2015	0.072	0.632	0.369	0.113	0.618	0.590	0.131	0.174	0.307	0.829
重庆市	2016	0.078	0.571	0.450	0.109	0.648	0.616	0.589	0.183	0.316	0.835
重庆市	2017	0.080	0.647	0.464	0.119	0.690	0.635	0.156	0.200	0.331	0.835
重庆市	2018	0.083	0.612	0.466	0.164	0.772	0.650	0.173	0.200	0.348	0.839
重庆市	2019	0.102	0.684	0.392	0.173	0.778	0.664	0.192	0.217	0.363	0.800
重庆市	2020	0.137	0.612	0.353	0.205	0.768	0.712	0.198	0.222	0.374	0.817
四川省	2008	0.075	0.386	0.228	0.150	0.342	0.305	0.032	0.104	0.363	0.431
四川省	2009	0.093	0.462	0.232	0.158	0.497	0.322	0.041	0.119	0.383	0.472
四川省	2010	0.100	0.501	0.250	0.148	0.449	0.343	0.053	0.119	0.390	0.525
四川省	2011	0.109	0.510	0.217	0.133	0.511	0.363	0.068	0.146	0.400	0.555
四川省	2012	0.090	0.524	0.222	0.147	0.536	0.384	0.082	0.165	0.420	0.569
四川省	2013	0.092	0.552	0.321	0.130	0.663	0.401	0.093	0.170	0.433	0.600
四川省	2014	0.095	0.567	0.258	0.148	0.682	0.419	0.104	0.171	0.452	0.604
四川省	2015	0.098	0.581	0.269	0.142	0.704	0.436	0.115	0.173	0.337	0.641
四川省	2016	0.102	0.596	0.310	0.074	0.730	0.454	0.127	0.178	0.443	0.670
四川省	2017	0.107	0.607	0.321	0.076	0.754	0.472	0.140	0.196	0.449	0.674
四川省	2018	0.109	0.636	0.319	0.085	0.784	0.489	0.159	0.198	0.477	0.699
四川省	2019	0.133	0.635	0.276	0.089	0.795	0.506	0.178	0.211	0.508	0.743
四川省	2020	0.152	0.647	0.274	0.132	0.787	0.546	0.182	0.215	0.553	0.762
贵州省	2008	0.048	0.437	0.193	0.076	0.054	0.063	0.024	0.047	0.327	0.264
贵州省	2009	0.071	0.444	0.219	0.067	0.160	0.077	0.030	0.054	0.333	0.300
贵州省	2010	0.073	0.462	0.233	0.075	0.218	0.118	0.039	0.057	0.345	0.435
贵州省	2011	0.071	0.380	0.176	0.084	0.281	0.139	0.056	0.071	0.369	0.445

续表

province	year	ind	ecol	cus	gov	lif	pop	econ	soc	spa	ecolu
贵州省	2012	0.047	0.396	0.210	0.087	0.338	0.160	0.075	0.089	0.354	0.527
贵州省	2013	0.052	0.469	0.432	0.084	0.446	0.184	0.089	0.090	0.416	0.606
贵州省	2014	0.060	0.475	0.357	0.079	0.502	0.215	0.094	0.110	0.325	0.644
贵州省	2015	0.068	0.501	0.373	0.080	0.553	0.241	0.106	0.121	0.342	0.668
贵州省	2016	0.072	0.669	0.502	0.065	0.565	0.274	0.120	0.127	0.337	0.739
贵州省	2017	0.076	0.732	0.508	0.068	0.605	0.301	0.130	0.154	0.351	0.750
贵州省	2018	0.075	0.750	0.449	0.068	0.646	0.324	0.144	0.164	0.388	0.772
贵州省	2019	0.089	0.781	0.378	0.082	0.674	0.345	0.160	0.175	0.387	0.804
贵州省	2020	0.116	0.613	0.371	0.125	0.702	0.513	0.154	0.177	0.520	0.836
云南省	2008	0.054	0.527	0.189	0.262	0.162	0.146	0.030	0.077	0.462	0.397
云南省	2009	0.055	0.606	0.213	0.265	0.183	0.163	0.037	0.077	0.440	0.481
云南省	2010	0.065	0.614	0.220	0.263	0.264	0.182	0.046	0.081	0.481	0.536
云南省	2011	0.064	0.612	0.214	0.255	0.339	0.205	0.058	0.088	0.503	0.534
云南省	2012	0.061	0.625	0.113	0.234	0.380	0.242	0.072	0.101	0.525	0.567
云南省	2013	0.074	0.660	0.410	0.218	0.446	0.260	0.083	0.117	0.365	0.574
云南省	2014	0.076	0.669	0.340	0.219	0.550	0.282	0.093	0.123	0.502	0.601
云南省	2015	0.078	0.677	0.354	0.219	0.585	0.295	0.102	0.130	0.457	0.577
云南省	2016	0.079	0.678	0.473	0.192	0.583	0.312	0.113	0.153	0.491	0.615
云南省	2017	0.082	0.716	0.484	0.191	0.629	0.340	0.130	0.184	0.430	0.627
云南省	2018	0.084	0.768	0.479	0.189	0.668	0.366	0.147	0.200	0.462	0.661
云南省	2019	0.097	0.768	0.376	0.189	0.697	0.387	0.166	0.192	0.491	0.666
云南省	2020	0.113	0.768	0.374	0.197	0.713	0.416	0.173	0.211	0.522	0.686
西藏	2008	0.075	0.171	0.045	0.222	0.146	0.130	0.068	0.102	0.298	0.183
西藏	2009	0.075	0.180	0.040	0.222	0.195	0.133	0.090	0.103	0.297	0.267
西藏	2010	0.083	0.177	0.041	0.221	0.229	0.142	0.085	0.139	0.192	0.212
西藏	2011	0.085	0.177	0.012	0.230	0.256	0.167	0.110	0.078	0.190	0.328
西藏	2012	0.074	0.177	0.182	0.230	0.242	0.196	0.159	0.048	0.323	0.339
西藏	2013	0.098	0.178	0.066	0.177	0.292	0.212	0.195	0.102	0.320	0.286

续表

province	year	ind	ecol	cus	gov	lif	pop	econ	soc	spa	ecolu
西藏	2014	0.104	0.178	0.043	0.226	0.333	0.237	0.192	0.115	0.348	0.457
西藏	2015	0.093	0.178	0.055	0.233	0.352	0.270	0.233	0.128	0.538	0.480
西藏	2016	0.102	0.177	0.087	0.173	0.361	0.308	0.259	0.103	0.473	0.464
西藏	2017	0.108	0.230	0.096	0.164	0.430	0.320	0.277	0.175	0.288	0.425
西藏	2018	0.118	0.232	0.148	0.162	0.461	0.329	0.319	0.162	0.294	0.531
西藏	2019	0.123	0.232	0.114	0.166	0.481	0.334	0.336	0.197	0.354	0.584
西藏	2020	0.137	0.232	0.081	0.129	0.510	0.368	0.341	0.215	0.440	0.665
陕西省	2008	0.075	0.377	0.441	0.056	0.377	0.351	0.041	0.138	0.691	0.391
陕西省	2009	0.076	0.442	0.446	0.060	0.411	0.376	0.051	0.151	0.699	0.433
陕西省	2010	0.083	0.502	0.437	0.061	0.465	0.402	0.062	0.160	0.706	0.521
陕西省	2011	0.091	0.477	0.381	0.057	0.577	0.422	0.081	0.188	0.745	0.596
陕西省	2012	0.072	0.486	0.365	0.056	0.609	0.274	0.100	0.200	0.729	0.612
陕西省	2013	0.084	0.527	0.562	0.056	0.649	0.298	0.110	0.213	0.736	0.641
陕西省	2014	0.088	0.527	0.477	0.057	0.714	0.329	0.117	0.225	0.741	0.669
陕西省	2015	0.091	0.547	0.497	0.061	0.735	0.369	0.124	0.230	0.597	0.678
陕西省	2016	0.095	0.557	0.552	0.058	0.752	0.394	0.134	0.237	0.614	0.669
陕西省	2017	0.097	0.528	0.514	0.060	0.781	0.423	0.145	0.254	0.617	0.682
陕西省	2018	0.116	0.527	0.552	0.063	0.830	0.458	0.169	0.255	0.656	0.651
陕西省	2019	0.138	0.527	0.500	0.187	0.844	0.524	0.183	0.272	0.734	0.655
陕西省	2020	0.135	0.527	0.425	0.170	0.865	0.608	0.184	0.275	0.716	0.702
甘肃省	2008	0.058	0.192	0.373	0.119	0.238	0.159	0.024	0.086	0.472	0.218
甘肃省	2009	0.059	0.242	0.357	0.110	0.324	0.172	0.030	0.090	0.491	0.231
甘肃省	2010	0.063	0.251	0.370	0.113	0.319	0.184	0.037	0.097	0.506	0.253
甘肃省	2011	0.067	0.281	0.346	0.115	0.405	0.194	0.050	0.116	0.516	0.285
甘肃省	2012	0.058	0.274	0.298	0.110	0.461	0.212	0.066	0.126	0.573	0.346
甘肃省	2013	0.069	0.285	0.517	0.110	0.546	0.230	0.082	0.129	0.553	0.441
甘肃省	2014	0.072	0.293	0.467	0.104	0.549	0.251	0.093	0.134	0.554	0.534
甘肃省	2015	0.075	0.306	0.475	0.104	0.597	0.269	0.099	0.131	0.589	0.527

续表

province	year	ind	ecol	cus	gov	lif	pop	econ	soc	spa	ecolu
甘肃省	2016	0.075	0.323	0.547	0.078	0.621	0.288	0.111	0.136	0.597	0.621
甘肃省	2017	0.077	0.331	0.534	0.058	0.646	0.308	0.119	0.159	0.617	0.733
甘肃省	2018	0.081	0.332	0.563	0.056	0.700	0.325	0.135	0.177	0.557	0.701
甘肃省	2019	0.087	0.332	0.515	0.059	0.717	0.338	0.148	0.197	0.586	0.733
甘肃省	2020	0.098	0.332	0.484	0.323	0.712	0.424	0.156	0.215	0.602	0.763
青海省	2008	0.052	0.118	0.190	0.135	0.372	0.343	0.046	0.183	0.305	0.329
青海省	2009	0.054	0.131	0.211	0.721	0.445	0.361	0.044	0.194	0.326	0.304
青海省	2010	0.061	0.187	0.214	0.153	0.454	0.393	0.050	0.189	0.338	0.319
青海省	2011	0.061	0.181	0.200	0.600	0.537	0.419	0.065	0.188	0.352	0.460
青海省	2012	0.052	0.200	0.245	0.140	0.617	0.445	0.087	0.186	0.370	0.469
青海省	2013	0.070	0.220	0.291	0.137	0.692	0.453	0.112	0.178	0.391	0.429
青海省	2014	0.074	0.221	0.258	0.125	0.730	0.466	0.116	0.182	0.361	0.486
青海省	2015	0.074	0.227	0.306	0.123	0.763	0.475	0.134	0.179	0.362	0.474
青海省	2016	0.076	0.246	0.344	0.163	0.774	0.487	0.151	0.202	0.371	0.551
青海省	2017	0.076	0.246	0.332	0.123	0.814	0.501	0.158	0.209	0.443	0.568
青海省	2018	0.082	0.241	0.341	0.091	0.825	0.523	0.173	0.216	0.480	0.603
青海省	2019	0.092	0.241	0.306	0.120	0.788	0.542	0.179	0.221	0.539	0.639
青海省	2020	0.121	0.241	0.287	0.128	0.797	0.622	0.190	0.234	0.545	0.668
宁夏	2008	0.079	0.105	0.231	0.205	0.413	0.370	0.044	0.164	0.254	0.459
宁夏	2009	0.083	0.180	0.240	0.229	0.424	0.415	0.052	0.137	0.290	0.490
宁夏	2010	0.091	0.216	0.249	0.248	0.487	0.357	0.059	0.175	0.324	0.745
宁夏	2011	0.098	0.226	0.250	0.252	0.518	0.377	0.077	0.179	0.340	0.668
宁夏	2012	0.074	0.238	0.218	0.201	0.591	0.386	0.090	0.184	0.345	0.698
宁夏	2013	0.086	0.270	0.410	0.184	0.669	0.402	0.095	0.204	0.369	0.821
宁夏	2014	0.092	0.277	0.371	0.226	0.748	0.431	0.103	0.219	0.456	0.830
宁夏	2015	0.095	0.309	0.385	0.250	0.746	0.451	0.114	0.227	0.448	0.828
宁夏	2016	0.094	0.301	0.429	0.196	0.762	0.466	0.130	0.232	0.460	0.869
宁夏	2017	0.097	0.327	0.438	0.170	0.805	0.495	0.141	0.251	0.440	0.903

续表

province	year	ind	ecol	cus	gov	lif	pop	econ	soc	spa	ecolu
宁夏	2018	0.104	0.334	0.437	0.175	0.846	0.512	0.152	0.249	0.460	0.943
宁夏	2019	0.113	0.334	0.397	0.252	0.848	0.527	0.167	0.259	0.697	0.971
宁夏	2020	0.134	0.334	0.356	0.172	0.875	0.668	0.163	0.257	0.718	0.974
新疆	2008	0.107	0.076	0.239	0.255	0.346	0.296	0.039	0.166	0.635	0.325
新疆	2009	0.137	0.102	0.229	0.325	0.407	0.300	0.044	0.151	0.628	0.389
新疆	2010	0.161	0.208	0.223	0.322	0.470	0.326	0.052	0.160	0.635	0.419
新疆	2011	0.146	0.171	0.220	0.288	0.573	0.332	0.070	0.178	0.605	0.480
新疆	2012	0.107	0.195	0.274	0.271	0.598	0.335	0.089	0.188	0.589	0.507
新疆	2013	0.162	0.223	0.330	0.277	0.657	0.357	0.110	0.191	0.602	0.517
新疆	2014	0.169	0.238	0.295	0.265	0.731	0.375	0.118	0.202	0.623	0.548
新疆	2015	0.179	0.250	0.297	0.249	0.736	0.393	0.132	0.205	0.459	0.567
新疆	2016	0.167	0.198	0.344	0.291	0.753	0.405	0.143	0.214	0.472	0.605
新疆	2017	0.169	0.203	0.337	0.257	0.783	0.432	0.160	0.211	0.483	0.666
新疆	2018	0.176	0.209	0.403	0.266	0.734	0.445	0.173	0.210	0.519	0.720
新疆	2019	0.169	0.211	0.373	0.251	0.770	0.482	0.184	0.211	0.648	0.759
新疆	2020	0.170	0.211	0.382	0.250	0.806	0.535	0.174	0.207	0.739	0.743

参考文献

[1] 习近平. 高举中国特色社会主义伟大旗帜 为全面建设社会主义现代化国家而奋斗:在中国共产党第二十次全国代表大会上的报告[M]. 北京:人民出版社,2022.

[2] 卓玛草. 新时代乡村振兴与新型城镇化融合发展的理论依据与实现路径[J]. 经济学家,2019(01).

[3] 叶超,于洁. 迈向城乡融合:新型城镇化与乡村振兴结合研究的关键与趋势[J]. 地理科学,2020,40(04).

[4] 陈龙. 新时代中国特色乡村振兴战略探究[J]. 西北农林科技大学学报(社会科学版),2018,18(03).

[5] 任远. 城乡整体发展和实现共同富裕:论中国城镇化发展的道路[J]. 苏州大学学报(哲学社会科学版),2022,43(04).

[6] 程明洋. 地理学视角下中国新型城镇化研究进展[J]. 地域研究与开发,2022,41(02).

[7] 陶德凯,杨晨,吕倩,等. 国土空间规划背景下县级单元新型城镇化路径[J]. 城市规划,2022,46(06).

[8] 杨新华. 新型城镇化的本质及其动力机制研究——基于市场自组织与政府他组织的视角[J]. 中国软科学,2015(04).

[9] 崔树强,周国华,戴柳燕,等. 基于地理学视角的城乡融合发展研究进展与展望[J]. 经济地理,2022,42(02).

[10] 辛宝英. 城乡融合的新型城镇化战略:实现路径与推进策略[J]. 山东社会科学,2020(05).

[11] Chen M, Zhou Y, Huang X, et al. The Integration of New-Type Urbanization and Rural Revitalization Strategies in China:Origin, Reality and Future Trends[J]. Land, 2021, 10(2).

[12] 韩俊. 乡村振兴与城镇化不是非此即彼的关系[J]. 环境经济,2018

(05).

[13] 蔡昉. 把乡村振兴与新型城镇化同步推进[J]. 中国乡村发现, 2018(04).

[14] 江洁, 赵雅卉, 廖茂林. 以农村"双创"助推新型城镇化与乡村振兴协同发展[J]. 重庆社会科学, 2020(05).

[15] 李梦娜. 新型城镇化与乡村振兴的战略耦合机制研究[J]. 当代经济管理, 2019, 41(05).

[16] 陈丽莎. 论新型城镇化战略对实现乡村振兴战略的带动作用[J]. 云南社会科学, 2018(06).

[17] 陈国生, 丁翠翠, 郭庆然. 基于熵值赋权法的新型工业化、新型城镇化与乡村振兴水平关系实证研究[J]. 湖南社会科学, 2018(06).

[18] 冯丹萌, 孙鸣凤. 国际视角下协调推进新型城镇化与乡村振兴的思考[J]. 城市发展研究, 2020, 27(08).

[19] 冀鹏. 传统城镇化向新型城镇化过渡期的农民组织化[J]. 学术交流, 2021(06).

[20] 桂华. 论新型城镇化与乡村振兴战略的衔接[J]. 贵州社会科学, 2020(09).

[21] 黄锡生, 王中政. 论城乡融合发展的双重逻辑及制度统合[J]. 现代经济探讨, 2021(05).

[22] 张琛, 孔祥智. 乡村振兴与新型城镇化的深度融合思考[J]. 理论探索, 2021(01).

[23] 谢天成. 乡村振兴与新型城镇化融合发展机理及对策[J]. 当代经济管理, 2021, 43(03).

[24] 王金华, 谢琼. 新型城镇化与乡村振兴协同发展的路径选择与地方经验——全国新型城镇化与乡村振兴高峰研讨会暨第十七届全国社科农经协作网络大会会议综述[J]. 中国农村经济, 2021(12).

[25] 马斌, 宋智勇. 基于乡村振兴视角的城乡融合研究[J]. 宏观经济管理, 2022(05).

[26] 吕萍, 余思琪. 我国新型城镇化与乡村振兴协调发展趋势研究[J]. 经济纵横, 2021(11).

[27] 周振. 乡村振兴背景下农民工进城落户的土地政策研究[J]. 贵州社会科学, 2021(12).

[28] 刘双双, 段进军. 协调推进乡村振兴与新型城镇化: 内在机理、驱动机制和实践路径[J]. 南京社会科学, 2021(11).

[29] 方创琳. 城乡融合发展机理与演进规律的理论解析[J]. 地理学报, 2022, 77(04).

[30] 张明皓. 乡村振兴与新型城镇化的战略耦合及协同推进路径[J]. 华中农业大学学报(社会科学版), 2022(01).

[31] 程明, 方青. 乡村振兴与新型城镇化战略耦合机理研究——基于城乡要素流动的视角[J]. 华东经济管理.

[32] 杨佩卿. 新型城镇化和乡村振兴协同推进路径探析——基于陕西实践探索的案例[J]. 西北农林科技大学学报(社会科学版), 2022, 22(01).

[33] Jiang L, Wang L. New Urbanization and Rural Tourism Development under the Rural Revitalization Strategy Environment[J]. Journal of Environmental and Public Health, 2022, 2022.

[34] 丁静. 新时代乡村振兴与新型城镇化的战略融合及协调推进[J]. 社会主义研究, 2019(05).

[35] 苏小庆, 王颂吉, 白永秀. 新型城镇化与乡村振兴联动: 现实背景、理论逻辑与实现路径[J]. 天津社会科学, 2020(03).

[36] 杨嵘均. 论新型城镇化与乡村振兴战略的内在张力、政策梗阻及其规避[J]. 南京农业大学学报(社会科学版), 2019, 19(05).

[37] 叶超, 高洋. 新中国70年乡村发展与城镇化的政策演变及其态势[J]. 经济地理, 2019, 39(10).

[38] 黄茂兴, 叶琪. 新中国70年农村经济发展: 历史演变、发展规律与经验启示[J]. 数量经济技术经济研究, 2019, 36(11).

[39] 斯丽娟, 曹昊煜. 县域经济推动高质量乡村振兴: 历史演进、双重逻辑与实现路径[J]. 武汉大学学报(哲学社会科学版), 2022, 75(05).

[40] 李明星, 覃玥. 农业农村现代化: 历史回溯、时代内涵、目标定位与实现路径[J]. 当代经济研究, 2022(11).

[41] 钱宁. 从摆脱贫困到乡村振兴——对当代中国农村变迁的历史考察和现实思考[J]. 西北师大学报(社会科学版), 2022, 59(01).

[42] Zhou Y, Li X, Liu Y. Rural land system reforms in China: History, issues, measures and prospects[J]. Land Use Policy, 2020, 91.

[43] Qi W, Deng Y, Fu B. Rural attraction: The spatial pattern and driving factors of China's rural in-migration[J]. Journal of Rural Studies, 2022, 93.

[44] 罗玉辉. 新中国成立70周年中国农村改革历史脉络、经验总结和未来发展[J]. 现代经济探讨, 2019(10).

[45] 刘儒, 刘江, 王舒弘. 乡村振兴战略:历史脉络、理论逻辑、推进路径[J]. 西北农林科技大学学报(社会科学版), 2020, 20(02).

[46] 张保军, 周锦涛. 农村基层党组织建设:百年回望及经验启示[J]. 学术探索, 2021(12).

[47] 张岩, 周明明. "乡村再造":政党引领乡村治理的理论逻辑与历史经验[J]. 南昌大学学报(人文社会科学版), 2021, 52(06).

[48] 周云冉, 王广义. 中国共产党百年乡村治理模式的发展历程及构建经验[J]. 学术探索, 2021(12).

[49] 龚梦. 中国共产党乡村治理的百年演进及基本经验[J]. 湖北大学学报(哲学社会科学版), 2021, 48(03).

[50] 王景新. 中国共产党百年乡村建设的历史脉络和阶段特征[J]. 中国经济史研究, 2021(04).

[51] 杨德才. "三农"发展的中国道路——中国共产党百年"三农"思想历史演进及其规律分析[J]. 学海, 2021(05).

[52] 唐任伍. 乡村建设的历史逻辑、价值内涵和未来图景[J]. 人民论坛·学术前沿, 2022(15).

[53] 蒋天贵, 王浩斌. 党的领导与农民主体地位相统一——建党百年来我国农村社会治理主体演进的历史考察[J]. 南京农业大学学报(社会科学版), 2022, 22(01).

[54] 丁志刚, 王杰. 中国乡村治理70年:历史演进与逻辑理路[J]. 中国农村观察, 2019(04).

［55］周立.实施乡村建设行动与全面推进乡村振兴——中国共产党领导"三农"工作的百年历史抉择［J］.人民论坛·学术前沿,2021(12).

［56］Reba M, Reitsma F, Seto K C. Spatializing 6,000 years of global urbanization from 3700 BC to AD 2000［J］. Scientific Data, 2016, 3.

［57］Guan X, Wei H, Lu S, et al. Assessment on the urbanization strategy in China: Achievements, challenges and reflections［J］. Habitat International, 2018, 71.

［58］Li Y, Jia L, Wu W, et al. Urbanization for rural sustainability – Rethinking China′s urbanization strategy［J］. Journal of Cleaner Production, 2018, 178.

［59］方创琳.改革开放40年来中国城镇化与城市群取得的重要进展与展望［J］.经济地理,2018,38(09).

［60］孔祥智,何欣玮.乡村振兴背景下县域新型城镇化的战略指向与路径选择［J］.新疆师范大学学报(哲学社会科学版),2022,43(06).

［61］苏红键,魏后凯.改革开放40年中国城镇化历程、启示与展望［J］.改革,2018(11).

［62］朱鹏华.新中国70年城镇化的历程、成就与启示［J］.山东社会科学,2020(04).

［63］高强,程长明,曾恒源.以县城为载体推进新型城镇化建设:逻辑理路与发展进路［J］.新疆师范大学学报(哲学社会科学版),2022,43(06).

［64］石建勋,邓嘉纬,辛沛远.以县城为重要载体推动新型城镇现代化建设的内涵、特点、价值意蕴及实施路径［J］.新疆师范大学学报(哲学社会科学版),2022,43(05).

［65］蒋永穆,胡筠怡.从分离到融合:中国共产党百年正确处理城乡关系的重大成就与历史经验［J］.政治经济学评论,2022,13(02).

［66］Rao J. Comprehensive land consolidation as a development policy for rural vitalisation: Rural In Situ Urbanisation through semi socio-economic restructuring in Huai Town［J］. Journal of Rural Studies, 2022, 93.

［67］张曼,邓谨.构建新型工农城乡关系的历史演进、价值旨归和逻辑内

蕴[J]. 西北农林科技大学学报(社会科学版), 2023, 23(01).

[68] 夏金梅. 新型城镇化与乡村振兴协同发展的时空观察[J]. 西南民族大学学报(人文社会科学版), 2021, 42(05).

[69] 周立, 汪庆浩, 罗建章. 工农城乡关系的历史演进、时代特征与未来展望[J]. 福建论坛(人文社会科学版), 2022(09).

[70] 周清香, 何爱平. 中国城乡融合发展的历史演进及其实现路径——马克思主义城乡关系理论的视角[J]. 西安财经大学学报, 2022, 35(02).

[71] 文丰安. 基于共同富裕的新型城镇化之路:重要性、障碍及实现路径[J]. 山东大学学报(哲学社会科学版), 2022(06).

[72] 张焱, 赵鸭桥, 周铝, 等. 基于改进TOPSIS法的乡村振兴评价及地区比较[J]. 中国农业资源与区划, 2021, 42(02).

[73] 李刚, 李双元, 平建硕. 基于改进熵值TOPSIS灰色关联度模型的青海省乡村振兴评价及障碍因子分析[J]. 中国农业资源与区划, 2021, 42(12).

[74] 毛锦凰. 乡村振兴评价指标体系构建方法的改进及其实证研究[J]. 兰州大学学报(社会科学版), 2021, 49(03).

[75] 易小燕, 陈印军, 向雁, 等. 县域乡村振兴指标体系构建及其评价——以广东德庆县为例[J]. 中国农业资源与区划, 2020, 41(08).

[76] 陶喆, 向国成. 新型城乡关系构建与乡村振兴的关系研究——以湖南省为例[J]. 中国农业资源与区划, 2020, 41(06).

[77] 章磷, 张秀茹, 姜楠. 乡村振兴水平差异及空间结构研究——以黑龙江西部地区为例[J]. 农业技术经济, 2022(09).

[78] 陈俊梁, 史欢欢, 林影. 乡村振兴水平评价体系与方法研究——以华东6省为例[J]. 华东经济管理, 2021, 35(04).

[79] 陈俊梁, 林影, 史欢欢. 长三角地区乡村振兴发展水平综合评价研究[J]. 华东经济管理, 2020, 34(03).

[80] 徐雪, 王永瑜. 新时代西部大开发乡村振兴水平测度及影响因素分析[J]. 西南民族大学学报(人文社会科学版), 2021, 42(05).

[81] 李坦, 徐帆. 长江经济带省域乡村振兴指数动态评价[J]. 江苏农业

学报,2020,36(03).

[82]刘德林,周倩.我国美丽乡村建设水平的时空演变及影响因素研究[J].华东经济管理,2020,34(01).

[83]韩磊,刘长全.乡村振兴背景下中国农村发展进程测评及地区比较[J].农村经济,2018(12).

[84]毛锦凰,王林涛.乡村振兴评价指标体系的构建——基于省域层面的实证[J].统计与决策,2020,36(19).

[85]贾晋,李雪峰,申云.乡村振兴战略的指标体系构建与实证分析[J].财经科学,2018(11).

[86]吕承超,崔悦.乡村振兴发展:指标评价体系、地区差距与空间极化[J].农业经济问题,2021(05).

[87]鲁邦克,许春龙,孟祥兰.中国省际乡村振兴发展速度测度与时空异质性研究——基于组合加权主成分分析的综合评价方法[J].数理统计与管理,2021,40(02).

[88]李长亮,李昊儒,周美秀.乡村振兴评价指标体系构建及实证[J].统计与决策,2022,38(22).

[89]芦风英,庞智强,邓光耀.中国乡村振兴发展的区域差异测度及形成机理[J].经济问题探索,2022(04).

[90]王力,李兴锋.乡村振兴发展水平的时空演变及多维环境规制的影响效应[J].统计与决策,2022,38(20).

[91]薛龙飞,曹招锋,杨晨.中国乡村振兴发展水平的区域差异及动态演进分析[J].中国农业资源与区划,2022,43(09).

[92]宋丽婷,白永秀.乡村振兴水平评价指标体系构建与区域差异分解[J].统计与决策,2022,38(24).

[93]王青,曾伏.中国乡村振兴水平的区域差异及收敛性研究[J].贵州财经大学学报,2023(01).

[94]熊湘辉,徐璋勇.中国新型城镇化水平及动力因素测度研究[J].数量经济技术经济研究,2018,35(02).

[95]王新越,秦素贞,吴宁宁.新型城镇化的内涵、测度及其区域差异研究[J].地域研究与开发,2014,33(04).

[96] 赵磊,方成.中国省际新型城镇化发展水平地区差异及驱动机制[J].数量经济技术经济研究,2019,36(05).

[97] 曹飞.中国省域新型城镇化质量动态测度[J].北京理工大学学报(社会科学版),2017,19(03).

[98] 常新锋,管鑫.新型城镇化进程中长三角城市群生态效率的时空演变及影响因素[J].经济地理,2020,40(03).

[99] 丁慧媛.沿海地区新型城镇化综合发展水平测度[J].统计与决策,2019,35(22).

[100] 蒋正云,杨阳,周杰文.江西省新型城镇化发展协调度及优化路径研究[J].中国农业资源与区划,2019,40(09).

[101] 孔薇.新型城镇化水平测度与推进路径选择——以吉林省为例[J].税务与经济,2017(03).

[102] 李丹,吴彪,王雪,等.黑龙江省新型城镇化与耕地利用耦合协调时空分异特征研究[J].中国农业资源与区划.

[103] 李剑波,涂建军.成渝城市群新型城镇化发展协调度时序特征[J].现代城市研究,2018(09).

[104] 李雪涛,吴清扬.新型城镇化测度及其协调发展的空间差异分析[J].统计与决策,2020,36(08).

[105] 李政通,姚成胜,邹圆,et al.中国省际新型城镇化发展测度[J].统计与决策,2019,35(02).

[106] 廖中举,张志英.省际新型城镇化发展水平测度与比较[J].统计与决策,2020,36(20).

[107] 刘浩,刘树霖.高质量发展框架下新型城镇化发展质量测度[J].统计与决策,2021,37(13).

[108] 孟晓迪,许如玉,顾晓霞.山西省新型城镇化的测度与空间演变分析[J].山西财经大学学报,2018,40(S2).

[109] 牟玲玲,尹赛.基于社会网络分析的京津冀新型城镇化发展水平研究——以新沂市为例[J].现代城市研究,2019(06).

[110] 田雪莹.基于熵值法的中国城镇化水平测度[J].改革,2018(05).

[111] 王小兰,王海娥.三峡库区重庆段新型城镇化发展水平测度及其空

间关联特征分析[J]. 中国农业资源与区划, 2020, 41(07).

[112] 徐雪, 马润平. 西北民族地区新型城镇化水平综合测度及金融支持研究——以宁夏回族自治区为例[J]. 现代城市研究, 2020(10).

[113] 余江, 叶林. 中国新型城镇化发展水平的综合评价：构建、测度与比较[J]. 武汉大学学报(哲学社会科学版), 2018, 71(02).

[114] 赵晋琳, 温燕华, 刘蓝琦. 江苏省新型城镇化发展水平测度[J]. 统计与决策, 2018, 34(04).

[115] 赵娜. 新型城镇化发展质量的测度与评价[J]. 统计与决策, 2020, 36(22).

[116] 赵永平, 汉玉玲, 田万慧. 空间趋同视角下的新型城镇化效率优化分析[J]. 南京财经大学学报, 2021(03).

[117] 郑雁玲, 田宇. 我国新型城镇化效率评价及对策[J]. 宏观经济管理, 2020(10).

[118] 周敏, 刘志华, 孙叶飞, 等. 中国新型城镇化的空间集聚效应与驱动机制——基于省级面板数据空间计量分析[J]. 工业技术经济, 2018, 37(09).

[119] 杨佩卿. 西部地区新型城镇化动力机制及其测度[J]. 人文杂志, 2019(11).

[120] 杨佩卿. 西部地区新型城镇化发展目标与动力机制的相关性分析[J]. 西北大学学报(哲学社会科学版), 2020, 50(02).

[121] 杨洋, 黄聪, 何春阳, 等. 山东半岛城市群新型城镇化综合水平的时空变化[J]. 经济地理, 2017, 37(08).

[122] 蔡兴. 教育发展对新型城镇化水平影响的实证研究[J]. 教育与经济, 2019(01).

[123] 宋瑛, 廖甍, 王亚飞. 制造业集聚对新型城镇化的影响研究——基于空间溢出效应的视角[J]. 重庆大学学报(社会科学版), 2019, 25(06).

[124] 吴穹, 仲伟周, 张跃胜. 产业结构调整与中国新型城镇化[J]. 城市发展研究, 2018, 25(01).

[125] 徐盈之, 王秋彤. 能源消费对新型城镇化影响的研究——基于门槛

效应的检验[J]. 华东经济管理, 2018, 32(05).

[126] 赵永平, 徐盈之. 新型城镇化影响劳动生产率的门槛效应研究[J]. 中南大学学报(社会科学版), 2019, 25(05).

[127] 周敏, 李磊, 朱新华. 新型城镇化对产业结构调整的影响及作用路径——基于中介效应的实证分析[J]. 财贸研究, 2020, 31(05).

[128] 王永军, 张东辉. 城乡统筹发展视角的新型城镇化对经济增长的影响[J]. 甘肃社会科学, 2020(03).

[129] 徐秋艳, 房胜飞, 马琳琳. 新型城镇化、产业结构升级与中国经济增长——基于空间溢出及门槛效应的实证研究[J]. 系统工程理论与实践, 2019, 39(06).

[130] 岳立, 薛丹. 新型城镇化对中国城市土地利用效率的影响研究[J]. 经济问题探索, 2020(09).

[131] 马历, 龙花楼, 戈大专, 等. 中国农区城乡协同发展与乡村振兴途径[J]. 经济地理, 2018, 38(04).

[132] 丁翠翠, 杨凤娟, 郭庆然, 等. 新型工业化、新型城镇化与乡村振兴水平耦合协调发展研究[J]. 统计与决策, 2020, 36(02).

[133] 雷娜, 郑传芳. 乡村振兴与新型城镇化关系的实证分析[J]. 统计与决策, 2020, 36(11).

[134] 马广兴. 河南新型城镇化与乡村振兴耦合性分析[J]. 中国农业资源与区划, 2020, 41(03).

[135] 俞云峰, 张鹰. 浙江新型城镇化与乡村振兴的协同发展——基于耦合理论的实证分析[J]. 治理研究, 2020, 36(04).

[136] 徐维祥, 李露, 周建平, 等. 乡村振兴与新型城镇化耦合协调的动态演进及其驱动机制[J]. 自然资源学报, 2020, 35(09).

[137] 张东玲, 范伟丽, 陈景帅. 农村产业融合、绿色城镇化与城乡均衡发展的协同效应——基于线性与非线性关系的实证分析[J]. 重庆社会科学, 2021(05).

[138] 王永瑜, 徐雪. 中国新型城镇化、乡村振兴与经济增长的动态关系研究[J]. 哈尔滨商业大学学报(社会科学版), 2021(04).

[139] 谢艳乐, 祁春节, 顾雨檬. 新型城镇化与都市农业发展耦合关系及

时序特征研究——以武汉市为例[J].中国农业资源与区划,2021,42(06).

[140]陈景帅,张东玲.城乡融合中的耦合协调:新型城镇化与乡村振兴[J].中国农业资源与区划,2022,43(10).

[141]谭鑫,杨怡,韩镇宇,等.欠发达地区新型城镇化与乡村振兴战略协同水平的测度及影响因素——基于政府效率和互联网发展视角[J].经济问题探索,2022(11).

[142]蔡绍洪,谷城,张再杰.西部新型城镇化与乡村振兴协调的时空特征及影响机制[J].中国农业资源与区划,2022,43(12).

[143]谢天成,张研,王洌瑄,等.乡村振兴与新型城镇化协同发展——基于省级尺度时空演化分析[J].经济问题,2022(09).

[144]张玉林.21世纪的城乡关系、要素流动与乡村振兴[J].中国农业大学学报(社会科学版),2019,36(03).

[145]贾兴梅.新型城镇化与农业集聚的协同效应[J].华南农业大学学报(社会科学版),2018,17(02).

[146]文枫,李会杰,周彦兵,等.河南省新型城镇化与农业现代化协调关系测度[J].中国农业资源与区划,2020,41(04).

[147]蒋正云,胡艳.中部地区新型城镇化与农业现代化耦合协调机制及优化路径[J].自然资源学报,2021,36(03).

[148]唐晓灵,高煜童.重庆市新型城镇化与农业经济协调发展研究[J].中国农业资源与区划,2021,42(05).

[149]刘淑茹,魏晓晓.新时代新型城镇化与产业结构协调发展测度[J].湖南社会科学,2019(01).

[150]卢毅,刘福平,肖湘愚,等.新型城镇化与公共交通的协调发展研究——以湖南省各市州、代表县为例[J].经济地理,2019,39(12).

[151]赵建吉,刘岩,朱亚坤,等.黄河流域新型城镇化与生态环境耦合的时空格局及影响因素[J].资源科学,2020,42(01).

[152]魏敏,胡振华.湖南新型城镇化与产业结构演变协调发展测度研究[J].科研管理,2019,40(11).

[153]杨占锋,段小梅.产业结构变迁的新型城镇化响应地域差异分

析——以成渝经济区16地市为例[J]. 资源开发与市场, 2018, 34 (08).

[154] 袁方成, 陈泽华. 迈向均衡发展的新型城镇化——一个"人口-土地-财政"要素耦合协调模型的分析[J]. 华中师范大学学报(人文社会科学版), 2018, 57(03).

[155] 唐未兵, 唐谭岭. 中部地区新型城镇化和金融支持的耦合作用研究[J]. 中国软科学, 2017(03).

[156] 何星, 蔡新良, 曹兴华. 乡村振兴背景下民族地区新型城镇化-旅游产业-生态环境协调发展研究——以四川、云南、甘肃、青海四省为研究区域[J]. 民族学刊, 2022, 13(05).

[157] 祝志川, 刘磊, 孙丛婷. 新型城镇化、乡村振兴与生态环境协同发展测度分析——以东北三省34市为例[J]. 哈尔滨商业大学学报(社会科学版), 2022(06).

[158] 祝志川, 刘博, 和军. 中国乡村振兴、新型城镇化与生态环境协同发展测度分析[J]. 经济问题探索, 2022(07).

[159] Feng Y, He S, Li G. Interaction between urbanization and the eco-environment in the Pan-Third Pole region[J]. Science of the Total Environment, 2021, 789.

[160] Li D, Cao L, Zhou Z, et al. Coupling coordination degree and driving factors of new-type urbanization and low-carbon development in the Yangtze River Delta: based on nighttime light data[J]. Environmental Science and Pollution Research, 2022, 29(54).

[161] Ma X, Li N, Yang H, et al. Exploring the relationship between urbanization and water environment based on coupling analysis in Nanjing, East China[J]. Environmental Science and Pollution Research, 2022, 29(3).

[162] Xiao L, Pan J, Sun D, et al. Research on the Measurement of the Coordinated Relationship between Industrialization and Urbanization in the Inland Areas of Large Countries: A Case Study of Sichuan Province[J]. International Journal of Environmental Research and Public Health,

2022, 19(21).

[163] 姚树荣, 周诗雨. 乡村振兴的共建共治共享路径研究[J]. 中国农村经济, 2020(02).

[164] 张广辉, 叶子祺. 乡村振兴视角下不同类型村庄发展困境与实现路径研究[J]. 农村经济, 2019(08).

[165] 张军. 乡村价值定位与乡村振兴[J]. 中国农村经济, 2018(01).

[166] 张阳丽, 王国敏, 刘碧. 我国实施乡村振兴战略的理论阐释、矛盾剖析及突破路径[J]. 天津师范大学学报(社会科学版), 2020(03).

[167] 河南省社会科学院课题组, 王建国. 河南实施新型城镇化战略的时代意义和实践路径[J]. 中州学刊, 2021(12).

[168] 朱华雄, 王文. 经济视角下的县域城镇化: 内在逻辑、难点及进路[J]. 新疆师范大学学报(哲学社会科学版), 2022, 43(05).

[169] 刘爱梅, 陈宝生. 协调推进新型城镇化与乡村振兴战略的体制对策——基于城乡共享体制建设的视角[J]. 学习与探索, 2019(11).

[170] 段龙龙. 新型城镇化与乡村振兴协同发展路径: 逆城镇化视角[J]. 现代经济探讨, 2021(05).

[171] 文丰安. 乡村振兴战略与新型城镇化建设融合发展: 经验、梗阻及新时代方案[J]. 东岳论丛, 2020, 41(05).

[172] 苏红键. 构建新型工农城乡关系的基础与方略[J]. 中国特色社会主义研究, 2021(02).

[173] 孙良顺, 田泽. 迈向更高水平城乡融合的新型城镇化——基于"城乡两栖"的讨论[J]. 经济学家, 2022(06).

[174] 刘易斯·芒福德. 城市发展史——起源演变和前景/国外城市规划与设计理论译丛[M]. 北京: 中国建筑工业出版社, 2005.

[175] 张海鹏, 郜亮亮, 闫坤. 乡村振兴战略思想的理论渊源、主要创新和实现路径[J]. 中国农村经济, 2018(11).

[176] 叶敬忠. 乡村振兴战略: 历史沿循、总体布局与路径省思[J]. 华南师范大学学报(社会科学版), 2018(02).

[177] 单霁翔. 从"功能城市"走向"文化城市"[M]. 天津: 天津大学出版社, 2007.

[178] 周毅. 中国城市化道路与模式研究[M]. 北京:新华出版社, 2015.

[179] 刘长庚, 吴迪. 习近平关于新型城镇化重要论述的逻辑体系[J]. 湘潭大学学报(哲学社会科学版), 2021, 45(06).

[180] 刘爱梅. 新型城镇化与城乡融合发展[M]. 北京:人民出版社, 2021.

[181] 国务院关于深入推进新型城镇化建设的若干意见[M]. 北京:人民出版社, 2016.

[182] 李瑞光. 国外城乡一体化理论研究综述[J]. 现代农业科技, 2011(17).

[183] 景普秋, 解阁阁. 城乡互动的国际经验及其对中国的启示[J]. 高等财经教育研究, 2015, 18(02).

[184] 王华, 陈烈. 西方城乡发展理论研究进展[J]. 经济地理, 2006(03).

[185] 刘守英, 龙婷玉. 城乡融合理论:阶段、特征与启示[J]. 经济学动态, 2022(03).

[186] K L. Rural-urban interaction in the developing world[M]. Routledge Perspective on Development, 2005.

[187] 李天芳. 我国新型城镇化进程中城乡关系协调路径研究[M]. 北京:人民出版社, 2017.

[188] 中华人民共和国乡村促进法[M]. 北京:法律出版社, 2021.

[189] 吴丰华. 中国近代以来城乡关系变迁轨迹与变迁机理(1840~2012)[D]. 西北大学, 2013.

[190] 武力. 中华人民共和国经济史1949-1999[M]. 北京:中国经济出版社, 1999.

[191] 洪银兴, 杨德才, 等. 新中国经济史论[M]. 北京:经济科学出版社, 2019.

[192] 武力. 1949—2006年城乡关系演变的历史分析[J]. 中国经济史研究, 2007(01).

[193] 谢志强, 姜典航. 城乡关系演变:历史轨迹及其基本特点[J]. 中共中央党校学报, 2011, 15(04).

[194] 中共中央国务院关于"三农"工作的一号文件汇编:1982—2014[M]. 北京:人民出版社, 2014.

[195] 中共中央文献研究室. 十六大以来重要文献选编(中册)[M]. 北京: 中央文献出版社, 2006.

[196] 胡锦涛. 高举中国特色社会主义伟大旗帜 为夺取全面建设小康社会新胜利而奋斗——在中国共产党第十七次全国代表大会上的报告[M]. 北京: 人民出版社, 2007.

[197] 宋洪远, 张益, 江帆. 中国共产党一百年来的"三农"政策实践[J]. 中国农村经济, 2021(07).

[198] 李重, 毛丽霞. 中国共产党领导乡村发展的百年探索和基本经验[J]. 西安交通大学学报(社会科学版), 2021, 41(04).

[199] 黄茂兴, 张建威. 中国推动城镇化发展: 历程、成就与启示[J]. 数量经济技术经济研究, 2021, 38(06).

[200] 国家发展和改革委员会. 国家新型城镇化报告.2020—2021[M]. 北京: 人民出版社, 2022.

[201] 王素斋. 新型城镇化科学发展的内涵、目标与路径[J]. 理论月刊, 2013(04).

[202] 彭红碧, 杨峰. 新型城镇化道路的科学内涵[J]. 理论探索, 2010(04).

[203] 唐晓华, 张欣珏, 李阳. 中国制造业与生产性服务业动态协调发展实证研究[J]. 经济研究, 2018, 53(03).

[204] 王劲峰, 徐成东. 地理探测器: 原理与展望[J]. 地理学报, 2017, 72(01).

[205] 李俊杰, 梁辉. 民族地区城乡融合发展水平测度及影响因素研究[J]. 中央民族大学学报(哲学社会科学版), 2022, 49(02).

[206] 张合林, 王亚晨, 刘颖. 城乡融合发展与土地资源利用效率[J]. 财经科学, 2020(10).

[207] 叶兴庆, 金三林, 韩杨等. 走城乡融合发展之路[M]. 北京: 中国发展出版社, 2019.

[208] 刘守英, 程国强. 中国乡村振兴之路: 理论、制度与政策[M]. 北京: 科学出版社, 2021.